新世纪普通高校广播电视艺术学系列教材
总主编　段汴霞

# 电视新闻深度报道

DIANSHI XINWEN SHENDU BAODAO

主　编　王振宇
副主编　郑达威　刘　阳
编　委　苗　阳　张　楠

河南大学出版社
·郑州·

图书在版编目(CIP)数据

电视新闻深度报道/王振宇主编.—郑州:河南大学出版社,2015.5
ISBN 978-7-5649-1983-2

Ⅰ.①电… Ⅱ.①王… Ⅲ.①电视新闻－新闻报道 Ⅳ.①G222.2

中国版本图书馆CIP数据核字(2015)第111990号

责任编辑　刘利晓
责任校对　陈　巧
封面设计　王四朋

出版发行　河南大学出版社
　　　　　地址:郑州市郑东新区商务外环中华大厦2401号
　　　　　邮编:450046
　　　　　电话:0371-86059712(高等教育出版分社)
　　　　　　　　0371-86059713(营销部)
　　　　　网址:www.hupress.com
排　　版　郑州市今日文教印制有限公司
印　　刷　河南省诚和印制有限公司
版　　次　2015年8月第1版
印　　次　2015年8月第1次印刷
开　　本　787mm×1092mm　1/16
印　　张　12.75
字　　数　302千字
印　　数　1～2000册
定　　价　26.00元

(本书如有印装质量问题,请与河南大学出版社营销部联系调换)

# 总　序

中国的广播电视事业是伴随着国家经济、政治和文化的发展由小变大、由弱变强的，而广播电视艺术是20世纪伴随着电子技术的飞速发展而诞生的，被专家和学者称作继诗歌、音乐、绘画、雕塑、建筑、舞蹈、戏剧、电影之后的一种新的艺术形态。广播电视在传播新闻信息的同时，与文学、艺术结缘，形成了丰富多彩的广播电视艺术，如广播剧、广播音乐、广播戏曲、广播文学、电视剧、电视音乐、电视戏曲、电视文学等。随着网络和多媒体技术的普及，广播电视的艺术表现形式更加丰富多彩，视听手段更加多样化，数码摄像机（DV）影像、微广播剧、微电影等独特的广播电视艺术表现形式为21世纪的广播电视传播增添了无数个精彩的瞬间。21世纪，广播电视艺术作为社会文艺形态的重要组成部分，在繁荣社会文化、促进社会和谐进步等方面将会起到举足轻重的作用。

广播电视艺术学学科涉及面广，侧重于与广播电视表演艺术、历史、艺术理论、广播电视文艺创作规律、音乐学、美术学、艺术设计、戏剧戏曲学、电影学、舞蹈学等学科的结合，是以现代电子信息技术为主要手段，采用广播、电视、文字、音像、网络等多种媒体进行的理论与实践相结合的教育学科。随着国际、国内广播电视艺术形式的不断繁荣与发展，我国的广播电视艺术学学科也在高等院校有了相应的发展。据2012年教育部统计，目前我国普通高等院校开设广播电视艺术学专业的学校已有千所。广播电视艺术学学科的教育形式也呈现出多层次格局：专科生教育、本科生教育、硕士生教育、博士生教育以及成人教育、函授教育、在职教育。专业内容主要涉及广播电视编导、影视戏剧文学、导演、电视摄像艺术、广播电视节目策划、网络影视节目制作、影视特效、音响制作、纪录片制作、微电影制作、电影、电视编剧等方面。近年来，我国广播电视艺术学教育工作者遵循党的教育方针，通过辛勤的劳动，为国家培养出一大批成绩优异、实际操作经验丰富的毕业生，这些优秀的毕业生已成为我国广播电视艺术事业发展的中坚力量。

21世纪，广播电视艺术学教育在国家"十二五"规划的推动下呈现出迅猛发展的势头，为国家培养出更多综合素质高、艺术创意新颖、技术全面的广播电视艺术人才成为高校教育工作者的共识。知识的获取离不开教育，教育离不开教材，门类和品种齐全、体例新颖、观点鲜明的广播电视艺术学教材是莘莘学子学习和实践的知识宝库。

"新世纪普通高校广播电视艺术学系列教材"由省内外十多所高校的广播电视专业教师以及一线广播电视工作者集思广益，精心策划、编写而成，内容涉及广播电视艺术学的多个领域，如广播影视历史与理论、视听语言艺术表现形式、广播电视节目制作、电视摄像方法与技艺、广播影视编剧、影视导演艺术、电视稿本写作、多媒体节目制作、影视广告艺术等。为方便学生学习使用,本套教材在编写体例上,采用统一编写模式,对学习重点、难点和延伸拓展的教学点都有严格的规定;在内容上,追求思想性、知识性、实用性、艺术性、趣味性相结合,力求内容新、覆盖面广;在形式上,力求图文并茂,生动有趣;在创新性上,对近年来广播电视艺术发展中的新思想、新理论、新技术进行汇编并融入教材,使教材的内容与形式紧跟时代步伐。

21世纪,我国广播电视艺术文化创意繁花似锦。中国的广播电视事业与广播电视艺术学教育将会有一个巨大的飞跃与发展,希望本套教材能够为新世纪广播电视艺术人才的培养做出应有的贡献。

段汴霞<br>2012 年 4 月

# 前　言

电视新闻深度报道的概念本身就存在争议，有些人认为深度是模糊的概念。但是，无论对其内涵的阐述有多么困难，每个受众都能用最朴素、最直观的方式体验到一期新闻报道是否深刻以及一档新闻节目是否深刻。这种直观的传播效果其实就是判断新闻报道深度的最有现实意义的方法。然而作为一本教材，本书还是要不遗余力地厘清概念，从创作与传播效果的角度说明深度报道究竟是什么，深度报道的基础是什么，通过什么方式能够实现深度报道以及可以从哪些角度去审视一期深度报道或者一档深度新闻栏目。

还有一些有关深度报道的言论认为，深度报道是文字报道所擅长的，以视听语言为传播手段的电视媒体在深度上是无能为力的。这种观点在相关的理论研究中体现得非常明显，关于深度报道的理论主要集中在"因果关系""普遍意义""价值判断"等意义层面，对其实现方式的研究也主要体现为"调查""解释""预测"等媒介介入方式。于是，电视作为传播媒介这一重要元素在深度报道的研究中显得有些被忽视了。当然，"关系、判断"与"调查、解释"等方面的研究对于电视新闻深度报道而言是必不可少的。但本书力图更多地从电视本身的技术特征的角度对电视新闻深度报道进行演绎，结合我国电视新闻深度报道实践来分析讨论深度报道的诸多元素。

本书一共分为九章。前两章从意义的角度入手，讨论了深度报道的内涵与历史。本书认为，新闻报道的深度主要体现为一种事实之间的关系，电视新闻深度报道在描述具体事实和直观的强化关系的层面是具有一定优势的。尤其在当下新媒体不断发展的传播环境中，对视听手段表现深度的研究显得尤为重要。第三章从逻辑结构的角度讨论了深度报道的整体规划，结合了形式逻辑和先验逻辑的一些方法和范畴。结构的把握对于新闻报道深度的体现具有重要意义，因为新闻报道的本质决定了其逻辑结构是叙事性的结构。这与新闻评论中的推理论证结构具有根本性的区别。本书从"划分与归类""原因与结果""存在与可能"三种事实结构出发，具体讨论其在当下新闻报道中的应用以及应用的可能性。从形式上来说，报道的深度其实是由逻辑结构所展现的关系决定的。第四章是电视新闻深度报道的有声语言，第五章是电视新闻深度报道的图像叙事，第六章是电视新闻深度报道的采访,第七章是电视新闻深度报道的主持人。上述四章内容从电视本身的传播技术特征出发,主要讨论了深度报道的电视特征。电视以图像传播和口语传播为基本手段,并且处于大众传播的模式之中,深度报道在电视上的传播必须结合上述两个方面。图像叙事有着自身的法则,通过其语法可以实现深度的体现。也就是说,通过视觉形象的有机组织结合,可以表达"关系""观念""价值"等抽象含义,同时这种方式是直观的、直指人心的。这就是电视技术关于深度报道的最大优势。同样,有声语言也是电视新闻报道体现深度不可或缺的手段,有声语言既保留了抽象语言表达的基本功能,同时又是一种形象的生活经验。因此,电视新闻深度报道的基本任务就是把本来属于思维范畴的"关系""价值"还原成日常生活经验的形态,使受众能通过直观的方式直接把握。第八章是电视新闻深度报道栏目的经营与策划,以电视新闻深度报道栏目为对象,主要讲述了在当下复杂的传播环境中,电视新闻深度报道栏目如何健康地生存和发展,是本书核心内容在宏观上的延伸。第九章是电视新闻深度报道的解释与批判,从解释学与批判学的角度对电视新闻深度报道进行深度剖析,解释学与批判学方式是人文与社会科学采取的重要研究方法,深度报道主要有解释性报道和调查性报道,正好对应于解释学与批判学两种方法。第九章结合具体报道实践,进行深度报道的批判的示范性讨论,尝试介绍对电视新闻深度报道进行反思评价的经验性方法。

编　者<br>
2014 年 3 月

# 目 录

**第一章 电视新闻深度报道的内涵 /1**
  第一节 被忽略的"说话":深度报道的概念 /1
  第二节 "说"与"写"的区别:深度报道的电视特征 /8
  第三节 "隐"与"显"的形式:深度报道与新闻评论 /11

**第二章 电视新闻深度报道的历史 /19**
  第一节 电视新闻深度报道的产生 /19
  第二节 电视新闻深度报道的类型化发展 /23
  第三节 我国电视新闻深度报道的产生与发展 /27

**第三章 电视新闻深度报道的结构 /36**
  第一节 划分与归类 /36
  第二节 原因与结果 /42
  第三节 存在与可能 /47

**第四章 电视新闻深度报道的有声语言 /55**
  第一节 有声语言的直观特征 /55
  第二节 有声语言的功能 /59
  第三节 解说词的创作 /65

**第五章 电视新闻深度报道的图像叙事 /76**
  第一节 电视图像的基础知识 /76
  第二节 图像叙事的时空因素 /85

**第六章 电视新闻深度报道的采访 /99**
  第一节 深度报道采访的理念与原则 /99
  第二节 深度报道采访的准备工作 /110
  第三节 深度报道采访中的倾听与提问 /121

**第七章 电视新闻深度报道的主持人 /132**
  第一节 主持人的素质与能力 /132
  第二节 主持人的语言艺术 /137
  第三节 主持人的情感把控艺术 /142
  第四节 主持人的品牌影响力 /146

第八章　电视新闻深度报道栏目的经营与策划　/152
　　第一节　深度报道栏目的经营　/152
　　第二节　深度报道栏目的策划　/154
　　第三节　电视新闻深度报道栏目经营与策划的实现条件　/166
第九章　电视新闻深度报道的解释与批判　/169
　　第一节　深度报道的解释学方法　/169
　　第二节　深度报道的批判学方法　/178

**参考文献　/188**

**后　记　/192**

# 第一章 电视新闻深度报道的内涵

**教学重点**:从概念和经验上区分新闻传播深与浅的差异、电视媒体与纸质媒体的差异、报道与评论的差异,从而形成对电视新闻深度报道内涵的整体认识。

**教学难点**:理解深度报道的概念。

## 第一节 被忽略的"说话":深度报道的概念

1994年4月1日,中央电视台新闻评论部创办了《焦点访谈》栏目,该栏目活跃至今。《焦点访谈》以电视新闻深度报道为主,提出了"用事实说话"的栏目宗旨。这句口号逐渐成了人们认识电视新闻深度报道的常识性概念,本章内容从这句常识开始,来讨论深度报道的概念。

### 一、程序和结果

"用事实说话"总是试图提醒人们事实的说服力,强调事实在新闻报道中比教条或者逻辑推理更有现实意义。在强调事实的同时,这句话的另一方面被忽略了,那就是说话。既然是"用事实说话",那么要说的话和所用的事实,就不是相同的内容。也就是说,事实仅仅是手段,说话才是真正的目的。电视新闻报道的深度正是从说话的角度体现的。有关深度报道的问题就简化成了需要通过事实来说些什么。首先来看一些有关深度报道的概念:

一、它是一种长篇的报道,主要用于对重大新闻事件的反映。二、它不是一般的报道现象,而是深入到内部和各个侧面……并能预示事物发展的趋势和矛盾。

运用解释、分析、预测的方法,从历史渊源、因果关系、矛盾演变、影响作用、发展趋势等方面报道新闻的形式。

一种阐明事件因果关系、预测事件发展趋势的报道形式。诞生于20世纪40年代,是新闻五个"W"和一个"H"的进一步深入的报道方式。它的主要特点是要在

"Why"(为什么)和"How"(怎么样)中进一步深化,要求以今日的事态核对昨日的背景,从而说出明日的意义来。①

这些概念或者描述了深度报道的目的性,或者从篇幅、题材等方面对深度报道进行规范。类似的对深度报道的界定不胜枚举,但其基本上反映出一个趋势,就是把深度报道认知为一种形式,从手段和方法上对其概念进行界定。这可能是有所缺失的。因为动机和手段都不能代替深度报道作为结果的意义。陈作平曾赋予深度报道更多的结果性意义,指出深度报道实质上是对新闻信息的拓展和延伸,其拓展和延伸集中体现在对新闻事物的事实判断和价值判断上。这个概念使深度的含义和作为新闻作品的报道产生了密切的联系,强调了结果性的意义。下面首先考察报道在程序和结果两个层面的不同意义。

人们从两个方面使用报道这个词:一方面是指新闻实践中的行为或者活动,如"张三负责这次新闻报道";另一方面是指已经完成的新闻作品,如"这篇报道非常出色"。而在深度报道的相关概念中,第一个方面往往被强调,而第二个方面则被忽略。这一点从对深度报道的划分中可以看出。深度报道通常划分为调查性报道、解释性报道、预测性报道、分析性报道、述评性报道等,甚至还有复活性报道、开拓性报道这样更模糊的概念。对深度报道概念的深究不是本书关注的重点,下面选取其中比较有代表性的三类具体谈一谈:

① 调查性报道。调查性报道是指以调查新闻事件产生的原因、展示新闻事件发展过程为主的深度报道。

② 解释性报道。解释性报道以解释新闻事件产生、发展的原因和背景为主,把握事件的主要矛盾是做好解释性报道的关键。

③ 预测性报道。预测性报道主要是指通过了解新闻事件产生、发展的原因和背景,把握其运动规律,并结合现实条件对它的前景做出预见的报道。

这三种报道形式之所以能成为典型,是因为它们在时间上较完整地涵盖了事件的全过程。调查针对当下,解释针对过去,预测针对未来,这种划分能在一个统一的维度上保持其逻辑的一致性。然而,这些划分结果从形式逻辑上来看在外延上存在交叉重复,如在报道中调查往往是解释的依据。对很多电视新闻报道而言,调查的过程就是解释的过程,也恰恰是在解释中形成对事态发展的预测。

例如,2013年10月19日,中央电视台《新闻调查——整酒》这期报道了湖北省恩施市婚丧嫁娶的风俗给人们带来的困扰。该地的整酒风俗体现了几个方面的矛盾:婚丧嫁娶之类的民俗如何成了困扰?个人的行为如何会成为一种社会问题?恩施市纪委发布《恩施市治理违规整酒风的规定》,整酒为何需要官方出面干预?对这些问题的解释构成了该期节目的核心内容,而对这些问题的解释恰恰建立在对事件深入调查采访的基础上。那么该期节目究竟是解释性报道还是调查性报道呢?这里想要强调的是,从报道手段来定义深度是不够清楚的,它虽然保证了形式逻辑中划分标准的统一性,但是忽视了深度报道作为结果产生的标准性意义。

预测性报道多见于战争、经济、体育题材的新闻报道,是对事件发展可能性的推理。这个过程其实更倾向于新闻评论。深度报道和评论之间互相交织,本书将在后面具体解

---

① 余家宏等:《新闻学简明词典》,浙江人民出版社,1984年版,第172页。

释这个问题。2013年11月28日《央视财经评论——4G来了,资费会涨吗?》就是一期较为典型的预测性报道。该报道的内容其实并非围绕资费展开,其信息的核心是对4G技术及其对网络传播的影响进行解释;同时,预测了"4G会带来一个中国时代""运营商之间肯定会有一场大战"等一系列问题。从报道的整体可以发现,这些预测本身不是信息的重点,而解释、支持这些观点所用的事实、数据信息才是节目价值的体现。于是,这期节目属于新闻报道的范畴。可以看到,预测性报道和解释性报道也是互相融合的。

调查性报道比较特殊,有些观点认为调查性报道在题材上有着自身的偏好。例如,"为了达到目的,调查性新闻记者通常需要(合乎正当理由地)诋毁某些个人或者机构,从而揭露丑闻,以期加快制度性或立法性改革"①。调查性报道发端于19世纪末20世纪初的美国,从20世纪60年代开始勃兴于西方国家,其产生与发展之初和"丑闻、犯罪、官员腐败、权力集团内幕"等题材紧密相连。而在我国,调查性报道只是部分地保留了这种题材上的特征,"调查性"主要是指参与性的报道手段,其目的性又和"解释性""预测性"互相交织。例如,2013年11月28日《焦点访谈——暗访污染源》通过调查的方式报道了民间焚烧秸秆、企业污染排放给空气带来污染的普遍现象,用暗访的方式展示了一些企业污染治理的内幕。主持人在报道结束时说道:

一旦暗访变成了明访,一旦有了当地环保部门的陪同,很多企业就能够马上停止排污,这又怎么解释呢?看来问题不是效率不高,而是是非不清。这样做是出于地方保护还是权钱交易我们不得而知。但是我们知道,靠污染赚的钱那是脏钱,无论企业、个人还是地区,谁拿了都会脏手,都要当心生病。

可以看出,对企业污染治理内幕的揭露是这期节目传达的最重要的信息,这种信息用来解释空气污染治理困难的普遍现象。同时,节目针对这些事件做出了简短的评论。

解释、预测、调查从报道程序的方面描述了深度报道。可以看出,新闻报道是否具有深度与其报道的程序和手段有较大的相关性,但是程序和手段对报道作品的影响不是决定性的。作为作品呈现的新闻报道,只有在传播效果的层面才能最终实现其深度。简单来说,调查一件事情,未必能调查清楚;解释一件事情,未必能解释清楚;预测一件事情,未必能预测准确。所以,如何报道不是深度的关键,报道的结果才是。这种深度恰恰体现在受众对新闻作品的认知上。

## 二、事实和判断

我们首先通过对比的方法,直观地认识一下什么是深度报道。2013年8月23日《新闻直播间》栏目中对比特币的报道如下:

主持人:我们曾经报道过网络上的一种虚拟货币——比特币,在社会上引起了广泛的关注。如果说之前比特币的使用只是局限于比特币爱好者,那么现在这种网络虚拟货币似乎进入了新的阶段。

---

① [美]鲍勃·富兰克林等:《新闻学关键概念》,诸葛蔚东等译,北京大学出版社,2008年版,第159页。

出镜记者：这是德国法兰克福汇报的官方网站，在16号的一篇文章中提到，比特币将被纳入记账单位，属于私人资金。综合国外媒体报道，这是德国财政部在回应国会成员的咨询时表示的，将接受比特币成为一种记账单位，可以用来纳税和从事贸易活动。

解说词：比特币是一种源自网络的虚拟货币，虽然2009年出现时还鲜有人问津，关注者还只是一些电脑极客。但是随着金融危机给各国实体经济造成巨大影响之后（此处有语病），比特币开始被更多的人所知晓。但是因为相对传统货币来说，比特币还只是一种新生事物，各个国家对它也采取了不同的态度。今年3月，美国财政部金融犯罪执法网络发布《虚拟货币个人管理条例》，明确比特币相关业务应遵守美国相关法律。本月8号，美国德克萨斯州东区联邦法官正式承认比特币为货币，因此所有与之相关的投资基金及交易都受到美国证券法的管辖，并受到联邦司法系统的监督。当然，并不是所有的国家都对比特币网开一面。今年7月30号，泰国中央银行就举起了大棒，封杀比特币的流通交易。买卖比特币以及通过比特币购买任何产品或服务都受到禁止。此外，向泰国境外发送或从泰国境内接收比特币也被视为违法。不过，更多的国家还在静观其变，本月14号，印度央行就表示，暂不管制比特币。

主持人：比特币给不少国家出了管理上的难题，那么究竟什么是比特币呢？它是一种来源于网络的虚拟货币。2008年，由一个化名"中本聪"的黑客，最先勾画出了对比特币的构想。2009年，他又为这个系统建立了一个开放源代码项目，正式宣告了比特币的诞生。

解说词：比特币是怎么产生的呢？它依赖网络用户使用计算机按照规定的计算方法进行大量的运算来开采比特币（此处有语病），有点像玩游戏过关。当用户的电脑成功地创作出一组数字顺利过关后，就会获得一定数量比特币的奖励。除了自己开采，个人还可以通过网络上的比特币交易平台进行个人之间的买卖来获得比特币。不仅如此，网上也有代购的情况。值得注意的是，比特币的数量并不是无限制的，根据最初的设计，比特币的发行总量只有2 100万个，每4年比特币的出产数量就会减半，直到达到数量上限。

被访者：去年年底的时候，它已经发行一半了，现在已经超过1 100万个。它全部发行完要到2140年。

解说词：比特币值多少钱呢？2010年4月25号，比特币首次公开交易，当时每比特币的市场价是3美分。今年3月，1比特币已经可以兑换40美元。4月7号，这个数字变成了143美元。10号则达到了266美元的最高点，是2010年时的8 000多倍。但是随后情况急转直下，7月5号，1比特币只能兑换68美元。几天前，在德国传出承认比特币的货币地位之后（此处有语病），比特币的价格在经历了几个月的平稳走势后出现了小幅波动（此处有歧义）。根据国际交易平台Mt.Gox的数据，8月18号到21号，1比特币的市场价从113美元上涨到123美元，涨幅约为9%。18号，比特币的人民币市场价格一举突破600元大关，19号，大涨约5%，涨至629元，20号涨势放缓。到目前为止，国内比特币的价格停留在了671元。仅仅4天时间，比特币上涨超过10%，达到近2个月以来的最高值。

上述报道出现了较多的语病,这涉及深度报道的口语创作问题,这在以后的章节再讨论。这里提出一个问题:它是不是深度报道?上述报道以近期各国对比特币的政策为核心事实进行报道,同时解释了比特币的产生,总结了比特币的价格走势。但问题在于,延伸事实和核心事实之间没有形成充分的联系。对该报道而言,解释应围绕各国政策展开,而不是围绕比特币的概念展开,对比特币价格走势的总结更显得有些节外生枝。对比特币概念的解释是必要的,却不能成为核心内容。于是该报道属于较为失败的深度报道,只有深度报道的形式,而不体现其内涵。

现在来看一下 2013 年 5 月 3 日《经济半小时》栏目对比特币的报道:

*演播室*:观众朋友你们好,欢迎收看《经济半小时》,我是马洪涛。最近一种叫比特币的网络虚拟货币逐渐走进大众的视野,而来自国内媒体的一条最新消息更是拉近了比特币和中国老百姓之间的特殊的距离。根据媒体的报道,就在芦山"4·20"地震之后,比特币被当作捐款汇进了"壹基金"的账户。今天,我们的节目就来关注这种特殊的货币。

*图像与解说*:通过比特币玩家的生活来解释比特币受关注的程度,并解释了比特币的概念和价格波动情况。

*演播室*:刚才在节目当中我们看到了矿工们的掘金生涯,对他们来说,比特币在产生之初还只是玩家们的一种玩具,但如今却是增速最快的一种虚拟货币。2010 年比特币开始与实体商品实现兑换,从专营数字产品的网站到经营红酒的厂商,从餐厅到电话公司,越来越多来自不同国家的商家开始接纳比特币,比特币越来越像真的货币了。我们继续来看报道。

*图像与解说*:通过采访比特币玩家来介绍比特币在现实生活中的应用情况。

*演播室*:就在上个月,加拿大艾伯特省的居民特勒莫尔准备出售一栋独立屋,这笔买卖瞬间就成为各大媒体的一个焦点,因为它的附带条件是如果买家选择用比特币付款的话,那么他就愿意给打折。这一幕就让我们联想到在 17 世纪郁金香泡沫盛行的时候,一个郁金香球茎的价格也可以被炒到换一栋房子。今年年初比特币还徘徊在 20 美元左右,但是到了 4 月份,它就突然飙升到了 200 美元,整整涨了 9 倍。这个离谱的涨势让比特币成为世界各国投资者眼中的一个猎物,而不少中国人也成了第一批吃螃蟹的人,我们来认识一下他们。

*图像与解说*:通过具体任务来介绍国内比特币投资者。

*演播室*:尽管比特币的开发人员一再强调比特币只是一个开发型的实验项目,并且反复提示投资的风险,但是这显然并没有浇灭投资者的投资热情。那么,比特币是否存在着泡沫呢?我们知道实体货币具有支付手段、流通手段、价值尺度以及世界货币、贮藏手段等五大特征,以比特币目前的这个定位,这些似乎都是可以实现的。甚至相对于实体货币,比特币因为不受政府的管控、总量恒定等特点,其在某些方面甚至更优于某些传统的货币。那么像比特币这样的货币,它的生命力到底有多强?未来又到底会何去何从?我们来继续听一下专家的观点。

访谈：北京安邦咨询有限公司刘泉。

演播室：现在有人将比特币比作黄金，因为它的总量是恒定的。但是我们也看到，即便是被称作硬通货的黄金价格也不是只涨不跌。黄金本身没有泡沫，但是价格过高就有泡沫了，而泡沫最终都是会破灭的；比特币等虚拟货币同样如此，除了比特币以外，难道未来就不会出现新的虚拟货币吗？通用的虚拟货币越多，比特币的价值就越趋近于零。这种纯粹运算出来的数字符号的货币没有任何的资产支持，没有财务收支，没有现金准备，没有使用价值。这样的话，其一旦失去了信用保证，只剩下一堆堆的电子符号。投资者应该警惕，这个世界本来就没有所谓的完全安全的投资，所有投资都是有风险的。节目就是这样，感谢您收看。

《经济半小时》的这次报道比上述《新闻直播间》的报道早了3个月，当时比特币刚刚开始受到广泛关注，于是对比特币概念的介绍本身就具有新闻价值。同时，该报道整合的具体事实信息具有论证观点的作用，潜在地把"比特币受人关注""比特币升值快速""比特币可以用于现实交易"这些判断通过具体的事实进行论证。从整体来看，对比特币优势的介绍是生动而充分的，而后期对比特币风险的解释显得抽象而枯燥。于是，一种潜在的"比特币是值得投资的"的判断，就被悄悄地传达给受众。这种"事实之间的关系""潜在观点的传达"正是电视新闻报道深度的核心。

通过上述案例可以看出，深度体现为一种关系或判断。深度是指主观对客观进行反映的深入程度，它实质上是一个认知程度的问题。上述概念虽然有些同义反复，但从接受与认识的层面提出了深度概念中不可忽视的内容。有关深度报道的很多概念表述是毫无意义的。例如，"深度报道是一种以'深'见长的报道方式"这种对概念的解析就陷入了无穷尽的同义反复，因此不能用"深浅"的概念来衡量认知程度。认知程度的差异应从"量"和"质"两个更科学的范畴进行考察。

首先，从量的角度看，不同的新闻报道含有的信息量有多与少的区别。受众在对新闻报道的认知过程中，获取信息量的不同导致了其认知程度的差异。新闻报道中的信息量一方面在时间和空间的维度上展开，另一方面和媒介的形式有较大的相关性。在时间上，事实通常从因果关系的角度延伸；在空间上，事实通常在类比的逻辑上展开。早期的研究中有把新闻报道的"广度"和"深度"混淆的情况，认为背景事件的丰富程度就是新闻报道的深度，这种观点可能不够深入。因为广度仅仅体现信息的量，而深度显现为大量事实基础上的一种联系。

新闻事件在时空上的扩展使认知对象不再是孤立的新闻事件，信息转化为一种联系。后现代主义认识论认为，认知的对象不再是孤立的个体，而是一种关系的结构体。从这个角度来看，新闻报道中信息的核心不再是新闻事件本身或者由其展开的其他事件，而是在经过扩展的时空之中一系列事件的关系。在这个意义上，每个新闻事件实际上就是一个关系网络。新闻报道的深度，从量的角度衡量，正是从这个关系的意义上体现的。例如，《新闻学简明词典》中对"深度报道"的描述："它的主要特点是要在'Why'（为什么）和'How'（怎么样）中进一步深化。要求以今日的事态核对昨日的背景，从而说出明日的意义来。"①这正是从时间的维度上阐释联系。前面提到的对深度报道的划分正是从时间的因果联系上展开的。调查性报道针对过去,是原因;预测性报道指向未来,是一种可能的结果;解释性报道分析当下,阐释因果联系。所以说划分的三个子项之间是相互交叉的,调查与预测在解释中得到统一。

然而,即便仅仅从对象的角度来看,狭义的因果关系也不能涵盖所有的联系。事件之间还存在条件关系。这些条件被亚里士多德描述为"质料因"和"形式因",它不对事件的发生产生直接的动力。在新闻报道中,这种条件关系往往更有价值,是受众更关心的问题。例如,在"药家鑫事件"等新闻事件中,事件的基本事实比较清楚,公众更关心的问题就指向当事人的教育背景和社会环境等。这种联系其实是一种条件关系。电视新闻深度报道要求向受众展示"为什么"。"为什么"有时针对客观事实,有时也指向主观目的,并且扩展到促成主观目的的客观事实。例如,"药家鑫为什么要杀人?"这个问题就有多种指向性,"他开车撞伤了人"是客观事实层面的回答,体现为条件关系;"他因恐惧,怕承担巨额医疗费用而杀人"是主观动机层面的回答,体现为"目的因";"一种流行的'撞伤人不如撞死人'的畸形观念影响了药家鑫",这是对主观目的的成因的回答。新闻报道中的"为什么"与司法审判中的"为什么"有较大差异,前者更注重客观因素,后者更注重主观因素。

从量的角度对认知程度进行衡量,新闻事件背景的丰富程度及在时空上扩展的程度都不能决定新闻报道的深度,其深度必须通过报道所展现的事件之间的联系来确定。简单地说,新闻事实多而全面不体现深度,相关性较高的联系多并且被受众认知才能体现深度。另外,这种联系的量还和报道媒介相关。

其次,从质的角度看,受众在对新闻报道认知过程中获得信息的性质使认知程度产生差异。深度报道实际上是对新闻信息的拓展和延伸,其拓展和延伸集中体现在对新闻事物的事实判断和价值判断上。上述论断的核心意义集中体现在"判断"一词上。如果仍然从因果关系的角度出发,那么"判断"体现为一种从事实到思维的延伸。因果关系从其本质上来说属于思维的范畴,有些思想家还认为它是先验的。这里不讨论这个概念的形而上学意义,从直观经验中人们也能感觉到"因果关系"在事实领域和思维领域的不同作用。

例如,在数学演算中人们经常使用"因为""所以",在逻辑推理中人们也经常使用"因为""所以"。这里的"因为""所以"就属于思维领域。在新闻报道中,关系从事实的联系转化为一种思维的联系,其本质也就发生了变化。新闻报道的意义从事实层面进入了思维层面,于是深度就得到了体现。有些新闻事实之间并不存在因果关系。例如,在围绕"2012年刘翔退赛"事件进行的报道中,"耐克广告""报纸赛前的评论""记者的反应"等,都和"2012年刘翔退赛"事件不构成因果甚至条件关系。但是,对这些相关事件的报道能使受众形成一个关于"2012年刘翔退赛"原因的判断,事实之间的联系在受众的思维中展开。著名媒体评论人梁宏达在他的电视节目中就巧妙地运用了这种方法。

深度报道中的联系还可以体现为"事实和可能"的关系,这种关系在思维中直接以直观经验的形式出现。在语言上,通过假言判断进行表达。预测性报道比较集中地反映了这样一种关系,预测建立在事实之间各种联系的基础上。然而,可能性并不总是指向未来

---

① 余家宏等:《新闻学简明词典》,浙江人民出版社,1984年版,第172页。

的,人们说"如果""那么"的时候可能是一种预测,同时也可能是一种假设。在新闻报道中,通过指向过去的假设,可以形成对当下事实的价值判断甚至是道德判断。这种方法在新闻评论中的应用较多,而在报道中的应用较少。同样值得一提的是,参与深度报道的信息不仅仅是事实,很多情况下观念也很广泛地参与到深度报道之中。例如,围绕"司法事件"展开的报道中,相关的法律条文甚至道德原则都经常成为受众接受的重点信息。这些观念参与到受众的思维过程中,成为形成判断的依据。这些事实关系涉及深度报道的逻辑结构,后面的章节会详细讨论。

## 第二节 "说"与"写"的区别:深度报道的电视特征

"说"的含义不仅仅是表达,同时还蕴含表达的方式。这里讨论的深度报道是电视新闻深度报道。这种限制性主要从与报纸媒体的比较中得出。于是,表达方式的区别成为电视新闻深度报道的一个重要特征。

### 一、"反深度"倾向

电视媒体的技术特征呈现"反深度"倾向。尼尔·波兹曼曾用"娱乐是电视上所有话语的超意识形态"①来形容美国电视的一种状态。在这种状态下,电视中所有的内容都通过娱乐的形式展现出来。我国的电视传播中也明显显现出这种倾向。例如,新闻节目注重事件的冲突,强调其戏剧特征。大量所谓"民生新闻"节目充斥电视屏幕并且受到受众的喜爱,这些节目中的新闻不再具有传统意义上的新闻价值,人们所关心的再也不是5个"W",而是事件展现出的强烈的戏剧冲突甚至是悬疑色彩。科教类的节目被各种视觉技术包装成一部部粗糙的悬疑电影;法制节目则着重表现刑侦技术的复杂与高超,甚至在有些时候对潜在罪犯起到了教学的作用。这些现象都在说明电视强烈的娱乐倾向。当然并不是说电视不能表现深度,很多电视节目也在深度的层面做出了努力,但令人遗憾的是,这些节目往往不能获得更多受众的青睐。之所以说电视的娱乐倾向是一种技术倾向,是因为娱乐化主要来源于电视的技术传播特征。

首先,视觉图像不善于表达深度。人通常用"看"和"读"两个不同的动词来表达一般性获取视觉信息的行为,如"读书""读报""看报""看电视"等。二者的区别在于"读"的对象是抽象文字,而"看"的对象是具体形象,而形象和文字在传播过程中有着不同的功能。对于新闻报道而言,图像丰富了新闻报道中的信息,但与此同时,信息的意义也就变得模糊了。图像能较好地体现人的欲望、情绪,而面对表达抽象信息和思维过程的时候就显得有些困难,如哲学之于书本,艺术之于电影等。上文曾经论证过,新闻报道深度的体现在

---

① [美]尼尔·波兹曼:《娱乐至死》,章艳译,广西师范大学出版社,2011年版,第114页。

于事件之间某种联系,而用图像的手段直接地表现这种抽象"联系"显然是有困难的。因此,电视新闻深度报道更依赖图像信息的整合。

下面来看2013年12月5号《北京青年报》的一篇报道:

《北京青年报》记者从11月7日召开的防范性侵幼女研讨会上了解到,全国人大代表、中华女子学院教授孙晓梅从2010年开始持续提出"取消嫖宿幼女罪"的建议。今年7月30日,最高人民法院在《对十二届全国人大一次会议第3939号建议的答复》中对孙晓梅提出,"您的建议,我们完全赞成"。

最高人民法院回复称,"刑法规定:'奸淫不满14周岁的幼女的,以强奸论,从重处罚。'也就是说,只要与幼女发生性关系,不论是否采用暴力、胁迫等手段,不论幼女是否同意,均构成强奸罪。这是基于幼女身心发育不成熟、尚不具备性决定能力的现实情况规定的,充分体现了法律对幼女权利的绝对保护。但是,嫖宿幼女罪的规定,又间接承认了幼女可以'卖淫',具备性自主能力,这不仅不符合幼女身心发育状况,更与强奸罪的规定存在逻辑矛盾"。

……

"两会"代表委员关注"取消嫖宿幼女罪"的历程:

2008年,在十一届全国政协一次会议上,全国政协委员、中国社会科学院社会政法学部工作室主任刘白驹提交了"修订刑法,将'嫖宿幼女'按强奸罪论处"的提案。

2010年,在十一届全国人大三次会议上,全国人大代表、中华女子学院教授孙晓梅建议"取消嫖宿幼女罪",一并按强奸罪论处。

2011年,在十一届全国政协四次会议上,全国政协委员、全国妇联书记处书记洪天慧联名二十多位政协委员提交了关于"取消嫖宿幼女罪罪名"的提案。

《北京青年报》的这篇报道对"取消嫖宿幼女罪"进行了解释性报道,报道通过对全国人民代表大会代表孙晓梅的访问展开。从内容上看,报道具有较强的抽象性,法律条文的引用和解释都必须用严谨规范的语言来表达。规范准确的语言通常以书面语的形式呈现,在电视报道中,这些内容只能通过口语的形式来表达,由于其内容抽象与瞬时性特征,受众对信息认知的难度增加了。在这种情况下,深度报道很难实现。

最后对"两会代表委员关注'取消嫖宿幼女罪'历程"的背景介绍,呈现出较大的信息量,这是因为文字具有提炼和整合信息的功能。在电视新闻报道中,这类信息的高效传播也会遇到困难。而对于深度报道而言,这些内容又是不可或缺的,因此电视需要寻求更精致的结构和修辞来完成深度报道。

其次,信息的过度丰富影响了深度。在电视新闻报道中,信息的传播有两个基本特征:一个是繁复,另一个是瞬时。这二者都影响了深度的体现。在多数的电视新闻报道中,平均每三五秒钟就会切换一次画面,各种信息甚至是与主题无关的信息都能被受众看到。这在认知的过程中加重了主体的负担,受众总是有新的信息可以看到,一直在"有什么、是什么"的层面接受信息,同时还要在复杂的信息中筛选哪些是和主题事件相关性较大的。这样的过程阻碍了作为一种"联系"的深度被受众认知。与此同时,电视图像的瞬时性使受众对信息的认知不可重复。因此,"繁复"和"瞬时"的特征使深度几乎被完全遮蔽了。于是深度的体现需要更多修辞手段的参与,后面章节会详细讨论这个问题。

这种"反深度"的技术性倾向并不是不可逆转的，电视的技术特征同样可以丰富新闻深度报道的形式，甚至在某些方面相对于报纸，电视的试听手段可以成为在深度方面的一种优势。在这种条件下，深度的体现需要在报道中投入更多的思考与努力。

## 二、立足事实经验

图像和口语信息更贴近人们的日常生活，贴近人们的视听经验。在电视新闻深度报道中，这种特征需要被恰当地把握。有句俗语叫作"事实胜于雄辩"，事实是经验性的，雄辩是逻辑性的。电视新闻深度报道恰恰要把重点放在事实上，立足经验论证，与受众进行最直观的交流。下面来看一个与上述案例相同题材的电视新闻报道。

2013年7月1号，东方卫视《子午线》栏目报道了"国内媒体热议废除'嫖宿幼女罪'"：

主持人："海南万宁校长带女生开房案"，我们的舆论场之前曾经说过。昨天这个案子经过海南省第一中级人民法院的一审，有了一个结果。其中，原海南万宁第二小学的校长陈在鹏因为强奸罪被判处有期徒刑13年6个月。而另外的万宁房管局工作人员冯晓松则是以相同的罪名被判处有期徒刑11年6个月。

图像与解说：详细介绍了万宁两起案件的审理结果，把法庭认证的事实通过动画、监控视频等手段形象地再现出来。

新闻报道以"海南万宁校长带女生开房案"的最新进展为切入点，开始就通过受众广泛关注的事实来说明报道的价值和意义，并通过动画等视觉手段，使受众对法庭认定的事实具有更加直观的认识。这种报道方法充分体现了"立足事实经验"的报道策略。

主持人："海南万宁校长带女生开房案"是近期非常受舆论关注的一起案件。而就在3天之前的6月18号，河南永城市原市委副秘书长、市委办公室副主任李新功，也因为强奸多名幼女被执行死刑。这两起案件的宣判，包括之前一系列的性侵幼女案，也让此前"嫖宿幼女罪"的存废问题再度浮出水面。我们来看一下湖南红网的评论，"李新功判死能否启动'废除嫖宿幼女罪'"，我们再来看《楚天都市报》的评论，"期待李新功案以儆效尤"。（此时，演播室的大屏幕显示相关报纸或网站内容）

主持人又抛出"李新功案"的事实，使报道的对象从个体性上升到一种普遍性，从而展开对"嫖宿幼女罪"存废的相关报道。这些报道以各大媒体对该问题的观点为事实支撑，对有关"嫖宿幼女罪"存废的相关事实做出时空上的延伸。

主持人：……而且从司法解释上来说，本罪在客观方面表现为同14岁以下幼女发生性行为，那么至于行为使用什么样的手段、幼女是否同意，对构成本罪并无影响。"嫖宿幼女罪"最高也就是十来年的徒刑，而强奸罪最高可以判处无期徒刑，甚至是死刑。正是因为这个量刑上的差异，再加上性侵幼女的新闻这些年也是屡屡见诸报端，所以民间有不少声音也都觉得，这个"嫖宿幼女罪"在法律上开了一个后门，客观上是纵容了这类犯罪……

在报道各大媒体的评论之后，主持人用带有较强口语特征的话来总结观点，同时主持人在表达中放慢了关键信息的语速，使用口语修辞策略让核心信息的传达得到强化。从内容上可以看出,这里使用口语对法律进行的解释与《北京青年报》中的文字解释有着较大的区别。前者更简单,能更快速地被受众认知;后者更严谨,适合反复阅读。

  主持人:不过在法学界的一些业内人士看来,却并不是这么一回事。《广州日报》有一篇某法院的副教授写的《取消"嫖宿幼女罪"恐怕矫枉过正》这样一篇文章,就说"强奸"和"嫖宿"的确是两个不同的概念,不能混为一谈。实践当中出现的许多公职人员性侵幼女的行为被认定为嫖宿幼女的现象,更多的是由于司法部门对公职人员的偏袒和枉法判裁这样一个结果。这的确呢,可能是纵容了性侵幼女的犯罪……

  对报纸评论观点的报道不是直接对文字进行有声表达,而是对内容进行总结,用更简单明确的口语重新解释。这就有效避免了书面语抽象性给认知造成的障碍。

  从上述案例可以看出,纸质媒体的深度报道和电视新闻的深度报道有着巨大的区别。这种区别不仅体现在传播手段上,还进一步地通过传播手段的区分在内容上显现为明显的差异。人们可以回想一下自己曾经阅读过的"深刻"的作品,无论是文学作品还是电视新闻报道,文字的深刻性往往体现为一种"一般性"或者"普遍性"。人们说《红楼梦》是深刻的,因为它体现了时代文化;人们说《战争与和平》是深刻的,因为它反映了厚重的历史。文字的深度体现为对事实、现象的一种超越。这种超越是外在的,通过文字进行一种直接的表达。因为阅读与写作本身就是一种思维活动,写作的结果也是一种思考的结果。于是深度和文字之间有一种天然的联系。

  而对于图像和声音来讲,深度的显现呈现不同的状态。图像在人的意识中与欲望、情感等初级的意识形态相联系。例如,人在饥饿的时候,这种欲望在头脑中表现为一种形象。想吃馒头,头脑中是馒头的样子,而不是"馒头"两个字。当涉及思维的复杂活动时,如推理、判断等过程,形象就不起作用了,需要抽象语言的介入。这时,声音形象成为一种思维的表征。例如,人在读书的时候总是默默地用自己的声音在读。这里的声音形象是思维的工具,而不是表达的工具,二者呈现出不同的特征。于是,对于以图像与口语为传播方式的电视媒体而言,深度的体现是内在的,是通过口语和图像进行的一种潜在的表达。这种深度体验的获得不仅仅是推理的过程,经常也是一种直观的过程。所以说,电视新闻深度报道更需要立足经验事实,需要受众对事实能进行直观的把握。

## 第三节 "隐"与"显"的形式:深度报道与新闻评论

  有些观点认为,新闻报道中不应含有评论和判断,只能是事实的展现。这种观点其实过分夸大了深度报道和新闻评论的区别,二者的区别只是形式上的,或者是使用语言上的。至少从深度报道的角度来看,二者在目的上具有一致性,都要展现事物之间的联系,让受众获得一种价值判断。

## 一、深度的显现

20世纪50年代是美国"麦卡锡主义"盛行的时代,客观报道是当时新闻报道的主导思想,媒体将麦卡锡的演讲做单纯的记录报道,在客观上起到了支持"麦卡锡主义"的效果,于是人们开始呼吁解释性报道。当时著名的电视节目主持人爱德华·默罗因在其新闻节目中表达了对"麦卡锡主义"的强烈谴责而受到舆论的赞赏,同时也使电视新闻报道产生了新的意义。深度报道在其发展的初级阶段就带有强烈的功利主义目的,这种目的性和新闻评论是一致的。

下面将在这一小节通过对电视新闻深度报道与新闻评论的比较,来更直观地了解深度的内涵,以及深度在不同题材新闻作品中的具体展现方式。在深度报道中,深度是潜在的,隐藏在诸多事实的关系中;而在新闻评论中,深度是直接呈现的,主要通过评论员的话语传达。前面两节的讨论可以看出,深度的实现最终依赖受众判断的形成。在具体的报道或评论中,深度以观点的形式展现。当然,并不是所有的观点都能体现深度,而且在深度报道和新闻评论中,观点的表达通常从不同的角度展开,以不同的形式体现。

第一,正确性是深度的前提。观点的深度与其显现的程序有关。观点在显现的过程中由论证和论据两个方面构成。论证过程的正确指的是没有逻辑错误,论据的正确指的是新闻事实的真实性。任何具有深度的观点必须建立在正确的显现过程之上。当然,并不是所有正确的观点都是具有深度的,而且在深度报道与新闻评论中,这种正确性的体现也是有差异的。在电视新闻评论中,从论据、论证到观点都是直接展现的,而且更多地通过评论员或者主持人的话语来展现。因此正确性不仅关系到程序的真实,也关系到结论的表达的严谨。

例如,2010年3月3日河南电视台《都市报道(扩大版)》对当时社会上流传的一则有关地震的谣言进行评论:

图像解说:知道512、112、227这一组数字是啥意思吗?/这不就是一组数字吗?还能有啥意思啊?/当然有意思了,这可是一组神秘的数字,这组数字是汶川、海地和智利三次地震的发生日期。而且这一组数字无论是横向排列还是纵向排列都是512、112、227。/啊?有这么玄乎,难道这就是网友们说的"末日代码"?

被访对象(地震专家):据我的看法呢,这一组数字的排列尽管看起来很有意思,但是呢,它就是一个偶然的巧合而已。

图像解说:就是嘛,哪有什么末日代码呀。这都什么年代了,仅凭这几个数字间的巧合就说这是什么末日代码也太不靠谱了。/没错,地震呀就是一种自然现象,它的发生没有什么规律。如果非要说汶川、海地、智利这三次地震有什么联系的话,那就是都是由地球板块运动引起的。

被访对象(地震专家):但是呢,它发生地震的条件并不一样。你比如说,汶川大地震它是发生在四川盆地的边缘,那里有一条断裂带。而海地地震是发生在加勒比海,那个地方的话它是有一个加勒比海板块。智利地震它是发生在太平洋东部,那个地方有一个板块叫作纳斯卡板块。

图像解说：专家还说了，这三次地震所处的地理位置都是陆地和海洋板块运动的边缘，因此说发生大地震还是有可能的。但是它们之间并没有什么特殊的联系。所以说，大家还是别在这儿胡思乱想了，更不要相信什么所谓的"末日代码"。

主持人：是有点巧合，但这个巧合啊，人工痕迹太重了。汶川地震发生已经快两年的时间了，在这两年的时间里，七级以上的地震就发生了好几次。单拿这三次地震出来说事，什么问题也说明不了啊。有这个工夫啊，还不如关注一下智利这次大地震，他们的伤亡人数只有七百多人。

上述案例，可以说是电视新闻深度报道与新闻评论的负面典型。虽然其最终的结论没有问题，但是论证的过程和结论缺少必要的相关性。该报道的目的是为了辟谣，而"末日代码"的谣言之所以能够传播，有两个原因：一个是当时有关"玛雅预言"的文化产品的流行，以电影《2012》为代表；另一个是这组数字"太巧了"。若要辟谣，就要从这两点入手。而新闻报道与评论中，对前者只字未提，对后者的解释是"就是这么巧！"，这种论证缺乏说服力。整体上看，该报道的论证结构是"末日代码"→专家说不是→不是！这样的论证虽然不够有力，但逻辑上没有错误。但从更细致的层面来看，大量的信息都在说明地震是怎样形成的，还出现了"因此说发生大地震还是有可能的"这样的错误（地震已经发生了，不是可能性）。这些信息对论证起到了负面的作用，不能说明"巧合"的问题。只有在最后主持人的评论中，涉及了一些具有说服力的论证，就是地震的频发与人为的选择，说明这样的"巧合"其实并不是那么巧。但是，本应着力论证的地方，却用"发生了好几次"这样的不准确信息轻轻带过，大大降低了论证的力度。最后还提到伤亡人数，分散了评论的角度。这样的报道不仅起不到辟谣的作用，反而会帮助传播谣言。

对于深度报道和新闻评论而言，论证的过程尤为重要，并不是只要结论正确就可以敷衍了事的。在当下的新闻报道和评论中，不科学的归纳、偷换概念等论证错误非常常见。以后的章节会具体讨论这些问题。

第二，论证难度与深度正相关。在电视新闻深度报道与新闻评论中，论证问题的难度有两个方面：一方面是对事实之间逻辑关系的分析，另一方面是事实论据的获得，后者相对更为重要。重分析的一般呈现为解释性报道，重事实的一般呈现为调查性报道。解释需要建立在事实的基础上，事实展现需要通过合理的结构，二者也是相辅相成的关系。

先来看第一个案例，2012年8月《老梁说奥运——刘翔摔倒是怎样一出戏》：

主持人：……那么你看这四方面的反应你就知道，刘翔这次预赛通不过早有准备，早有预案。你从代表团那儿，段世杰副团长说："刘翔有伤，脚跟酸痛啊，很难受。"孙海平也说："这有反应。"冯树勇也说："可能会影响比赛。"后来又说影响不了。反正前边这些铺垫就足以说明代表团和他的团队已经做好了刘翔预赛都通不过的准备。就是早就已经准备好了，胸有成竹了。所以你看赛后呢，没有出现那些慌乱。新闻发布会这时候冯树勇来了，简单解释解释，语速还挺慢，没显出什么慌乱啊、意外啊、伤痛啊，没有。

你再看赞助商那儿，更是如此，早就准备好了刘翔预赛过不去的广告词。最滑稽的是耐克，那边刘翔退赛，因伤下去了，一分钟都不到，耐克新的广告词——十三亿人陪你单腿蹦出来了。广告词冒出来了，这说明什么呢？他老早就准备好了！我就奇怪这单腿蹦,是不是事先准备的时候他填了空了。他知道刘翔最后单腿蹦到终点去。甚至我怀疑耐克连这个刘翔如果预赛没通过,组织上给他安排的公关危机的预案——要是万一没通过,单腿蹦蹦过去,展示中国运动员良好的形象——是不是都知道。要不然你没法解释,不到一分钟,广告出来了。而其他的刘翔的赞助商啊,他的广告商啊,稀里哗啦广告全出来了,一时间都冒出来了,早就有准备。你看这说明什么呢?赞助商心里也有底。

上述结构是分析事实的,主持人谈到的所有事实都已经公开。但这些事实与核心事件之间不构成事实的因果联系,其联系具有一定的隐蔽性。同时,相关事实较为分散,主持人的分析解释使事实之间呈现出思维上的因果联系,对自身的观点进行论证。这种论证的难度体现在两个方面:一方面是对大量相关分散信息的整合,另一方面是对信息之间关系的梳理。

2013年12月7日《新闻调查——被遗弃的人生》通过对事件的调查,获得了大量的事实信息,这些信息的获得是对潜在观点的论证。本期节目报道了著名的"南京饿死女童案"。节目从法庭辩论的录像开始,并且由法庭辩论录像作为整个调查报道的框架。

(庭审现场画面)解说词:2013年9月18日,南京市第二中级人民法院开庭审理"南京饿死女童案"。被告人乐燕,21岁,被检察机关以故意杀人罪提起公诉。

(穿插采访过程画面)

(庭审现场画面)公诉人:你去这些地方干什么呢?

乐燕:都是因为吸毒。

(庭审现场与对乐燕男友的采访画面穿插,说明乐燕平日性格和行为特征)

(庭审现场画面)辩护人:21年前,这个孩子在出生的时候并不是一个坏人,怎么21年后就变成了这样的一个不负责任的人。坦率地讲,辩护人很不理解乐燕怎么会这样的,本案怎么会这样的,但是在知道了她的经历之后,变得逐渐可以理解了。它有原因。

(记者调查画面)展示了电话采访乐燕父母遭到拒绝,最终经过复杂的沟通,采访到了乐燕的大伯及爷爷。该段落说明了乐燕从小被父母遗弃的生活经历。

随后调查又针对乐燕的上学情况、户籍情况展开。

节目最后采访到了乐燕的毒友,从一个表现得最真实的角度来展现乐燕。

该期节目潜在的观点是乐燕的人生也是一个被遗弃的人生。新闻报道从乐燕的家庭背景、教育背景等问题展开,向受众展示了乐燕"被人遗弃""无法上学""没有户口"等经历。而掌握这些信息的过程是困难的,节目中提到了乐燕父母的不合作、如何采访到乐燕的大伯及爷爷以及节目最后对乐燕毒友的采访都显示了调查的难度。这些难度正是该节目深度的一种体现。通过调查获得的信息,在事实上与核心事件构成了因果关系,是一种事实上的联系。

## 二、角度的区分

陈力丹先生在《新闻理论十讲》中归纳了影响新闻价值的要素。① 事实发生的概率越小,便越有新闻价值。② 事实或状态的不确定性越大,减少不确定性的事实或信息便越具有新闻价值。③ 事实的发生与受众的利益越相关,越具有新闻价值。④ 事实的影响力越大,影响面越广,越能立即产生影响力,这三个条件同时存在,便越具有新闻价值。⑤ 事实与接收者的心理距离越近(兴趣、生活地域、性别、年龄、教育程度和专业、经济收入、民族或种族或宗教的心理距离),便越具有新闻价值。⑥ 越是著名的人物,其身上发生的事实,越具有新闻价值;越是著名的地点,那里发生的事实,也越容易引起受众的关注。⑦ 凡是含有冲突的事实,多少都有新闻价值;内涵的冲突越大,越具有新闻价值。⑧ 越能表现人的情感的事实(悲欢离合),便越具有新闻价值。⑨ 越具有心理代替性的故事性事实(各种成功者、英雄主题、大团圆主题等),越具有新闻价值。⑩ 事实在比较中带有的反差越大,越具有新闻价值。①

上述十个要素细致地描述了新闻价值的体现。其中①强调新奇,即事实本身含有的吸引力,其新闻价值从事实角度显现;而②、③、④、⑤强调了新闻事件对受众的影响,通常聚焦于其功利性,其新闻价值从善的角度显现;⑥、⑦、⑧、⑨、⑩强调了新闻事件的戏剧性,其新闻价值从审美的角度或通过艺术的表达显现。电视新闻深度报道和新闻评论在上述角度的选择中是有明显的偏好的。

深度报道通常从事实角度体现价值,报道以围绕核心事件的调查为主要内容。报道的目的首先体现为事实判断,然后延伸至价值判断和道德乃至审美判断。而新闻评论通常从善的角度体现其新闻价值,评论以对核心事件的分析为主体。评论的目的直接体现为价值判断或者道德和审美判断。简单地说,深度报道首先解决了"是不是""为什么是或不是"的问题,通过对问题的回答来暗示"对不对""好不好""美不美"的问题;而新闻评论更多地直接面对"对不对""好不好""美不美"的问题。

下面通过具体案例的对比来说明这个问题。

2013年10月24日《新闻1+1——"打不倒"的胡万林》与2013年11月第2期《新闻调查——胡万林的"神医江湖"》两期节目都关注了同一个新闻事件——胡万林再次被捕。但是两个节目选择的角度却有明显的差异,体现了深度报道和新闻评论在角度选择上的区别。

《新闻1+1》主持人:您好观众朋友,欢迎收看正在直播的《新闻1+1》。13年前,2000年的时候,当时的"神医"胡万林因为非法行医导致人死亡,被判了15年的徒刑。当时我以为当年已经51岁了的人,从历史当中呢,就慢慢地消失了。起码从我们的视线当中就慢慢地消失了,将来也不会再有机会祸害人了。但是谁能想到,这几天一看新闻才知道,他不仅在2011年已经提前出狱了,而且再次走上了非法行医的道路,并再次把人给治死了,而且又被抓起来了。这个我们身边的"不倒翁"为什么能一次又一次地"不倒"呢?他的责任当然有,而我们的责任又是什么呢?这到底该怎么样去思考?来,今天我们一起去关注他。

主持人简述了胡万林的历史之后,逐渐引出了核心的问题——"我们的责任又是什么呢?",这个角度是一种法律道德层面的归因。在后续的节目中,评论围绕"胡万林该不该减刑""胡万林的行为属不属于涉嫌故意杀人""对胡万林的监管"等问题展开。这些问题

---

① 陈力丹:《新闻理论十讲》,复旦大学出版社,2008年版,第35~47页。

主要通过主持人的话语以及访谈来展开,同时这些问题也是整期节目的框架。可以看出,该期新闻评论节目试从"善"的角度展开。而作为同一题材的电视新闻深度报道,《新闻调查——胡万林的"神医江湖"》则从不同的角度展开:

> 片头解说词:好学的青年四处拜师却殒命他乡,是芒硝夺命还是抑郁致死?曾经的神医减刑出狱后再现江湖,是金盆洗手还是故伎重演?从大学生到乡间针灸师,他为何弃学从医?从华佗再世到耕耘大师,谁在为他包装炒作?

片头解说词概括了整期节目所涉及的问题。这些问题都围绕"事实究竟是什么"展开。节目中,首先通过访谈的形式详细讲述了胡万林的历史,然后讲述了"云旭阳死亡"事件的始末。节目中记者对被访对象的提问也都围绕事实展开,偶尔涉及情感、态度。在调查中,对事件的态度通过事实潜在地表达出来。在电视新闻深度报道中,节目常常从"真"的角度入手。

## 三、形式的区分

形式的不同最直接地体现了"隐"与"显"的差异。对于电视新闻来讲,形式首先可以从视觉形式和听觉形式两个方面划分。上文曾经提到过,二者承担着不同的任务。在处理不同角度的问题时,形式的侧重有着明显的区别。

视觉形式主要有以下6种类型。

① 新闻现场图像。新闻现场图像是叙事的重要手段,通常通过现场直播或跟踪摄录的方式获得,是对新闻事件最直接的再现。对于电视新闻而言,新闻现场图像是极其珍贵的。从新闻事件的发生到媒体对新闻事件的反应总是有时间差的,新闻报道几乎都是滞后的。尤其对于电视新闻深度报道而言,为了获得更多的有效信息,对新闻事件进行正确解释深度报道的滞后性往往更强。因此,电视新闻深度报道的现场图像往往都是通过跟踪摄录的方式获得,围绕旁支信息展开。

② 图文。图文是电视新闻的必要补充手段,电视媒体传达抽象信息的能力较弱,仅仅通过单向传播的口语传达抽象信息经常会造成信息传递的障碍。例如,较大的数字、复杂的名称、方言以及非标准的口语表达都会造成受众认知的困难。在这种情况下,字幕和说明性的图文能弥补这种传播中的缺陷。

③ 动画和图表。动画多用于解释性的新闻报道。与图文不同的是,动画是对口语抽象性的弥补。有些信息需要通过视觉直观才能更有效地被认知,如某个建筑的整体结构、某种工具的工作原理等。图表通常用于解释复杂的事物关系,如对于核心新闻事件的因果阐释往往用图表的形式来实现。类似的解释性信息往往是构成深度报道的重要元素,动画和图表在电视新闻深度报道中应用得非常广泛。

④ 情景再现。在电视新闻深度报道中,情景再现的使用是存在争议的,至少应该是谨慎的。情景再现是指通过"表演"的方式把新闻事件再现出来。在视觉效果上,情景再现往往是模糊的,是使电视新闻深度报道形象化的手段。

⑤ 隐喻性画面。在很多电视新闻节目中,尤其是新闻评论节目中会使用大量的隐喻性画面。这种画面的作用主要是增强新闻节目的趣味性,通过形象化的方式把某种情绪

传达给受众。例如,某些影视作品的画面、抒情性空镜头都能起到上述作用。

⑥ 图像。在电视新闻的访谈中,主要信息的传递依靠有声语言。但是,图像所传达的信息同样不可忽视。图像使受众对被访对象的印象更具体、直观,这直接影响了受众对被访对象话语的认可。图像可以显现被访对象的态度,电视图像对被访对象表情、动作的再现是放大式的,其中含有的情感、态度信息往往是受众需要的重要信息。同时,图像增强了访谈的真实性。

听觉形式主要有以下4种类型。

① 主持人或评论员话语。主持人或评论员话语首先起到提纲挈领的作用,对新闻事件的概括、对事件态度的解读都需要通过这种直接的口语形式来完成。这是电视新闻节目中最重要的声音。

② 解说词。解说词往往起到概括性叙事、解释背景等方面的作用。几乎在各种类型的电视新闻节目中,解说词都是不可或缺的声音形式。

③ 访谈话语。在电视新闻中,被访对象通过口语表达信息。这些信息有叙事性的,也有评论性的,这些有声语言承担了访谈中最大限度地传递信息的任务。

④ 音乐和音效。在电视新闻中,音乐的作用是烘托气氛,渲染情绪;音效的作用是体现现场感与真实感。这些方式虽然是辅助手段,但也往往是电视新闻所需要的。

上文对电视新闻的表达形式做了简单的介绍。其中,新闻现场图像作为最重要的视觉形式,在观点的表达上是隐性的。图像本身不包含观点,观点潜在地存在于图像的叙事之中。而主持人或评论员话语作为最主要的听觉形式,在观点的表达上是显性的,这些语言直接发表主体对新闻事件的判断。

从电视新闻深度报道和新闻评论不同的表达形式中可以印证上述判断。深度报道往往以跟踪拍摄的现场图像为主,配合解说词的概括和说明作用,经常使用隐喻性的空镜头来抒发情绪,偶尔通过解说词点题或发表评论。而新闻评论节目则主要通过评论员的语言发表直接的观点,在评论的间隙通过一些视觉形式来提供经验论证的支持。一些风格相对轻松的评论节目还经常使用隐喻性的画面来增强节目的趣味性。

## 练习题

1. 分析2013年12月7日《新闻调查——被遗弃的人生》,并回答下列问题:
   (1) 节目中的核心新闻事件是什么?
   (2) 节目中扩展了哪些事实信息?
   (3) 扩展事实和核心新闻事件之间是什么关系?
   (4) 节目潜在的观点是什么?
2. 比较2013年12月30日《中国青年报》中《比特币:金本位的互联网实验》与2013年8月23日《新闻直播间》中对比特币的报道,并回答下列问题:
   (1) 二者在素材的使用上有何相似之处?
   (2) 在经验性个例信息的传播中,文字和声画的手段有何区别?
   (3) 报纸的文本和电视节目有声语言的文本有何区别?

(4) 二者潜在的观点分别是什么？
3. 试从整体上比较《新闻调查》与《新闻1＋1》两档栏目，并结合案例回答下列问题：
　　(1) 两档栏目在表现形式的侧重上有何差异？
　　(2) 两档栏目在角度的选择上有何差异？
　　(3) 电视新闻深度报道和新闻评论的相同点是什么？
4. 电视新闻报道的深度和题材有关吗？试举例论证。
5. 试析电视新闻深度报道中口语表达的特点。

# 拓展阅读书目

1. 书名：《60分钟：黄金档电视栏目的50年历程》
   作者：[美]唐·休伊特
   出版社：清华大学出版社
   译者：马诗远、林洲英
   出版时间：2004年10月
2. 书名：《世界明星主持人——中外名主持人系列·外国篇》
   作者：徐德仁
   出版社：复旦大学出版社
   出版时间：2005年7月

# 第二章　电视新闻深度报道的历史

**教学重点**：认识电视新闻深度报道产生和发展的历史脉络，熟悉电视新闻深度报道在中国的产生和发展历史，掌握电视新闻深度报道产生的背景和原因，掌握电视新闻深度报道的主要类型。

**教学难点**：理解中国电视新闻深度报道的发展现状和特色，分析中国特色媒体环境下电视新闻深度报道如何保持长久的生命力。

## 第一节　电视新闻深度报道的产生

电视新闻深度报道理论是 20 世纪初出现在美国新闻界的重要新闻理论，后来传到英国、法国、日本等国家，其在指导新闻实践方面产生了广泛的影响。20 世纪 80 年代，电视新闻深度报道理论正式传入中国，对促进我国新闻界的改革发挥了重要作用。

深度报道在美国以及中国产生和勃兴的时代，都是社会转型的关键时期。20 世纪初的美国与 20 世纪 80 年代的中国，都处于转型阶段，都面临着社会阶层加速变化、社会结构不断调整、社会问题急剧增多等问题。大众迫切需要了解问题背后的原因，深度报道的出现即根植于当时社会的现实土壤。

深度报道起源于西方新闻学，西方新闻学用"以今日的事态核对昨日的背景，从而说出明日的意义"来概括深度报道。

《新闻学大辞典》对深度报道的解释："运用解释、分析、预测等方法，从历史渊源、因果关系、矛盾演变、影响作用、发展趋势等方面报道新闻的形式。深度报道不满足于向受众提供简单的新闻事实，而是使新闻要素进一步深化，要求一方面剖析新闻事实的内部，另一方面展示新闻事实的宏观背景，从总体联系上把握其真实性。深度报道突破了'一人一地一事'的模式，要求对新闻事实进行跨时空的、由里及外的综合反映。对时间的采访应包括过去、现在、未来；采访地点不仅包括现场，还包括现场延伸或波及的地方；不仅要采访当事人，而且要采访其他有关人员；采访新闻事实时，一方面对事实本身的情形、细节要尽可能做详细采访，另一方面对相关的事实也应进行采访；应把主要精力放在 Why（为什么)和How(怎么样)上,说明来龙去脉,阐明本质意义,估计事件影响,揭示发展趋势。"①

当然,关于深度报道的界定还有很多,不论定义有何不同,深度报道都具有不变的特点,即深度报道要求对新闻事态的发生有前因后果的解释、分析和预测,它要体现出新闻事件的因果关系,预测新闻事件的发展趋势。

深度报道起源于19世纪末20世纪初的美国,其发端阶段主要出现在纸质媒介——报刊,报刊深度报道早期主要有调查性报道和解释性报道两种形式。第一次世界大战和美国经济大萧条暴露出了客观报道的危机。新闻界逐渐意识到,人们不仅需要了解发生了什么事情,更需要了解事件发生的原因及政治、社会背景。于是,带有解释性和调查性的新闻应运而生,这便是深度报道的前身。

解释性报道的地位在20世纪30年代得以确立,调查性报道在20世纪60年代引起了广泛的关注。1985年,美国普利策新闻奖设置了解释性报道和调查性报道两个奖项。在半个多世纪的时间里,深度报道从出现走向繁荣。分析归纳深度报道产生的背景,有助于人们进一步深入地探讨深度报道。

## 一、社会环境与媒体功能

深度报道是新闻传播活动深入发展的产物,它是随着社会、政治、经济、文化的发展而发展变化的。同时,深度报道也是受众对新闻信息需求的日益增大和新闻事业所担负的媒体责任的必然要求。

在第一次世界大战中,美国大发战争财,再加上技术革命和拓展海外市场等有利因素,美国在战后的一段时间里,经济获得了快速发展。这一时期,正好在共和党总统柯立芝任期之内,所以人们把这一时期称为"柯立芝繁荣时期"。同时,面临突然来临的战争和社会变化,人们要求新闻媒介做出解释,人们对于纯事实报道的新闻已经感到不满足。在这短暂的繁荣之后,接踵而至的是更加动荡不安的政治、经济形势,人们对深度报道的呼声也随之日渐高涨。

1927年8月2日,柯立芝总统宣布他将不再竞选连任。在这个繁荣的大背景下,1929年3月4号,共和党候选人赫伯特·胡佛(以下简称"胡佛")以很大优势击败民主党的候选人,入主白宫。《华尔街日报》在庆祝胡佛就职时说,政府从来没有像今天这样与商业打成一片。毫无疑问,胡佛是一个很有活力的商业总统,他是美国第一个商业总统。胡佛信心满满,以为自己能为美国带来永久的繁荣。殊不知,拨开这层看似繁花似锦的外衣,美国的经济实则已经危机四伏,胡佛"每只锅里有两只鸡,每个车库里有两辆车"的许诺也被接踵而至的经济危机无情粉碎。

由于经济发展的极度不平衡和股票投机成风,同时资本的进一步集中也增加了资本主义社会的固有矛盾,这种虚假的繁荣并没有持续多久。1929年10月29日这天是星期二,道·琼斯指数一泻千里,当天股市创造了1 641万股成交的历史最低纪录。这就是史上著名的"黑色星期二"。这一天,纽约股票市场崩溃,资本主义世界经济大危机由此开

---

① 甘惜分:《新闻学大辞典》,河南人民出版社,1993年版,第153页。

始,由此引发了通货膨胀、工人失业、工厂倒闭、贫困来临等一系列连锁反应。美国的经济水平倒退了 10 年,并且经济危机很快从美国蔓延到了整个资本主义世界。

在危机期间,胡佛政府被迫采取了一些措施,但是收效甚微。同时,他反对政府救助失业群众,人们讽刺地将用旧铁皮、纸板和粗麻布搭起的棚户区称为"胡佛村"。到 1932 年大选时,胡佛的声望已经一落千丈。富兰克林·德兰诺·罗斯福(以下简称"罗斯福")作为共和党的候选人参加竞选,他提出了实行"新政"和振兴经济的纲领,在 1933 年以绝对优势击败胡佛,成为美国第 32 届总统。

罗斯福入主白宫后,积极推行以"3 个 R——改革(Reform)、复兴(Recovery)和救济(Relief)"为核心的"新政"。在"新政"时期,美国的政治、经济、社会都在经历一场大变革。值得一提的是,罗斯福经常在他的办公室会见记者,他通过"炉边谈话"的方式加强与美国人民的交往,充分体现了他与新闻界的密切联系。

此时,国际局势和社会发展都变得复杂起来,人们需要探讨大量的问题,并期望得到解答。同时,处于"新政"时期的美国乃至整个世界的发展进程都在加快,人们前所未有地关注国计民生,关心世界局势。传统的"何时、何地、何事"的客观性新闻已经不能满足人们的需要,事件背后的"为什么"变得重要起来,人们需要"求知""释疑",深度报道正是这一社会大变革时期的产物。

与此同时,新闻界对自身功能的自省和人们对媒体责任的期待也推动了深度报道的勃兴。人们逐渐意识到记者应当承担一定的社会责任,把一件事情的来龙去脉交代清楚,起到引导舆论和警醒受众的作用。美国新闻自由委员会在著名报告《自由和责任的新闻业》中对记者提出要求说:"对每日的事件给予真实的、全面的和理智的报道,并将它们置于能显示其意义的特定前后联系之中。"①其还要求记者分析事件可能产生的原因、后果和社会影响,这就是说,要求记者跳出客观报道理论设置的"清规戒律",在报道新闻事实的同时,深入地分析事实,指出其产生的原因、所包含的意义和所产生的影响。

由此可见,社会环境的变化和媒体责任理论为 20 世纪 30 年代深度报道的兴起创造了有利的条件。

## 二、客观性报道与深度报道的争议

除了社会环境和媒体功能的影响,有不少人认为,深度报道的产生也源于对当时传统的客观性报道的挑战。那么,客观性报道缘何产生?它又缘何成为新闻媒介的职业信条?同时,它与深度报道之间又存在哪些争议呢?

1833 年 9 月 3 日,本杰明·H. 戴创办了一张新颖的小报《纽约太阳报》(New York Sun),开创了新闻事业的新纪元。这份报纸一改传统的政治报纸的路线,不再服务于党派争论,转而面向社会大众,主要刊登通俗易懂的社会新闻,且售价低廉,一份报纸一便士(美分),掀起了所谓"便士报运动"。很快,《纽约太阳报》的发行量超过了所有的竞争对手,在其带动下,以普通劳动者为读者对象的通俗化报纸,如雨后春笋般出现了,占据了美

---

① 杜骏飞:《深度报道写作》,中国广播电视出版社,2000 年版,第 9 页。

国报业的半壁江山。这些报纸以刊登客观新闻为主,为大众提供信息,由此美国的报业由"政论模式"进入了"信息模式",由"政党报纸"开始进入"大众化报纸"时代,报纸真正成为了"新闻纸",客观性报道成为主流。

同时,客观性报道的产生还与美国联合通讯社(以下简称"美联社")的出现和发展密不可分。1848年,纽约的六家报社达成协议,成立纽约联合通讯社。其众多社员来自不同地区、不同阶层、不同党派,利益、喜好千差万别,因此客观性报道就成为了寻求平衡点的最佳选择。美联社大力倡导客观性法则,认为客观性报道是"真正公平"的报道,因此后来被称为客观性报道的先驱。

除了"大众化报纸"和美联社提倡客观性报道之外,1896年,奥克斯购买《纽约时报》,对客观性报道方式的最终确立并成为新闻报道的基本潮流起到了关键的催化作用。奥克斯既不延续赫斯特和普利策的煽情主义,又坚决反对通俗化特色。他抨击黄色新闻,以"本报不会污染早餐桌布"为口号,以"力求真实,无畏无惧,不偏不倚,并不分党派、地域或任何特殊利益"为新闻报道原则,获得了国际的认可和良好的声誉。

当然,客观性报道的产生不仅仅是新闻界自身改革的自然结果,它也是19世纪美国民主政治、市场经济和文化发展的需要。那么,客观性报道又为何会遇到以解释性报道为代表的深度报道的挑战呢?

20世纪30年代,美国的政治、经济、文化都在经历飞快的变革。当时的美国科学技术飞速发展,人民的文化水平逐渐提高,越来越多的读者开始对单纯的事实性新闻表示不满,要求新闻报道提供事件的相关背景并加以解释。这种新观念不仅促进了深度报道的产生,同时也指出了传统的客观性报道的局限性。首先,真正超越阶级党派利益的客观报道难以实现;其次,这种报道方式将新闻的定义带上了枷锁,似乎只有新闻事件才是新闻,忽略了新闻事件的真正含义以及可能造成的影响。最后,和客观性报道的即时性相比,深度报道还体现了全时性,它展示了新闻事件的来龙去脉,分析前因后果,预测未来发展和社会影响。二者最大的不同是深度报道中Why(为什么)和How(怎么样)这两个要素得到了突出。

客观性报道因为大众对于新闻信息的需求而产生,又因为大众对于新闻真相的需求而遭到批判,进而被深度报道取代。这也体现了新闻事业由"政党报纸"到"事件报纸",又到"解说报纸"的发展脉络。

## 三、新媒体的激烈竞争

20世纪初,美国进入广播时代,1927年前后,广播电台已经遍布欧洲和北美。相对于报纸来说,新媒体在新闻的时效性、现场感和感官表现力上有较大的优势。尤其是20世纪30年代电视技术出现之后,其声音、画面等丰富直观的传播方式,很快地进入了公众的视线,成为人类最有影响力的传播媒介之一。广播、电视等新媒体成为了纸质媒体强有力的竞争对手。甚至有些传播学家预言,电视的出现可能会导致报纸的消亡。

可以说,深度报道以其全面深刻的特点,一度成为了报纸与新媒体相抗衡的强有力的"武器"。同时,新媒体的激烈竞争也促进了深度报道的产生,给深度报道的发展带来变革。

## 第二节　电视新闻深度报道的类型化发展

类型化发展使深度报道包括了解释性报道、调查性报道、预测性报道、系列报道、连续报道和组合报道等多种报道形式。下面主要就解释性报道、调查性报道以及预测性报道逐一进行阐释。

### 一、解释性报道

解释性报道起源于 20 世纪 20 年代的美国。上文提到,在经历第一次世界大战和经济危机之后的"新政"时期,美国的政治、经济、社会都在经历重大变革,人们在了解发生了什么事情的同时,需要了解事件发生的原因、背景以及产生的影响。美国政论家沃尔特·李普曼指出:"各种事件接踵而至,而这些事件本身是毫无意义的。于是,一个'为什么'变得与'是什么'同样重要的时代开始了。当时,如果驻白宫的记者仅仅报道发生了什么而没有提供事件发生的原因和含义,那他只完成了一半工作。"[1]同时,西方新闻界一直奉行的客观性原则遭到了质疑,不少记者对新闻采访进行改进,加强了解释性。

1923 年,亨利·R.卢斯创办了在美国颇具影响力的杂志《时代周刊》(*Times*),并宣称,它旨在使"忙人"能够充分了解世界大事。该刊的特色是将一周的新闻加以组织、分类,并提供背景材料,进行分析解释。这种新闻报道方式新颖特别,不同于美国传统的纯事实报道,一下子引起了读者的关注,成为了 20 世纪 30 年代流行起来的解释性报道的先驱。

解释性报道这一新概念很快渗透到涉及政治、经济、劳工、农业等各个方面的新闻报道。在"新政"期间,劳工享有集体谈判的权利,劳工新闻成为了新闻报道的重要组成部分,一些优秀记者更加注重对劳资关系问题进行详尽的分析。《纽约时报》的记者路易斯·斯塔克与最早涉足这一报道领域的记者之一、《纽约世界报》的约翰·利里一起,于 1933 年将驻地转移到华盛顿。在华盛顿,记者们报道钢铁和煤炭工业的全国劳资谈判,全国劳工关系委员会的活动,以及以《塔夫脱-哈特利法》代替《瓦格纳法》而告终的立法斗争。[2] 路易斯·斯塔克被公认为美国劳工记者的泰斗,并于 1942 年获得美国普利策新闻奖。

除了劳工新闻,不少记者对改进科学报道做出了许多努力。1921 年,沃森·戴维斯主持科学新闻社,工程师沃尔德马·肯普弗特和威廉·L.劳伦斯先后来到很早涉足这一

---

[1] 李良荣:《西方新闻事业概论》,复旦大学出版社,1997 年版,第 121 页。
[2] [美]迈克尔·埃默里、埃德温·埃默里、南希·L.罗伯茨:《美国新闻史:大众传播媒介解释史》(第九版),展江译,中国人民大学出版社,2009 年版,第 394 页。

报道领域的《纽约时报》担任科学专职记者。1937年,普利策新闻奖颁发给了最早采写科学新闻的记者。1934年建立的全国科学记者协会在40年后已经拥有近1 000名会员。

农业新闻随着农业调整管理局的成立成为了重要新闻,包括联邦政府采取的稳定农产品价格的措施、对农民提供的经济保障,以及保护土壤的措施等内容。1929年,《圣保罗拓荒者新闻报》和《电讯报》的记者艾尔弗雷德·D.斯特德曼和《堪萨斯城明星报》的西奥多·C.奥尔福德来到华盛顿,成为了第一批采访农业新闻的专业记者。

1933年,美国报纸编辑协会通过决议,承认并强调新闻的解释和分析,正式确立解释性报道的名称和地位。1938年,麦克道格尔教授修订了自己6年前出版的《新闻报道入门》一书,并更名为《解释性报道》,使得解释性报道在理论上得到了系统化的完善。

解释性报道逐渐发展成熟,1960年,美国学者尼尔·高普鲁刊行《深度报道》,称其以今日的事态,核对昨日的背景,从而说出明日的意义来,从理论和学术上稳定了深度报道的地位。1978年,《世界大百科全书》将深度报道列为20世纪美国新闻发展的一大趋势。1985年,美国普利策新闻奖开设调查性报道和解释性报道两个奖项,这标志着深度报道的地位开始得到广泛认同。20世纪80年代以来,美国《纽约时报》《华盛顿时报》《洛杉矶时报》等重要报纸的解释性报道篇幅占了70%以上的新闻版面,而其在英国、法国等国一般都占了50%的版面。至此,深度报道已经在西方新闻界占据了相当重要的席位。

解释性报道最初产生于报刊,而后随着广播、电视等新媒体的发展,做有深度的报道成为了纸质媒体的核心竞争力。同时,新媒体认识到自身的易逝性,也开始使用深度报道的手法挖掘新闻事件的潜力。日本广播协会设有专门的解说委员室,他们制作了不少优秀的解释性报道,如《二二六事件被掩盖的真相——陆军军法会议秘密》等,为电子媒体节目的深化提供了可借鉴的经验。① 20世纪90年代,互联网的兴起使深度报道一步步走出纸质媒体,实现泛媒体化,成为西方新闻界的主要报道形式。

## 二、调查性报道

挖掘五角大楼、中央情报局、联邦调查局、卡车司机工会、犯罪集团和腐败政客的活动是20世纪60年代和70年代所谓的调查性新闻记者的主要工作内容。作为深度报道的一个重要组成部分,迈克尔·埃默里、埃德温·埃默里、南希·L.罗伯茨编著的《美国新闻史:大众传播媒介解释史》一书中认为,调查报道是指利用长时间内积累起来的足够的信息来源和文件,向公众提供对某一事件的强有力的解释。

然而,早在20世纪初的黑幕揭发运动时期,调查性报道就已经开始。19世纪下半叶,美国的商品经济得到高度发展,资本主义从自由竞争走向了垄断,引起了公众舆论的强烈不满。新闻记者利用报刊业这个有力阵地,发表了大量揭露实业界丑闻的调查性报道,这就是美国近代史上著名的"扒粪运动"(又称"揭丑运动")。美国总统西奥多·罗斯福把当时从事揭露新闻写作的记者们比作班扬的小说《天路历程》中的"扒粪男子",记者们却把它视作光荣的奖赏接收下来,自称"黑幕揭发者"。

---

① 芮必峰、姜红:《新闻报道方式论》,安徽大学出版社,2001年版,第88页。

1903年1月,《麦克卢尔》同时刊载了林肯·斯蒂芬斯的《明尼阿波利斯之羞》、埃达·塔贝尔的《美孚石油公司史:1872年石油战》和雷·贝克的《工作的权利》三篇文章,吹响了黑幕揭发运动高潮的号角。这三篇文章分别从政界、企业界和劳工界三大领域对美国社会进行了无情的揭露。《麦克卢尔》配发社论,呼吁人们维护法律。这场黑幕揭发运动无疑为美国调查性报道的发展打响了嘹亮的第一枪。20世纪初被称为"公共服务新闻业的黄金时代",1902年至1912年期间,经常刊登揭丑文章的十家刊物都红极一时。不可否认的是,揭丑性报道对改变公共政策的贡献也是不容忽视的,它确实影响了政府的政策制定,与一系列的改革密切相关。它对公司垄断的讨伐直接促成了谢尔曼反托拉斯法的实施,对财富分布不均的报道导致了1909年宪法对税收的修正。在这期间,童工的问题也得以立法。尽管如此,此时的调查性报道与成熟完备的调查性报道还有一定的距离。"揭丑运动"的黄金时代仅持续了大约20年,1906年达到巅峰后,1907年开始有些下滑。而后经过第一次世界大战的冲击,"揭丑运动"时代终止了。

20世纪60年代末期调查性报道迎来了觉醒,并在70年代达到了全盛时期。1969年10月,前美联社记者西摩·赫什(以下简称"赫什")得到消息——美国军方正秘密通过军事法庭对一个屠杀了大量平民的越战军官进行审判。赫什开始追踪这一事件,他揭露了越南美莱屠杀的真相并及时加入《纽约时报》调查中央情报局的问题。他的文章《在美莱,我们发疯了》被美国《华盛顿邮报》《旧金山时报》等36家媒体转载,1970年,赫什凭借《美莱四号:对一场大屠杀和其后果的报道》赢得了普利策新闻奖的国际报道奖,"调查性"一词变得极为流行。同时,调查性报道达到巅峰时期的又一突出代表为《华盛顿邮报》的鲍勃·伍德沃德和卡尔·伯恩斯坦对"水门事件"的调查报道。记者们争相报道,挖掘出了各种政治间谍行为,揭露了被法院和国会隐瞒的事实,引起社会一片哗然。1974年8月9日,时任总统的尼克松宣布辞职,从而成为美国历史上首位辞职的总统。鲍勃·伍德沃德和卡尔·伯恩斯坦因为最早揭露"水门事件"而获得了1973年的普利策新闻奖。

"水门事件"对新闻界本身的影响是很深远的,1974年,四项普利策大奖都颁给了调查性报道,以至于《时代》杂志将这一年称为"揭丑者的年代"。与早期的揭丑性报道相比,现代的调查性报道信息来源更加广泛,不再是肤浅的判断,更加认同社会价值,并且将"媒体社会责任理论"奉为现代新闻业的从业标准。通过对罪行和受害者的揭露报道,调查性报道的记者们试图达到现代新闻业所要达到的理想目标:激发公众的良知以促进公共利益的实现。

新的调查性报道承担了更多的社会义务,同时电视也开始跃跃欲试,新兴的新闻力量能使调查性报道更广泛地接触受众。电视新闻虽出现较晚,但在发达国家电视发展史上也走了一条由浅入深的道路。哥伦比亚广播公司一马当先,1951年爱德华·罗斯科·默罗开办了第一个电视纪录片节目《现在请看》(See It Now),该节目就当时颇具争议的社会问题,如种族隔离、"麦卡锡主义"等,进行了大胆的报道,得到了美国人的普遍认可和信赖。1971年春,哥伦比亚广播公司播送了节目《五角大楼的出卖》,该节目长达1小时,揭露了国防部宣传机器的内幕。1973春,美国参议院成立"水门事件"调查组,在"水门事件"的后续报道中,电视媒体凭借其视听优势已经参与其中,成为美国人每天必看的节目。

20世纪60年代和70年代是电视新闻深度报道蓬勃发展的时期,这一时期的佼佼者是1968年哥伦比亚广播公司推出的电视新闻杂志节目《60分钟》,该节目在选题上以政府行为、社会事件、司法公正、人类灾难、战火纷争等"硬新闻"为主,每期的《60分钟》基本由3个独立的电视新闻深度报道和1个新闻评论板块组成,深度报道各13分钟左右,评论板块4分钟左右,加上片头导视、片花和广告,总共60分钟整。《60分钟》成为了美国调查类电视新闻报道的先驱者。事实证明,这种崭新的节目形式成功地抓住了受众的眼球,一跃成为美国历史上收视率最高的10个节目之一,连续22年高居排行榜前10名。

随后,美国三大电视网和公共电视都开始出现严肃的新闻节目,每年制作一些调查性报道,探究毒品、犯罪、过度富有和腐败等问题。20世纪70年代后,调查性报道逐步走向繁荣。这一时期的调查性报道内容更加深入,范围更加广泛,影响也更加深远。1975年,美国成立了调查报道记者编辑协会(IRE),负责具体组织、指导和协调记者关于调查性报道的工作。调查性报道从此正式确立了它在新闻界的地位。1978年,《世界大百科全书》把深度报道列为20世纪美国新闻发展的一大趋势。1985年,美国普利策新闻奖开始设置解释性报道和调查性报道两个专项奖,至此,深度报道在新闻界已经得到了广泛的认同。以美国新闻界为例,在1917~1992年颁发的580项新闻奖中,调查性报道摘取了40%的奖项。目前,调查性报道的比重约占全部普利策新闻奖获奖作品的30%,与解释性报道和客观性报道三足鼎立。[①]

## 三、预测性报道

20世纪30年代,伴随着解释性报道、调查性报道等深度报道的崛起,预测性报道随之登上新闻史的舞台。在深度报道的阶段,西方新闻界普遍比较注重记者的主体意识,强调其预见性和主动精神。在新闻报道中,记者通过翔实的素材进行分析,来预测和判断新闻事件的未来走向,以及可能产生的后果和影响。这样的新闻报道方式能为受众提供一种思路,体现一种倾向。从一开始,预测性报道就受到了西方新闻界以及受众的普遍关注。

同时,预测性报道的兴起还有一个重要的学术背景,那就是未来学的诞生。1943年,德国社会学家奥西·弗勒希特海姆在美国首创未来学,20世纪50年代后迅速发展。广义的未来学包括预测研究,因而有人主张将广义的未来学称为"未来预测学"或"预测学"。未来学的研究领域包括社会、经济、科学、技术、军事等,这些领域的发展动态同时也是新闻报道的关注焦点。一方面,与时代发展紧密相连的新闻报道需要专业的科学研究予以佐证;另一方面,未来学这一新兴学科也需要借助媒介的桥梁向大众传播其研究成果。就这样,新闻媒介与未来学连接了起来,这也直接带动了预测性报道的产生和发展。像《华尔街日报》《纽约时报》《泰晤士报》等西方主流媒体中随处可见大篇幅甚至整版的预测性报道,主要涉及政治、经济、科技领域,如关于总统竞选前期的报道,经济形势、行业市场的预测,以及对克隆问题、自然环境问题的未来趋势探讨等。伴随着社会的不断进步,预测性报道也在不断走向成熟,因其与社会发展的紧密联系,西方新闻学者预言,21世纪预测

---

① 杜骏飞:《深度报道写作》,中国广播电视出版社,2000年版,第82~83页。

性报道将有可能占据新闻界的主导地位。不论预言是否实现,预测性报道的数量和规模都将日益壮大,尤其是在经济、社会领域,具有决策性和指导意义的深度报道将会占有一席之地。

深度报道从出现之初,就不是以某一种独立的文体形式存在的,它包含了解释性报道、调查性报道、预测性报道等多种报道形式。随着其自身的不断发展完善,深度报道涉及的报道领域愈发广阔,报道形式也更加自由。例如,典型性报道、精确性报道也被纳入其中,同时还囊括了连续报道、系列报道、整合报道的集合式深度报道。

## 第三节 我国电视新闻深度报道的产生与发展

20世纪80年代,"深度报道"一词随着高普鲁的《深度报道论》进入中国新闻从业人员的视野。改革开放之后,西方各种文化思潮涌入,深度报道的写作手法开始在中国勃兴,并获得了长足发展。随着广播、电视以及网络技术的产生和发展,深度报道也促使纸质媒体之外的其他媒体开始借鉴这种先进的报道方式,促成了深度报道的极大发展。相比后现代的西方而言,中国当下还处在向现代化艰难转型的过程中。在社会秩序和主流价值观的新旧交替中,整个社会心理呈现出一种混乱的多元化状态。深度报道承载着重要的历史使命,在我国的新闻改革中占据十分重要的地位。

### 一、中国电视新闻深度报道的产生

深度报道这个西方的舶来品,虽然在中国并没有经历长期的发展,但是同样绽放出了夺目的光彩。新时期中国电视新闻深度报道的兴起是在20世纪80年代中期,崛起于报刊,在短短几年的时间里,深度报道就达到了一个相当高的高度,产生了一批有广泛社会影响力的优秀深度报道作品。

与美国相似的是,深度报道在中国同样产生于社会转型的关键时期。改革开放以后,中国由计划经济变为市场经济,由传统社会迈入现代社会。物价上涨、货币贬值、经商成风、读书无用等现象伴随着社会的加速发展同时出现,这些社会主义初级阶段的改革中不可避免的阵痛困扰着那个年代的人们,改变了思维方式的中国受众对新闻报道提出了新的要求。人们不仅关注新闻事实,同样需要关注新闻事件的内在真相。华中科技大学教授欧阳明认为,社会转型使中国社会出现前所未有的新情况。正是中国社会变化与思想解放为深度报道在中国的出现、成长创造了必不可少的条件,其间的起伏与中国的政治生态环境密不可分。从报道方式到社会功能,从文本形态到价值理念,新闻界同样需要顺势而变。可以说,现代化进程为深度报道在中国的起源提供了肥沃的社会土壤。

同时,西方各种文化思潮涌入中国,也为深度报道在我国的兴起提供了有利条件。20世纪80年代初,以新华社记者为首的一批新闻从业人员开始呼唤中国的深度报道,并且在写作实践中大量使用深度报道的手法。20世纪80年代的新闻界在日益"宽松、宽容、宽厚"的社会背景下,自身的观念、业务、手段等也发生了一系列深刻变革,中国的记者在西学东渐的新时期认识到了深度报道的重要性,同时结合自身的写作实践,使深度报道开出了中国特色的花朵。这些深度报道一出现就大受好评,并逐渐得到了受众的认可。

1980年7月22日,《人民日报》和《工人日报》同时披露了"渤海二号"翻船事故。该报道被认为拉开了中国深度报道的大幕,开启新时期舆论监督之先河。1985年,《大学毕业生成才追踪记》(1～8)关注新闻的"灰色"地带,突破了非黑即白的思维模式;1986年,《第五代》报道海外学子的生活情况,开创观念式报道的先河;1987年,《中国青年报》的"三色"报道——《红色的警告》《绿色的悲哀》《黑色的咏叹》,从人与自然、社会的关系反思灾难背后的深层原因,突破了"丧事当成喜事报"的框架,使人耳目一新,堪称灾难报道的典范之作;1987年,《关广梅现象》的系列报道有力地促使公众打破姓"社"、姓"资"的政治审视和思维模式;中共十三大召开前夕,《人民日报》隆重推出《中国改革的历史方位》,这篇3万字的报道被认为是深度报道的经典作品。

在这前后,以首都几家大报为代表,竞相发表的长篇文章,如《命运备忘录》《七届人大开幕前夕》《大学毕业生成才追踪记》《"放活"教授》等,构成了一股势头强大的深度报道热流,冲击着社会,冲击着记者,也冲击着原有的新闻写作模式和新闻工作者的思维。在1987年全国好新闻评选活动中,《关广梅现象》被评为报纸系统唯一的特等奖,《中国改革的历史方位》和《大兴安岭火灾报道》被授予特别奖。①

1986年,深度报道被中国新闻奖正式"收编",以系列报道、组合报道和连续报道作为深度报道的三种形式进行评选,从而完成了从自发实践向权威认同的过渡。1987年因大量优秀的深度报道作品的出现,被称为中国的"深度报道年"。至此,深度报道在中国正式起源,且随着广播、电视等电子媒介的出现,深度报道迎来更加广阔和长远的发展。

## 二、我国电视新闻深度报道的发展

与西方国家一样,继在报纸上获得巨大成功之后,深度报道开始大规模向电视等新媒体进军。随着中央电视台新闻节目的推出,各地方电视台也纷纷突破电视新闻的传统格局,推出了深度报道节目。

纵观我国电视新闻深度报道的发展过程,大致可以分为三个阶段。第一阶段为20世纪80年代至90年代初,这段时间是我国电视新闻深度报道的产生阶段。20世纪80年代,旧秩序被打破,新规则再建立,改革开放使整个中国呈现出一派飞速变革的景象。新闻改革顺势而变,"新、短、快、活、强"的报道理念改革了党八股式的旧模式,深度报道快速兴起。1980年7月,中央电视台创办了第一个具有深度报道特质的评述性电视新闻栏目《观察与思考》,它相继推出了《北京居民为什么吃菜难》《有这样两个县委书记》《包产到户后》等节目。这些报道不再局限于一般的事实性报道,而是深入到事件背后进行分析报道,体现了新闻的思想性。这些特征使《观察与思考》节目已初见深度报道端倪,并被广泛

---

① 时统宇:《深度报道范文评析》,新华出版社,2001年版,第5～7页。

认为是我国电视新闻深度报道起步的标志。

继中央电视台之后,各地方电视台也纷纷开始推出深度报道。1987年7月,上海电视台推出了全国第一个社会多视角的杂志型电视新闻专栏节目——《新闻透视》。该节目对重大新闻事件进行跟踪报道,同时加以解释和评论,把电视新闻的深度与广度结合了起来,生动的风格和深沉的思辨色彩受到受众的喜爱。创办至今的20多年里,这个栏目在中国电视新闻的改革和竞争中逐渐形成了自己的风格,同时被称为是中国内地历史最悠久、生命力最强的电视新闻深度报道和评论节目。

继《新闻透视》之后,福建电视台的《新闻半小时》、山东电视台的《新闻纵横》、北京电视台的《看世界》等栏目,都较好地把新闻性、社会性、评论性结合起来,采用了连续报道、系列报道等深度报道的形式,受到受众的喜爱。

这一时期的电视新闻深度报道所使用的新闻采集形式和节目传播理念都带有启蒙性质,借用著名记者张建伟曾经说过的话,无论是分析研究型的深度报道,还是充分信息化了的深度报道,由于它们的时代性,都或多或少地带有启蒙的特征。尤其是20世纪80年代中期对新体制的呼唤和对新观念的钟情,都使这些报道带有很强烈的启蒙性。有"深度报道之父"之誉的张建伟也将启蒙概括为当时深度报道从业者的主要追求,"思想理论在报道中的作用和直接参与报道的可能性,尤其是报道担负的启蒙作用,对不断涌现出来的新观念进行启蒙,是80年代新闻工作者乐此不疲的努力方向"[①]。

1988年的"全国电视好新闻"评选中,有11个深度报道节目获奖。其中浙江电视台的4集连续报道《七号台风袭击浙江》,以生动活泼的形式和真实的内容受到参评者的普遍赞扬,从而获得特等奖。1989年秋,中央人民广播电台和中央电视台也以深度报道的形式,分别开办了《奉献者之歌》和《弹指一挥间》《看今朝》等专题节目,同样获得了听众和受众的好评。[②]

第二阶段开始于20世纪90年代初至2000年,这一阶段属于我国电视新闻深度报道的全方位发展时期。进入20世纪90年代,随着改革开放的进一步深入,我国电视新闻走向了逐渐发展成熟的新时期。1992年《人民日报》策划了"中国质量万里行"大型系列报道,中国媒体的舆论监督功能日益凸显,深度报道全面发展。

1993年5月1日,被誉为"开创了中国电视改革的先河"的《东方时空》节目正式与受众见面。这个40分钟的杂志型新闻节目,贴近群众,关注民生,用最通俗的表达赢得人心。《东方时空》播出伊始就产生了广泛影响,在那个电视业贫瘠的年代,它改变了中国内地受众早间不收看电视节目的习惯;同时,它以对传统电视语态的改变成为了中国电视新闻改革的标志性事件。

继《东方时空》之后,1994年4月1日,中央电视台创办了电视新闻评论栏目《焦点访谈》。《焦点访谈》从一开始就旗帜鲜明地将栏目定位在舆论监督上,它通过新闻报道的形式,对社会失范行为进行公开曝光。这是我国主流媒体在发挥舆论监督作用方面的代表作。直到今天,《焦点访谈》仍是中央电视台的绝对品牌栏目,收视率居高不下。节目选题

---

① 刘勇:《媒体中国》,四川人民出版社,2000年版,第34页。
② 程世寿:《深度报道与新闻思维》,新华出版社,1991年版,第11~12页。

坚持"领导重视、群众关心、普遍存在"的原则,反映和推动解决了大量社会进步和发展过程中存在的问题。《焦点访谈》节目自开播以来,就受到了社会各界的广泛关注,每天有上千名受众给这个栏目打电话,写信,发传真和电子邮件,反映他们的收视意见,提供大量的报道线索。《焦点访谈》一开始就打出了"时事追踪报道、新闻背景分析、社会热点透视、大众话题评说"的口号,对一些腐败现象进行了无情的揭露。可以说,该节目所进行的舆论监督推动了中国的改革开放和民主法治的进程,成为中国媒介开展舆论监督的典范。同时,《焦点访谈》将新闻事实和解说员的评论相结合,开创了电视述评式深度报道的先河。

如果说 1993 年 5 月《东方时空》的问世是中央电视台新闻改革的第一步,那么 1994 年 4 月 1 日推出《焦点访谈》,则是中央电视台进行新闻改革的第二步;而《新闻调查》的创办则是第三步,同时也是 20 世纪 90 年代以来中国电视新闻深度报道走向成熟的标志、中央电视台走向国际的标志。

1996 年,中央电视台推出《新闻调查》栏目,致力于将其打造成"中国的《60 分钟》",从首期节目《宏志班》的面世就奠定了"双机拍摄、记者现场采访、现场评述、对事件多角度分析、递进式探究"的基准节目样态。《新闻调查》每周 1 期,每期 45 分钟,在广大受众中有着广泛的影响力。从 1996 年 5 月 17 日节目开播开始,每期节目都以专任出镜记者的调查行为为表现手段,采用纪录式的双机拍摄方式,节目中既拍摄被访对象,也拍摄记者的调查活动。通过镜头,带领受众直观地走进新闻现场,探寻事实真相。节目开播时打出的口号是"正在发生的历史,新闻背后的新闻",这在当时的中国电视界是开创性的。

《东方时空》《焦点访谈》《新闻调查》三个名牌新闻栏目的相继出现,把中国电视新闻深度报道推到一个新的阶段。具有"深、广、新"特性的电视新闻深度报道节目不仅引起了社会的广泛关注,还影响了业界电视新闻节目的制作思路。一时间国内媒体兴起"调查热",各地方电视台也纷纷推出特点相同的栏目,如湖北电视台的《焦点透视》、上海东方卫视的《东方新闻》等。这些栏目在内容上关注社会时事和民生热点,在表现形式上相较于以往的新闻类节目更加生动多样。从整体上看,这一时期的调查性报道中正面报道仍然占据相当大的比例。舆论呼声很高的中央电视台的《焦点访谈》栏目,其揭露性报道选题一度还占不到节目的 10%。尽管如此,处在全方位改革期的电视新闻深度报道,因其更多地关注了普通大众的生活,还是受到公众的热烈好评。相对于我国媒体长期以国家政策宣传为主的情况而言,这无疑是中国电视新闻发展史上的一个重要阶段。

如果说第一阶段是我国电视新闻深度报道的热身阶段,那么第二阶段则是发令枪响的起跑阶段,第三阶段就是真正开始奔跑竞争的阶段。从 2000 年至今是我国电视新闻深度报道发展的第三阶段——日渐成熟阶段。这个阶段的中国处于发展转型期,不可避免地出现了一些矛盾和问题,同时,媒体也逐渐地细分化、专业化、市场化。社会上涌现出了一大批致力于电视新闻深度报道的新闻媒体和新闻从业人员。这一时期,《焦点访谈》《新闻调查》等老牌节目也在不断地进行改版和创新,以期更加适应媒体环境的变化。

随着中国社会的发展进步,《新闻调查》经历了多样化探索时期、发展时期,以及 2003 年至今的成熟时期。2003 年,《新闻调查》旗帜鲜明地打出了调查性报道的口号。《"非典"突袭人民医院》《农民连续自杀调查》《张润栓的年关》《派出所里的坠楼事件》《无罪的代价》《迟来的正义》《命运的琴弦》《山阴的枪声》《钟祥投毒案再调查》等产生极大社会影响力的节目相继产生。在历经 7 年多的探索与实践之后,《新闻调查》终于得以把调查性报道作为节目的终极追求目标和核心竞争力。《新闻调查》节目的收视率明显上升,作为中央电视台唯一一档深度调查类节目,它不仅确立了电视调查报道的样本,也为推动和促进社会进步发挥着媒体监督的重要作用。

区别于其他类型的新闻节目,深度报道类节目最大的魅力就在于不是简单地陈述新闻事实或者发表评论,而是通过记者走到新闻背后去采访,挖掘不同当事人和旁观者,力图多角度、多侧面地呈现事实原貌。

2003 年 8 月 11 日的《新闻调查——农民连续自杀调查》可作为分析样本。本期节目讲述的是陕西省安康市旬阳县涌泉村五天内三个农民连续自杀的事件。三个农民非正常死亡,记者的介入将看似不起眼的事件串联,从而引出了对于退耕还林政策执行的反省。该选题以小见大,可以反映出当时我国农村基层干部在执行国家政策时的工作态度和工作方法,有很大的代表性。同时,在拥有大规模农村人口的中国,该选题也具有很强的现实意义。

节目时长 41 分 30 秒,对事件层层推进,真相徐徐展开,并在结尾以字幕形式给出事件的处理结果,发人深省。节目中,出镜记者不仅要参与调查采访,还要在演播室兼任主持人。因此,在这个深度报道节目中,主持人起着非常重要的作用。本期节目的主持人为杨春,他冷静理性,出言切中要害,在采访调查中,客观深入,让受众有真实感、信任感。

同时,在 40 多分钟的节目时长中,如何将一个复杂曲折的故事描述得既客观真实又引人入胜,是《新闻调查》节目的一大亮点。节目的开篇设置悬念,由主持人提出:

> 2003 年 7 月,位于陕西省安康市旬阳县境内的涌泉村,在五天之内,连续发生了三起农民自杀事件。那么为什么在一个村庄里,短短几天之间会出现连续的自杀?是什么原因使得一向忍辱负重的农民走出这一步?不久前,《新闻调查》记者前往陕西省旬阳县展开调查。

两个问句交代了调查事件,开场简短而有力度。

事件的展开也是有逻辑地进行铺设的。节目开篇按照记者介入事件的时间顺序展开叙事,第一个镜头便是陕西省安康市旬阳县涌泉村红土砖墙上的四个大字——"退耕还林"。镜头慢慢摇至村民,一个个都默不作声,当记者向村民发问时,村民转身欲走,表情为难地说他们是普通老百姓,什么都不知道。从村里人支支吾吾的回答、躲闪的态度引出疑问。不需任何解说和评论,真实客观的同期声,表现出了农民自杀事件的严重性,同时也为节目中调查的展开做足了铺陈。

调查过程环环相扣,层层推进。从第三分钟开始,引出第三位自杀未遂的农民李立文,他陈述了自己被逼无奈自杀的原因:没有能力上交退耕还林工作组开出的 560 元罚款,贫困的家境和绝望的处境在镜头中得以展现。这是从幸存者口中得到的真实叙述,亦是从最无力反抗者的角度阐发的控诉。由此,引出自杀这一行为的不可见根源。

接着,记者对村支书、副县长、乡工作组领导等人进行采访,了解了退耕还林政策及其实施情况,交代了事件发生的背景。在这一过程中,部分人承认了自己在工作中的过失。这是本节目的第一个小段落。

接下来对于首位自杀者李祥的引出,是节目的第二波推进。通过对村民、村支书、乡工作组领导的采访,评价了他的性格——心直口快、老实忠厚。因为无力调和村民和退耕还林工作组之间的矛盾,李祥喝下了农药自杀。

接着,对李祥的亲戚、村民和乡工作组成员进行采访,指出乡工作组在李祥自杀后颇为自私的行为:不顾救人于旦夕,反而马上齐聚追究是否是自己的过失。在这一采访的结尾,乡工作组的领导以沉默回避了事情的责任所在。记者兼主持人以冷静的追问和不依不饶的注视表达了无声的谴责。

第三个段落对第二位自杀者陈音富展开调查,描述了他和第一位自杀者的朋友关系之后,事件进一步深入,引出乡工作组为逃避责任而干预司法调查的内情。在第二位自杀者妻子的哭诉中,在乡工作组领导的推卸中,在乡镇公安局警察的遮掩中,受众的愤慨达到最高点。

最后,黑屏字幕出现,是上级领导对涉及此次事件的有关责任人的处理结果,算是给出了一个直接交代。

在整个采访调查中,记者并没有过多介入,有助于对事件进行冷静把握和客观评价,也有助于事件真相的全面展现。无论在叙事方式、记者采访,还是剪辑方式上,本期节目都突出地展现了《新闻调查》作为一档深度调查类电视节目应有的特点和风格。从节目创立至今,《新闻调查》也经历了不断的调整和摸索。从调查节目到调查性报道的转变,经过了无数次的抉择,节目的定位更加明确纯粹,同时也提高了节目的品质,使其走上了更加成熟和理性的道路。

经过不断的节目调整和几次大规模的改版,《东方时空》也已走过了20多年的成长历程。如今的《东方时空》进一步强化了深度报道的特色,追求新闻选题的高度和硬度。它不仅关注社会热点,同时关注国家政治、经济领域的重大新闻。水均益、白岩松、张泉灵、张羽、李晓萌等一批优秀的记者型主持人先后加盟到《东方时空》,他们转变了主持人的表达语态,使用平民化的观察视角,用口语化的表达方式,深度解读当天热点新闻,他们同节目一起逐渐被千家万户所熟知,《东方时空》也成为中国最具权威的电视新闻栏目之一。

2013年元旦,《焦点访谈》进行了一次大规模的改版。改版后的节目继续坚持舆论监督特色,加强突发性新闻的深度报道,强化"有深度、有锐度"的评论功能,更贴近民生,加大社会民生类节目的比例。节目时长由原先的13分钟增加到了17分钟,话题由一个增加到两个或者三个以上。同时,主持人一改原先坐着主持的方式,开始站立主持,还增加了白岩松、杨禹两位评论员,加上轻松、亲民的节目包装,不少受众认为《焦点访谈》不再高高在上,开始"接地气儿"了。

此次改版不仅得到了广大受众的认可,同时也让业内人士嗅到了新时期下中国电视新闻改革的信号。中国人民大学新闻学院常江博士表示,《焦点访谈》的改版是中央电视台新闻转变语态和文风"大工程"的一个组成部分,与《新闻联播》的改版其实是不可分割的整体,不可孤立看待,这一变化释放出电视新闻改革的信号。常江表示,其实电视新闻节目的改革通常要沿着一个循序渐进的过程进行:首先是观念的松动,其次是形态的调整,最后才能冲破重重阻力,进入到内容层面的变化。观念的变化是从1993年5月1日《东方时空》到现在逐渐积累下来的,目前到了"质变"的阶段。因此,到了2013年,电视新闻节目的变化全面进入形态调整的阶段。

这一阶段,我国电视新闻深度报道进入了百花齐放、日渐成熟的时期。电视新闻深度报道成为电视新闻传播的一个重要形式,电视新闻深度报道也日益多样化。中央电视台在对原有《焦点访谈》《新闻调查》等品牌节目进行调整的同时,陆续推出《新闻1+1》《世界周刊》《新闻周刊》等新节目,地方电视台也有同类型的新节目不断加入,如北京台的《天下天天谈》,湖南卫视的《今日谈》,山西电视台的《记者观察》,上海文广新闻传媒集团的《读家报道》《深度105》等。

此外,随着互联网技术的不断发展,新媒体逐渐占有一席之地,信息的传递日益迅捷,媒体的竞争也呈现白热化的局面。面对新媒体的强烈冲击,电视新闻作为传统媒体,必须加大采编力量,力图以深度报道求生存,求发展。新时期的媒体环境对电视新闻深度报道的发展起到了推动作用。值得一提的是,在新时期面对重大新闻事件时,电视新闻深度报道展现了其独特的优势。例如,在2003年伊拉克战争、2008年5·12汶川地震、2010年青海玉树地震,以及2013年四川雅安地震中,中央电视台、东方卫视、四川电视台等媒体都在第一时间迅速启动现场直播,全方位、多角度地报道现场情况,电视新闻深度报道的时效性和现场感得到了充分的体现。

作为后起之秀的电视,现已成为当今世界最先进、最现代、最具活力的传播媒介。电视图文并茂,声画结合,因而电视新闻深度报道产生的影响也就更深刻,带给受众的感受更直接。电视新闻深度报道是媒介风格化和个性化的一种符号。电视新闻深度报道的策划、运作和表现常常体现了一个媒介占有新闻信息资源和合理配置新闻信息资源的眼界和能力,是媒介创造性思维和创造性品格的直接显现,一次成功的深度报道的策划和运作有助于媒介在竞争中脱颖而出,形成并强化自己的特色,从而最大限度地吸引受众眼球。

## 三、电视新闻深度报道的中国特色

1. 舆论引导的特色

实行舆论引导是新闻事业的一般功能之一,电视新闻深度报道是表达公众信息和传播社会信息的载体,它一直在承担着舆论引导的作用。基于中国的国情,现阶段我国的舆论引导不同于西方社会的舆论引导,是中国特色的舆论引导。

首先,在我国,舆论引导不是脱离党和政府的不受监控的独立力量,而是作为一种党和政府领导、管理职能的延伸和补充来发挥其作用的,脱离现阶段中国社会生产力发展水平和民主政治的现实基础去谈舆论引导没有意义。我们党历来十分重视新闻事业的舆论引导作用,"以正确的舆论引导人"是建设中国特色社会主义形势下新闻工作最基本、最主要的任务之一。电视新闻深度报道的舆论引导必须做到以党和政府的路线、方针、政策为依据,不能违背国家的法律和政策行事。

其次,舆论引导要围绕主流、围绕主旋律、围绕全社会最突出、最有代表性的主题展开。舆论引导的内容应涉及所有已经成形或即将成形的舆论,涉及可引发舆论的所有社会问题、社会事件、社会现象,涉及一切关系国泰民安、社会进步的公共意见。江泽民同志曾在全国宣传思想工作会议上对新闻事业的舆论引导指明方向,即引导有利于进一步改革开放、建立社会主义市场经济体制、发展社会生产力的舆论;有利于加强社会主义精神文明建设和民主法制的舆论;有利于鼓舞和激励人民为国家富强、人民幸福和社会进步而艰苦创业、开拓创新的舆论;有利于人民分清是非、坚持真善美、抵制假恶丑的舆论;有利于国家统一、民族团结、人民心情舒畅、社会政治稳定的舆论。

最后,电视新闻深度报道在坚持舆论引导的同时,必须遵循新闻规律,尊重舆论引导的对象,即广大受众。事实是第一性的,新闻是第二性的,深度报道要坚持"让事实说话",通过对事实直接准确的把握,增强深度报道的权威性和感染力。同时,新闻事业既然是党和人民的喉舌,就应该传达党和人民的声音,反映人民的生产、生活实际,了解人民的心理,表达人民的呼声。

### 2. 舆论监督的困境

一个健康的民主法制社会离不开媒介的舆论监督。一个有品质的新闻栏目之所以能够在新世纪的媒体环境中生存和发展,是其强化了作为社会导航人的舆论监督作用。深度报道在产生之初就是源于媒体对新闻事件所进行的调查性报道,通过记者深入细致地调查事件真相,以新闻媒体为载体激浊扬清,追求社会的公平和正义,可以说舆论监督是电视新闻深度报道的一个重要功能期待。但是目前,中国电视新闻深度报道在舆论监督功能的发挥上存在一定的困境,特别是调查性报道,与其本身的功能期待有一定的差距。

中国特色的新闻体制是造成这一困境的主要原因。在中国,新闻媒体隶属于各级党政部门领导,党性原则是马克思主义新闻观的基本原则。事实上,很难出现地方媒体敢于对上级党政部门进行以下犯上的舆论监督,即使有对上级部门的监督,在实践中也会大打折扣。各地方媒体对管理自己并决定自身命运的党政部门的舆论监督,其实是处于一种软弱无力的尴尬状况。即使是拥有中央电视台这一独特平台和资源的《新闻调查》栏目,也面临着同样的问题。据统计,从节目播出的实际情况看,舆论监督类的调查性报道节目只有50%的播出率。电视新闻深度报道整体来说,呈现失衡的状态:针对经济社会、道德生活的监督多,对权力动作的政治监督少;一事一议的报道多,对社会问题的深度挖掘少;针对基层干部的多,涉及领导机关的少。然而事实上,对问题的揭露不仅不会破坏政府的形象,反而有助于增强公众对政府的信任,2003年的"非典"报道就是一个典型的例子。不过要想真正发挥舆论监督的作用,就要使舆论监督在一定的法制范围内,以法制来保护舆论监督,同时以舆论监督促进法制建设。

### 3. 中国特色的优势

如果中国深度报道类节目能够寻找到切中时弊又不过分干涉司法进程的生存缝隙,在中国的媒体环境土壤中,会是最有长久生命力的。

首先,相对于其他国家,中国记者有着更为官方的背景,因此,在采访时能够更积极地取得官方态度。在下放式的采访中,譬如省级电视台采访县、乡级地区事件,国家级电视台采访省、市级地区事件等,都具有潜在的政治压力和媒介力量,这一点是纯粹的商业电视台所无法达到的。

其次,中国媒体比国外媒体有着更广泛的受众,中国受众由于多年媒介经验潜移默化的影响,对真实有着更执着的追求,并且也更愿意注重媒体的公信力,而不只是由商业主义衍生出的娱乐。

最后,中国政府对待媒体的态度还是相对真诚的、信赖的,这一方面是由于统治和安定社会的需要,另一方面是因为政府将之视为民意的折射镜。其实中国媒体人是最幸运的,与飞速巨变的国家命运共呼吸。即便有诸多商业上、体制上的无奈,但是也有这份难得的优势。同时,中国媒体人也应该不断地对新闻价值、媒体道德进行自省,勇于承担社会责任。电视新闻的社会批评功能不仅仅体现在新闻舆论监督方面,还应当更为深刻地体现在思想批评、文化批评、道德批评以及价值观念的引导上。如果深度报道不能从固有的模式中走出来,只是满足于对问题做一般工作性的监督,不但不能实现根本性的突破,而且舆论监督功能也要大打折扣。深度报道类节目应该将自身的功能进一步扩展,从监督政府工作、主持国家舆论导向的角度,到真正扎实深入地拥抱生活,加大对现实生活的关注以及对社会生活中普通百姓的关注;关注社会进程,观察改革得失,监督法制实现,培育公民意识。这是每一个中国媒体人的梦想,也是每一个中国媒体人的责任。

## 练习题

1. 分析深度报道的产生背景。
2. 什么是解释性报道?阐述解释性报道的产生和发展状况。
3. 什么是调查性报道?阐述调查性报道的产生和发展状况。
4. 分析中国电视新闻深度报道产生的背景和原因。
5. 中国电视新闻深度报道有哪些特色?试分析其发展趋势。

## 拓展阅读书目

1. 书名:《美国新闻史:大众传播媒介解释史》(第九版)
   作者:[美]迈克尔·埃默里、埃德温·埃默里、南希·L. 罗伯茨
   译者:展江
   出版社:中国人民大学出版社
   出版时间:2009 年 5 月
2. 书名:《新闻史的奇情壮彩》
   作者:方汉奇
   出版社:华文出版社
   出版时间:2000 年 3 月

# 第三章 电视新闻深度报道的结构

**教学重点**：理解结构即是事实的关系，掌握"划分与归类""原因与结果""存在与可能"三种连接事实信息的结构。

**教学难点**：掌握三种结构在电视新闻深度报道谋篇布局中的应用。

## 第一节 划分与归类

### 一、划分的基本含义

新闻报道建立在对新闻事实的描述的基础之上，深度报道也以有效充分的新闻事实为前提。划分的结构就是一种有效组织新闻事实的方法。划分的方法拓展了描述新闻事实的思路，打破了时间顺序的限制，使描述新闻事实的结构所产生的意义呈现多元化的特征。

在生活中，有许多成语来形容出色的语言表达，如"口若悬河、滔滔不绝、出口成章、巧舌如簧、唇枪舌剑、铁齿铜牙"等。"口若悬河、滔滔不绝"形容了连贯性，"巧舌如簧、唇枪舌剑"形容了思辨性。而其中"出口成章"最为全面地形容了优秀的表达，一方面"出口"形容切入主题的速度，另一方面"章"带有"严谨、有条理"的含义，于是"成章"体现出表达内容在逻辑上的严密和完整。

划分的方法基于人们认识客观世界总是从区别开始的习惯。例如，人们通过季节区别衣服，通过颜色区别水果等。在同时看到香蕉和鸭梨的时候，人们首先意识到的是它们是不同的水果，而不是它们都具有相同的黄色。这种思维习惯自觉地应用于人们的直观经验上，而在面对概念的时候就需要逻辑方法的介入。

划分就是把一个概念的外延分为几个小类的逻辑方法。① 例如，人们把学科分为哲

---

① 金岳霖：《形式逻辑》，人民出版社，1979年版，第59页。

学、法学、农学、文学、医学、经济学、历史学、艺术学、教育学、军事学、管理学等。人们在通过网络看电影的时候也会使用由喜剧、动作、悬疑、科幻等组成的电影检索目录进行选择。这些都在或严格准确或模糊随意地使用划分这种逻辑方法。对于新闻报道来讲,划分就是对新闻事件进行分析和认识,然后形成一种阐述或者解释的结构。例如,当"雾霾"成为报道对象的时候,就可以建立划分结构。例如,PM2.5就是指直径小于或等于2.5微米的污染物颗粒,灰霾指更小的微小颗粒,等等。于是对象被细致化了,报道的思路同时也得以打开。

值得注意的是,概念是划分的对象。而新闻报道的对象通常都是具体的动态的事件,因此新闻报道划分结构建立在对概念的提炼和形成的基础之上。这种提炼是对信息量巨大的新闻事件的核心把握,是对事件中新闻价值的确定。例如,2013年雾霾天气的增多成为全国持续关注的社会热点事件。"雾霾"的概念显然是众多信息中最核心的,于是划分也应该围绕其展开。对于复杂的新闻事件而言,概念的确定是划分的前提。这个问题后面的章节会具体讲解。

人们在生活中使用划分的时候经常会出现逻辑错误。比如,上文提到的对电影的分类就是不准确的。划分有基本的规则,把一个大类划分成几个小类,前者叫作划分的母项,后者叫作划分的子项。例如,把脊椎动物划分为哺乳动物、鱼类、鸟类、爬行动物与两栖动物,脊椎动物就是划分的母项,哺乳动物、鱼类、鸟类、爬行动物与两栖动物就是划分的子项。这里简单介绍一下划分的基本逻辑规则。

第一,划分的各个子项应当互不相容。所谓互不相容,就是指各个子项之间不能有重复。有些研究电视节目的书籍经常把电视节目分为新闻节目、娱乐节目、谈话节目、体育节目、儿童节目等,而有些节目既属于新闻节目同时也属于娱乐节目,如谈论娱乐新闻事件的节目。这种划分的方法就是不严谨的,在表达中就会引起混乱。

第二,各子项之和必须穷尽母项。所谓各子项之和必须穷尽母项,就是指各子项之和必须和母项相等,不能多也不能少。比如,把少年儿童分为学龄前儿童、小学生、中学生这种分类就没有穷尽母项,因为忽视了有些少年儿童是不上学的。同时,有些中学生甚至小学生已经成年,不再属于少年儿童,这就超越了母项的范围。

第三,每次划分必须按照同一类划分标准进行。划分的标准是一个属性或一些属性。这条规则比较容易理解,违反这条规则往往导致前两个错误。例如,在上述电视节目的划分中,新闻是内容,娱乐是目的,谈话是形式,儿童是对象,每一个类别都选用不同的属性,划分的标准在不断地发生变化,得到的结果一定是混乱的。这一点在构建新闻报道结构的时候尤为重要。

值得注意的是,划分的逻辑方法给电视新闻深度报道的结构提供了一个建构的方向,但是,实际的电视新闻深度报道节目中往往不必严格遵守严密的逻辑结构,在内容的选择上往往具有更多的情感或者意志的倾向性。现在通过一个具体案例来认识划分的结构。

2013年9月15号《焦点访谈——豪华月饼谁买单?》在整体结构上采用了划分的方法。

> 主持人:中秋节、国庆节越来越近了,前不久中纪委做出部署,要求坚决刹住中秋节用公款送月饼、送节礼等不正之风。这样有针对性的举措让老百姓叫好。这些年

愈演愈烈的天价月饼明摆着就是送礼用的。老百姓都很反感,所以大家都支持中央刹住这股风。那今年还有没有人顶风作案呢?我们一起去看一看。

主持人的话语首先交代了新闻报道的背景,潜在地表明了此次报道的新闻价值,同时明确了报道的对象是"愈演愈烈的天价月饼",但是最后主持人的引语"有没有人顶风作案呢?我们一起去看一看"使报道对象发生了轻微的转移,变成了"今年的月饼销售市场",于是下面结构的划分就以月饼的销售市场为对象,划分的结果是"商场、超市和高档酒店"。这是第一次划分的结果。

  解说词:中秋节前夕,记者在一些商场、超市看到各色月饼销售红火,散装月饼大多十几元、二十几元一斤,也有几十元到一二百元不等的简装月饼礼盒。还有更便宜的像这样的月饼礼盒4块只售9块9,真是既经济又实惠。再看看到这里买月饼的顾客,大多是自己买几块或买几盒给自己家里吃,送礼的还真不多。散装月饼销售红火,简装礼盒销量也很高。今秋的月饼市场吹起了简约之风,那么往年的那些千元以上的天价月饼是不是真的绝迹了呢?(商场暗访画面)

商场、超市调查部分从篇幅上讲较少,其作用是与豪华酒店调查部分形成简单的对比,潜在地强调了调查过程的复杂,有暗示调查深入的含义。值得注意的是,在解说词最后部分的提问——"那么往年的那些千元以上的天价月饼是不是真的绝迹了呢?"使报道的对象重新转移到天价月饼上,在高档酒店调查部分又进行了第二次划分。

  经过一番寻找,结果在一些城市的高档酒店,还是发现了豪华月饼的踪迹。什么样的月饼竟然12块售价就近2 000元?销售人员告诉记者,在提货处可见到这样的月饼。顺着销售人员指引的方向找去,不时地可以看到有人拎着月饼走过来。在月饼提货处,记者见到了这种豪华的月饼礼盒。外包装是一个精致的小皮箱。(通过暗访介绍了月饼的虫草成分、包装、价格等具体情况)像这种高价礼盒里装的只有月饼,还有一些月饼礼盒卖的就不单单是月饼了。像这个酒店卖的月饼礼盒有1 688元的,也有2 388元的,让我们看看这么贵的礼盒里都装些什么呢?(通过暗访展示了礼盒中的红酒、巧克力、茶叶等其他物品)这样的礼盒装一瓶红酒的是1 688元,装一瓶白酒就变成2 388元了。其实仅就其中的月饼而言,和超市里的月饼价格差距不大,也就一两百元一盒。但和食品捆绑在一块变成礼盒销售,价格就涨了近10倍。在另一家酒店,记者同样看到了上千元的礼盒,像这样的是1 888元一盒,我们看看里面都装了些什么?有红酒、饼干、茶叶还有咖啡等,一共10样。而盒子里的月饼总共只有8小块。像这样的1 488元的礼盒,里面装有类似的8样食品,而其中月饼的价值不过占了1成多。看来这样的高价礼盒名为月饼礼盒,实际上月饼只是一种陪衬和点缀。体现礼盒身价的除了捆绑销售的一些进口食品外,还有一样东西很重要。(通过暗访介绍了售货员向顾客着重介绍的月饼豪华皮质包装篮,可以作为手提包使用)……

第二次划分的对象是天价月饼,结果是含有珍贵食材(虫草、燕窝等)的月饼、捆绑销售的礼盒、豪华包装的礼盒三类。这种结果非常详细地解释了天价月饼的由来,通过对天价月饼的描述让受众更清楚地了解了新闻事件,同时这些月饼礼盒的用途也就不言自明了,其报道的深度由此得到了展现。这种深度的展现恰恰建立在对事实有条理的、详细描述的基础之上,划分的结构成为条理性展现的平台。

在电视新闻深度报道中,划分的结构经常用于具体展现某种较为普遍的社会现象,通过细致的划分使得现象能够更清晰地呈现在受众面前。对于划分而言,标准的选择是一个核心问题。

## 二、常用的划分标准

在新闻报道框架的构建中,不同的对象适合不同的逻辑方法。划分的逻辑结构更多地适用于以"普遍现象"作为对象的新闻报道。也就是说报道的对象不是一件个体的突发性事件,可以用一个简短的词语概括。例如,"城市交通"就是一个普遍存在的社会现象。如果评论的对象是"城市交通",可以通过划分的方法来展示城市交通的方方面面。如果评论的对象是"城市交通的拥堵",那么这个对象就从简单概念变成了带有谓语动词的判断句,其意义展现的是一个动态的过程,这时就需要考虑利用其他的逻辑方法构建新闻报道。

受新闻报道的题材限制,有些新闻报道对象往往是突发性的新闻事件,这些事件作为生动的形象被受众感知。也就是说,有些新闻报道的对象可以通过感官认知,不需要思维的介入。有些涉及具体的事物,如一次事故、一个案件等;有些涉及人的情感,如家庭纠纷、明星绯闻等。同时,有些新闻报道的对象呈现抽象的特征,需要思维的介入才能被认知,如某项政策法规的设立或废除、某种价值观念的形成或消失等。对于不同题材类型的新闻事件,划分的方法是多样的,但在实践过程中,有些常用的方法可以为新闻报道提供一般性的思路,这种思路就是划分标准。

第一,作为先验概念的时间和空间给划分提供了标准。因为任何具体事件都处于时空之中,其自身也代表着时空。于是"时间和空间"配合"主体和对象"就至少从四个方面给形象概念提供了划分的标准,分别是"主体经验的时间""对象经验的时间""主体经验的空间""对象自身的空间",而且这种标准的延伸是开放性的。

例如,以"北京城市交通状况"作为电视新闻深度报道的对象,其可划分为20世纪80年代的北京城市交通状况、20世纪90年代的北京城市交通状况、2000年以后的北京城市交通状况,或者是早晨的交通状况、中午的交通状况、晚间的交通状况等,这是以"主体经验的时间"作为依据的划分;而以"对象经验的时间"进行划分,其可划分为长期出行的交通状况、短期出行的交通状况等。不同的标准给予报道的对象不同的限制性,其报道的角度和方向会发生变化,其开放性体现在对时间尺度的把握上。例如,以"汽车"为对象,其可划分为美国产汽车、德国产汽车、中国产汽车等,这是以"主体经验的空间"为依据的划分;而从"对象自身的空间"方面其可划分为小型车、紧凑型车、大型车等。其开放性体现在对空间尺度的把握上。

在电视新闻深度报道中,划分标准的选择建立在体现新闻价值的基础之上。时间标准往往能在纵向比较之中体现新闻事件的当下意义。例如,如果深入地报道"XX地区近来雾霾天气频发"这一题材,就可以从该地区的历史出发,分阶段地考察该地区空气质量的变化,然后结合当地的工业发展、汽车保有量等相关因素发展的历史,来展示雾霾天气的形成与发展。当然,这只是诸多结构的一种。空间标准同样可以建构上述题材。同时,时空划分结构有时会用来反映某种现象的普遍性,下面来看一下 2013 年 12 月 8 日《焦点访谈——多地遭遇持续雾霾》这个案例:

  主持人:今天中央气象台提示的第一句话就是,冷空气将开启中东部"清洁"之旅。深受雾霾影响的人们终于等来了这个好消息,可很多人从来没有像现在这样在大冬天里盼着冷空气,盼着北风刮。一连多日,全国从南到北多个省市都拉响了雾霾警报。

  解说词:12 月 4 号,杭州西湖断桥,入冬以来最大范围的雾霾让西湖游客骤减;12 月 5 号,上海陆家嘴街头浓雾漂浮,上海遭遇今年最严重雾霾;12 月 6 号,江苏南京受严重雾霾天气的影响,在户外举行的 T 台秀上,模特走秀纷纷戴上了口罩;12 月 7 号,河南安阳一名交警在雾霾中指挥,画面上几乎看不见来往的车辆。在画面中,雾霾肆虐的场景在全国很多城市纷纷出现。这是中央气象台从 12 月 5 号到 12 月 8 号公布的霾区分布图,浅色代表中度霾,深色代表重度霾。从图中可以看出,此次雾霾首先以华东地区为主,随后几天华北地区也逐渐被雾霾所笼罩。可以说,这是今年入冬以来,中国范围最大的中度到重度雾霾天气过程。

节目首先通过空间划分的结构展示了雾霾天气的严重性,其报道的目的恰恰在于说明此次持续雾霾天气的普遍性,在接下来的报道中,延续了这种空间结构。报道的内容逐渐向更一般的层面靠拢。

  解说词:在持续发布雾霾红色预警的江苏南京,通过对比可以看到,此前的高楼大厦都已隐藏在一片雾霾之中,甚至连轮廓都模糊不清。本是清晰可见的玄武湖,雾霾来了,湖也看不见了。而空气指数曾两次达重度污染、PM2.5 曾两次爆表的上海,雾霾天气可以说创下了历史纪录。昨天上午 9 点,记者登上在建的上海中心看到,太阳被雾霾遮住,除了能看到边上的环球金融中心、经贸大厦和东方明珠,黄浦江对面的建筑就看不清楚了。上海中心的玻璃幕墙吊装工史红利告诉记者,他在上面根本看不到东西,工友之间的合作只能靠对讲机。安徽也是此次雾霾袭击的重灾区,昨日 71 个市县发布雾霾预警,全省仅 4 个县幸免。桐城局部地区能见度甚至不超过 10 米。由于看不清红绿灯,交警只好用哨子来指挥交通。而在山东枣庄,雾霾甚至一度让市民迷路。昨天下午 4 点,河北省气象台也发布了霾橙色预警和大雾红色预警信号。

报道从更全面的角度展开,不再仅仅展示细节,而是通过访谈的形式更详细地描述了雾霾天气在不同地区的严重状况,是对主体的进一步深化,其结构是空间划分式的。这部分与第一部分结合在一起整体上也是空间划分的结构,只是在具体部分的描述上有详略的区别。

  解说词:受到影响的首先就是人们的出行。在河北省东南部,除京昆高速外,其他 12 条高速全线关闭。石家庄正定国际机场航班也一度停飞。严重的雾霾不仅对人们的出行,更对日常的生活和工作造成了影响。为了孩子们的健康,江苏一些地区的学校甚至为此停课。而不少人也因为雾霾严重尽量减少了外出。与此同时,一些针对雾霾的调侃,也在备受雾霾困扰的公众中流行。类似"遛狗不见狗,狗绳提在手。

见绳不见狗,狗叫我才走"这类打油诗让人忍俊不禁之余,也徒生无奈。只是无奈归无奈,谁也躲不开。没事不出门,出门戴口罩。在一些受雾霾影响严重的城市,街头戴口罩的人也是越来越多。记者从某大型网站的销售数据上观察到,从12月3号开始,口罩的销售量大增,这星期比上星期成交量增长了214%,而与去年同期相比增长了903%。成交量最多的正是此次受雾霾影响最严重的上海、浙江、江苏、北京等地区。不仅人要戴口罩,甚至连火车头在雾霾天气中也用上了特殊装备。由于雾霾空气中含有大量的重金属粒子和粉尘,这些脏物质会附着在车顶,严重影响机车的通断电功能。12月5号,首批具有抗雾霾功能的火车头投入运营。

报道从雾霾对人们生活影响的角度展开,和前两部分形成了因果关系。但从其段落的内部来看,依然采用了划分的结构,其事实之间呈现明显的并列关系。事实的叙述依然服务于对雾霾天气普遍性的论证。

解说词:此次雾霾与以往不同的是,人们熟知的雾霾大多发生于北方地区。而这一次南方很多地区也未能幸免,甚至更为严重,这是为什么呢?(通过采访来解释)此次大范围的雾霾,已经再次给人们敲响了警钟。"同呼吸、共命运"绝不是一句口号,而用"冰冻三尺非一日之寒"这句话来形容雾霾也是同样。除了工业排放因素外,专家分析,目前城市发展无序也是造成大气污染叠加效应的因素。目前环境保护部的数据显示,全国20个省份、104个城市空气质量达到重污染的状态。京津冀、长三角污染区已连成片。今天下午开始,冷空气将自北向南推进,逐步瓦解中东部雾霾困局。

主持人:以前大家以为雾霾只是京津冀这一带的事儿,但前天东北地区的一些地方已经到了白天伸手不见五指的地步。而现在,"重度污染"这几个字又成了江、浙、沪天气的主题词。今年这个冬天,雾霾已经影响了中国25个省市,几乎是大半个中国。环保部的专家说,中国接下来将进入雾霾的高发期。如果城市污染治理不到位,不注意城市之间的相互影响,这种状况至少还会持续一二十年。形势逼人,雾霾面前谁都躲不开,防雾霾、治污染已经没有退路。

最后部分强调了整期节目通过空间划分结构所展示的现象的普遍性。新闻报道的目的从单纯的事实信息延伸到了"防雾霾、治污染已经没有退路"这样的判断。这种判断的依据是雾霾天气在空间上的普遍性,而这恰恰是通过空间划分的结构所展现的。

第二,对报道对象的多种限制给划分提供了标准。任何划分都是对对象进行限制的过程,其限制性就是划分的标准。上文提到的时空标准是划分对象的基础形式,实际表达过程中的划分往往依据对象的自身特点选择不同方面的限制。比较常用的有"质料""数量""功能""承受能力"等。例如,在日常生活中人们对眼镜的划分就经常使用"质料"的标准,分成金属眼镜、塑料眼镜等;有时也采用"功能"的标准,分成近视镜、太阳镜等。尺度与标准的选择对新闻报道内容是否有意义、在多大程度上有意义具有决定性作用。这种尺度的选择往往建立在相异的基础上,也就是只有划分之后的各部分之间体现了明显的差别,这种划分的意义才能得以体现。这种差异性也正是意义产生的关键所在。值得注意的是,划分提供的不仅仅是结构,同时也是思考的方向。主体对对象的认识往往可能通过不同尺度的划分而发生改变,也就是对象在多样的逻辑方法中展现其自身。

在新闻报道中经常会使用比较的方法,比较作为一种常用结构是划分方法的逆向变形,也就是归类。这种结构首先需要对对象所处的范畴进行判断和选择,其标准选择的方法和划分一致。两种结构的表达在结果上一定是相异的,划分是分析性的,而归类是综合性的。划分的结构表达的重点往往在于对象本身,而归类的结构表达重点往往在于对象的价值。前者注重事实,而后者注重功效。例如,对"娱乐节目"的划分结构,往往更利于表达节目的发展、制作等方面;而其归类结构往往关注其影响。在20世纪90年代娱乐节目和当下娱乐节目的比较中,表达的重点可能是逐渐低俗化的倾向,也可能是娱乐结构的变化;而在娱乐节目和其他电视节目的比较中,往往呈现的是娱乐节目产生的社会影响。

划分与归类的逻辑结构广泛地应用在人们对知识的学习中,体现在新闻报道中往往不甚严谨,但仍然不失为一种构建的方法,只要没有明显的逻辑错误就可以被受众接受。这种结构关注事实,关注现象,而不进行价值判断或逻辑推理,在形式上是接近于客观表达的结构。

## 第二节　原因与结果

人们的生活是线性的,原因在前,结果在后,遵循时间法则不可更改。而人们认识世界的过程却是非线性的,先认识结果再认识原因,同时还能合理地对未来进行判断和预期。生活中人们总是在进行原因与结果的分析,因果关系是人们认识世界的基本逻辑方法。在人类的历史中,很多思想家都在反复地讨论这个问题。

### 一、因果关系的基本含义

这里不再讨论因果关系在哲学上的争议和复杂论证,只是从人们对因果关系的常识性认识来讨论该问题。人们一般认为,原因发生在结果之前,原因导致了结果的发生,原因和结果之间是必然联系的。在口语表达中,尤其是广播、电视口语表达中,对因果的解释和分析是评论的主要组成部分。这种结构更多地适合于对动态新闻事件的深度报道,新闻事件作为口语表达的对象,其意义不仅仅在于自身,更重要的往往是事件的起因和事件的影响。于是,在每一个新闻事件中就形成了两对最基本的因果关系,提出了两个基本问题,也就是为什么会发生及事件的发生导致了什么。

在自然科学领域中,事件的发生严格地遵守自然因果律,其因果分析的意义恰恰就在于这种联系本身。而在人类社会中,由人参与的事件的因果联系中,有一个环节具有非常重要的意义,那就是自由意志。自由意志使人能够做出决策,而成为事件发生的原因。也就是说人们的决策并不受外界环境的决定性影响,于是对新闻事件的因果分析就产生了因果联系之外的意义。这种结构的表达重点不在于事实本身,而在于对事件中人的决策的道德或价值的判断,这和上一章中的划分结构有明显的区别。

比如，以"中国当下城市的交通违章现象"为报道对象，如果用以前提到的划分方法，那么可能建立这样的评论结构——机动车的违章、非机动车的违章、行人的违章，这样的结构立足于细致全面地展现事件本身，让受众了解哪些行为是违章的；如果用因果方法，那么可以建立这样的结构——交通违章现象、机动车数量的增加、路权分配的改变、人们交通意识的滞后，这样的结构把事件作为结果开始，罗列产生结果的原因，其表达的目的在于找到问题的症结，并希望能够改变现状。价值判断是深度报道新闻事件的重要方法，而价值判断的依据在于行为主体的动机和事件带来结果的功利性。动机的发现存在于归因的过程。同时在报道结构中，新闻事件不仅可以作为结果，同时也可以作为原因。表达中可以考察新闻事件所导致的结果，从而建立因果结构。这种结构的意义往往在于判断新闻事件在功利主义原则中的善恶。

在电视新闻深度报道中，因果关系的结构能使事实信息在最紧密的联系中展开，事实与事实之间构成时空上的连续，而不是并列。这就是因果结构与划分结构最大的区别。因果结构常常用于新闻事件的调查报道。新闻事件发生的原因通常会作为调查的主要目标，而突发事件所引起的结果又会成为对其进行判断的重要依据。于是"原因—结果（原因）—结果"的基本框架向受众展示了"事实—判断"的思维过程，电视新闻报道的深度通过这个过程得以实现。

在电视新闻深度报道中，因果关系的含义更为丰富。一方面，因果关系展现的是事实之间的一种联系；另一方面，它经常会体现为一种思维中的联系。人们在大量的深度报道实践中经常能够看到。下面通过一些报道来说明这个问题。

2013年11月，"安徽蚌埠菊花展落幕，市民哄抢菊花"的消息在网络上引起了人们的关注。2013年12月18号的《焦点访谈——乱花渐欲迷人眼》针对该事件进行了深度报道。

该期节目首先播出了很多蚌埠市民在搬菊花的画面。

> 解说词：这是11月25号上午9点，在安徽省蚌埠市中山公园内的菊花广场上，很多人正在挑拣仍在盛开的菊花。

随后针对"花弄回去准备做什么？"等问题对市民进行了简单的采访，让受众直观地了解了新闻事件的发生。这个"哄抢菊花"的新闻事件首先作为结果呈现，一方面符合人们认知事物的习惯，另一方面也能有效地提升受众的观看兴趣。

> 解说词：这边市民一盆一盆搬运着菊花，而不远处就站着工作人员，为什么他们不拦着这些搬花的市民，眼看着菊花被搬空呢？

解说词通过提问向受众交代了报道发展的趋向，并通过对工作人员的采访解答问题。

> 解说词：原来菊展已经在11月24号结束，主办方和园林管理处已经将好的品种拿回园林苗圃了。剩下的一些是大众品种，拉回去既增加成本，又不一定能养活。考虑到市民对这些还在开放的鲜花很是喜欢，所以主办方决定让市民把剩下的这些花拿回家栽培。而为此，物业公司也加派了人手，增加了50多名保安在现场维持秩序，防止市民的哄抢行为，而现场也非网上所说的混乱不堪。

上述报道篇幅短小，但具备了基本的深度报道的结构，形成一个"结果设问—原因解释"的框架，在这里"主办方的赠予"与"市民搬走菊花"之间是一种事实之间的因果关系。

解说词:看来现实情况并不是网上所说的市民哄抢菊花,而是在主办方允许的情况下,市民将菊花带走。同样的情景还出现在济南,有媒体报道,11月25号上午,济南解放阁上千盆菊花被济南市民哄抢,现场一片狼藉。而照片显示,抢花的有男有女,有拎着塑料袋来的,有推着小车来的,甚至还有用轮椅来装花的。然而记者采访后发现,网上所说的哄抢行为同样也不真实。工作人员表示,这些市民并不是抢花,是得到允许的,展览之后,把花赠给市民的活动已经进行了4年。

　　……

　　解说词:在网络上流传的这些照片中,有张照片格外引人注意。照片上一位男子用手推车推了满满一车菊花,神情非常轻松自然。然而几天后记者在公园采访时,竟然见到了这名男子,原来他并不是普通市民,而是济南环城公园景区的一名绿化工作人员。

　　……

　　解说词:赠送说成了哄抢,工作人员说成了没有素质的市民。看来这眼见并不为实,几张照片反映出的不一定是真相,有可能还扭曲了事实,让当事人蒙受了不白之冤。

　　上文关于济南解放阁的报道,与第一部分形成了并列关系,二者不构成因果关系。但是在整体中,两个报道都作为一种证据存在。它们在受众的思维判断中作为原因存在,判断的结果是网络上有关"市民哄抢菊花"的报道是失实的。报道由此得到了深化,而后续内容将这种关系进一步延伸。

　　解说词:不久前在陕西省咸阳市也发生了一件类似的事情。几名市科协的干部,因为两张发在网络上的照片,遭到了网友的强烈质疑。在这两张陕西省咸阳市科协主席穿鞋套下乡调研的照片上,几个领导模样的人站在一个露天果蔬大棚外听取介绍,而所有人脚上竟然都套着蓝色的鞋套。有网友说,去机房这些需要保持清洁的地方才穿鞋套,在乡间实地考察还穿鞋套的意思是鞋子太金贵吗?不过也有网友说,凡事不可断章取义,要弄清楚事实后再说。那么事实的真相是什么呢?这些领导究竟去的是什么地方?又为什么要穿鞋套呢?

　　随后节目揭示了"鞋套事件"的真相,科协干部去的并非普通的乡间果蔬大棚,而是当地一个科普实验示范基地。同时通过对当事人与基地人员的采访,解释了套鞋套是基地规定等问题。这个新闻事件与"市民哄抢菊花"的新闻事件在事实上几乎没有联系,但是同为网络谣言事件又具有较高的相似性。报道到了这里,其观点就很清晰地展现出来了,并通过主持人的总结得到强化。

　　主持人:赠送被传成了哄抢,守规被说成了娇贵。谣言从何而来、目的何在我们不得而知,但是它从小到大、迅速扩散直到最后被戳穿的过程我们可以看得很清楚。这再次告诉我们,信息爆炸,纷繁复杂,我们只有多观察,多思考,才能够尽量少犯错误,千万不能见风就是雨,遇事就一窝蜂。

　　主持人的总结带有强烈的新闻评论的性质,是观点的表述。这些观点与前面的三则报道形成了思维中的因果关系,因为有了上述三个事实,所以才有了这样的结论。这种因果结构有时是明确的,结论直接表述;有时是潜在的,结论包含在事实之中。上述报道较完整地体现了因果结构的一般意义,结构构建的同时也是报道思路的体现。归因的过程本身也是有规律可循的。

## 二、常用的因果结构

亚里士多德在《形而上学》中提出了"四因说","四因"指的是"质料因""形式因""动力因""目的因"。亚里士多德举了一个生动的例子来说明"四因":一个小球静止在一个水平再向下延伸的斜坡上,这时有人推了一下小球,小球于是滚动下来。亚里士多德对这个事件的原因做出了分析。小球的存在是该事件发生的前提,没有小球就不会发生该事件,于是小球的存在构成了"质料因";而斜坡构成小球向下滑动的环境因素也是必要条件,构成了"形式因";推动小球的力量直接导致了事件的发生,构成了"动力因";当时的人认为任何事物都有向下运动的愿望(重力),于是重力构成了"目的因"。人们对自然和自身的认识逐渐深入,"四因"也不断地被人研究和发展。其中"质料因"和"形式因"来源于自然环境,"动力因"和"目的因"来源于人本身,可以理解为外因和内因的关系。亚里士多德对原因的划分给电视新闻深度报道的因果建构提供了方向。

在新闻报道中,对归因的方向的选择有其倾向性。不同方向的归因结构会造成表达在深度上的区别。在动力和目的方向上的归因,往往注重事件本身的细节,挖掘事件主体的主观情感或意志。围绕细节的报道或评论很大程度上是为了满足受众窥私和猎奇的心理。而如果在质料和形式的方向上建立因果结构,则表达的重点就会向更客观的方向倾斜,更注重新闻事件发生的社会背景,从而使特殊的新闻事件具有一定的一般性,这样的过程无疑使新闻报道所传达的意志和价值具有更普遍的意义。很多内容主要涉及民生小事的新闻评论或者是情感类栏目的表达,经常在"动力因"和"目的因"的方向上建立因果结构,就成了人们经常看到的"谁为了谁打了谁"的故事。在一些更能引起全社会关注的代表性事件中,表达的重点往往就会向"质料因"和"形式因"发生倾斜,更多地让受众发现客观存在的普遍性问题。

在日常生活经验中,电视新闻报道的深度似乎和新闻题材有较强的联系。通常新闻事件的影响力越大,看起来越具有深度。题材与报道的深度确实存在这种经验上的关联,但是这并不能说明题材对深度具有决定性的影响或限制作用。这种现象的存在和报道的因果结构有关。意义重大的新闻事件往往具有一定的抽象性或者作为某类事件的典型,因此,其中的因果联系往往具有普遍意义。新闻事件的意义通过事件导致的结果来衡量,这时新闻事件本身作为原因存在。一种结果的影响持续的时间越长,波及的范围越广,其意义就越重大。对于这类新闻的报道,因为舆论与媒体的持续关注,相关信息的显现会越来越完整和丰富。而且因为其持续的影响力,新闻事件不会很快失去时效性,这为报道的深入争取了更多的时间。从受众的角度来说,具有较大影响力的新闻事件往往更能引起人的主动关注,而不仅仅停留在被动的、被随意接受的状态。

2014年1月4号,《新闻调查——六年拆迁路》深入调查报道了安徽省宿州市一起持续六年之久的拆迁纠纷事件。报道的时效性较弱,但是其反映的拆迁问题具有普遍意义和较强的代表性。报道讲述了一个"钉子户"与房产开发商的纠纷及"钉子户"抗拒强制拆迁的故事。对于这种题材,结构的确立、归因的方向都直接影响报道的深度。该题材正是因为它反映了较为普遍存在的、直接影响群众利益的社会矛盾,才具有新闻价值。所以,新闻报道也需要强化事件反映出的普遍意义。该报道体现了因果结构,更重要的是对事件原因的展现是详略得当的。报道弱化了该事件的个性化信息,对人物身份信息、冲突过程等仅仅做了简要的交代。而构成因果关系中原因部分的主体则由"面积计算问题""商业用房界定问题""国家政策调整问题"等构成。这些问题既是当事人所遇到的最棘手的,也是在拆迁问题中具有普遍性的。这些问题都是冲突发生的"形式因",属于外部条件。对于这些问题的深入探讨体现了深度。假设报道从"钉子户的生活境况""开发商的经营规模""双方冲突的激烈程度"等问题展开,那么就将失去其普遍意义,从而丧失深度。

与影响力或具有代表性的新闻事件相比,民生新闻报道的价值在于其与受众的接近性。这种接近性首先反映在地域上,民生新闻报道通常局限于某个地区。接近性还体现在民生新闻事件的生活化特征,受众对民生新闻报道的接受是一个不充分关注的过程。也就是说,最常见的情况是,在家里吃着饭、聊着天顺便就把民生新闻报道看了。在这种环境下,深度报道的实现是较为困难的。一方面,民生新闻持续影响力小,需要充分体现新闻报道的时效性;另一方面,民生新闻往往反映百姓的个体事件,缺少足够的普遍意义。于是有些民生新闻报道从事实的因果的角度展开,来强化事件冲突,增添戏剧效果,通过一种娱乐化的方式来吸引受众。这样做的后果往往是新闻报道深度的丧失、新闻价值的丧失。下面来看一个民生新闻报道的案例。

2010年2月23号河南电视台《都市报道(扩大版)》其中一则报道:

(画面播放一小区邻里冲突现场,一男子抢锤砸房……)

解说词(男):这演的是哪一出啊?又是偷,又是抢,又是砸房的?

解说词(女):抢着锤砸房这位是前面一家门面房的房主,过完春节回来才发现啊,自家后窗上多了个钢筋水泥的小房子。而且这铁皮房一盖啊,房主觉得自己的门面也危险了。就为这,老兄气不过要来拆房。

解说词(男):这铁皮房到底是谁盖的?

解说词(女):就这位,这栋楼六楼的住户。这位张大哥说,小区车棚离得太远,自己也就图个方便。

解说词(男):那也不该这么着急啊?晚个几天打个招呼说不定也就没这事了,而且也不该把人空调架给卸了啊。

(画面播放双方冲突场景,言语激烈,偶有肢体碰撞……)

解说词(女):这空调架,张大哥说了,他们盖这铁皮房之前早就没了。

解说词(男):得,两边都是火爆脾气。我看这事啊,不好收场了。

解说词(女):可不嘛,要不是街坊邻居和巡防队员拉开呀,说不准就要动手。这事啊,还得让双方先冷静冷静。

主持人:出了什么事啊,我个人觉得还是要把握三点:一讲道理,二不能损人利己,三别太自私。做什么事之前如果都能先想到这三个问题,那就不会有那么多的纠纷了。

上述报道是民生新闻报道的一种常见模式。画面主要展示事件冲突,解说词通过对话的形式增添戏剧效果,同时在内容上注重解释事件的特殊性。主持人的话语是个人的主观判断,与事件缺少必要的联系,报道呈现娱乐化的倾向。这样的报道显然是毫无深度可言的,但这并不意味着这类题材不能采用深度报道的方法,也不意味着报道本身没有深入下去的角度和价值。对于该新闻事件来讲,如果按照以下几个问题来构建,其报道就会得到深化:私自搭建的车库是否触犯有关规定?抡锤砸房的行为如何定性?类似的邻里纠纷找谁来解决?通过对这一组问题的调查,报道呈现给受众的就不仅仅是一出邻里纠纷的闹剧,也不是主持人自以为是的教育,而是在处理类似问题的时候有哪些判断和解决问题的途径。这样新闻事件的价值才能得到体现,深度才能从这个意义上得到实现。

因果关系在语言表达中有时体现为假言命题的逻辑形式,尤其是新闻报道或评论中结论性的语言多以假言命题的形式出现。例如,"如果老师给予孩子更多的关爱,相信类似的事件不会再发生",这表达实际上描述了关爱的缺失和新闻事件之间的因果联系。在表达中使用假言命题的结构往往使表达具有更多的普遍意义和更强的情感力量。假言命题反映了事物之间的条件关系,但是并不是所有的条件关系都是因果关系。条件关系描述人的思维,而因果关系反映客观现实。因此在很多情况下,客观现实的因果关系就通过反映条件关系的假言命题表达了。

思维的条件关系有三种,因此,假言命题的形式也有三种,分别是充分条件假言命题、必要条件假言命题、充分必要条件假言命题。假言命题的熟练掌握对口语表达是非常重要的。在新闻报道中,人们用"因为……所以……"来表达因果关系,而"因为……所以……"只表述了普遍的因果意义,对因果类型的描述就无能为力了。而不同的假言命题反映了不同类型的因果结构。"如果……那么……""只有……才……""只要……就……""当且仅当……才……"这些假言判断的关联词能更细致地反映事物之间的因果联系。通常情况下,一因多果的关系由充分条件假言命题表达,多因一果的关系由必要条件假言命题表达,一因一果的关系由充分必要条件假言命题表达。

例如,不遵守交通规则是交通拥堵的原因之一,属于多因一果,于是表达为"只有在人们不遵守交通规则的情形下,交通拥堵才会更严重"这种结构正确地表达了二者之间的因果关系。如果换成"只要人们不遵守交通规则,拥堵就会继续"这样的表达排除了道路的改善、车辆的控制等方面的因素,不能正确地反映事物之间的因果联系。

## 第三节　存在与可能

周末,你在家里觉得百无聊赖,于是决定出去转转。当你走到小区门口时遇到了一个朋友,于是你们一起去喝两杯。酒过三巡之后,你们发现一盘就要吃完的菜里有一只苍蝇,在酒的作用下你的朋友勃然大怒,与服务员发生了争吵。服务员态度恶劣导致双方发生了肢体冲突,于是在混乱中你的头部被打伤。躺在医院的床上,你浮想联翩:如果你在家打游戏不出来,现在也不会躺在医院里!如果那个朋友不出现,哪怕出现晚一点就不会发生这样的事情！为什么要喝酒呢？喝酒真是容易冲动！何必跟饭店服务员一般见识呢？……这些假设的内容未必跟受伤的事件构成因果关系，但是这一番悔悟却让存在之外的更多可能性展现了出来。

## 一、存在的展现

存在的含义在自古以来的争论中似乎都无法确定，因为这个概念是最抽象的概念之一。在这里，存在指的是现实的存在，是在时间上已经发生的事情。在存在与可能的结构中，前者指的是对现实的表述，针对不同的对象，对现实的表述可以划分为描述和叙事。前者表示对人、物、环境的展现，后者表示对事件过程的交代。在电视新闻深度报道中，对这两种不同的表述有不同的方法可以采用。

对新闻事件环境的展现可以依据第一节的划分结构采取展现的方法。对任何事物或环境的展现都可以采用基本的时空顺序来建立结构。时间顺序指的是经验主体接受信息的顺序；空间顺序指的是展现对象自身的结构顺序，需要依照某种逻辑展开。例如，要展现一个男孩，这个男孩有一个大鼻子，看到他的人总是首先注意到他的大鼻子，然后才看到眼睛、整张脸等。按照这个顺序描述，就符合"主体经验的时间"顺序。如果按照男孩自身在空间上的逻辑结构来描述，通常会先说到身材，接着才是五官，然后是某个具有代表性特征的部位等。这里的时间顺序和空间顺序有着不同的展现功能。

时间顺序是自然的顺序，从某种意义上说，时间顺序的直接展现真实地还原了事物本身。贝克莱说，存在即被感知，意思是人们对事物的认知建立在感觉的基础上，于是认知"主体经验的时间"顺序恰恰能最好地展现事物本身。当然，这种说法并未达成共识，哲学家路德维希·维特根斯坦认为私人感受是无法通过语言准确表达的。在这种情况下，所谓的"展现"也仅仅对主体自身产生意义。无论如何，时间顺序给表达者提供了一种展开描述的方向。当然，人们对事物的感知也是有一定的规律的，如人们通常会注意视野中面积最大的事物、与环境形成反差的事物以及处于明显位置的事物等。尽管私人感受的传递不准确或者不可靠，但依然是有迹可循的。在很多著名的描述环境的段落中都采用了时间顺序。例如，欧阳修的《醉翁亭记》："环滁皆山也。其西南诸峰，林壑尤美。望之蔚然而深秀者，琅琊也。山行六七里，渐闻水声潺潺，而泄出于两峰之间者，酿泉也。峰回路转，有亭翼然临于泉上者，醉翁亭也。"[1] 再如陶渊明的《桃花源记》："缘溪行，忘路之远近。忽逢桃花林，夹岸数百步，中无杂树，芳草鲜美，落英缤纷。渔人甚异之。复前行，欲穷其林。"[2] 很多作品依据作者所经验的时间顺序展开描述，让接受者有身临其境、栩栩如生的感受。

对于新闻报道而言，时间顺序是一种最常用的叙事顺序。这种顺序让受众清楚地认识到新闻事件的全过程，同时强化了受众对事件的参与感，使受众对事件发展的走向保持一种足够的兴趣，在报道结束的时候获得一种所期待的满足。

---

[1] ［清］吴楚材、吴调侯：《古文观止》，中华书局，1959年版，第447页。
[2] 同上，第290页。

2006年,《新闻调查——网瘾少年》向受众讲述了两个网瘾少年的故事。在该期节目中,第一个孩子与母亲的关系被着重展现,其目的是通过第一个孩子的故事告诉受众网瘾少年的生活是什么样的。第二个孩子戒除网瘾的治疗过程被充分展现,其目的是解释网瘾少年的成因与应对的方法。对两个孩子经历的展现都采用了时间顺序叙事。通过对当事人的采访以及跟踪采访的形式使受众时刻保持足够的注意力。

1999年,《新闻调查——第二次生命》向受众讲述了一个母亲给自己女儿捐肾的故事。该期节目采用了全程跟踪报道的形式,完全按照时间顺序展现整个新闻事件的全过程。其中从做出决定到准备手术到实施手术,所有的矛盾和细节都得到展现。尤其节目最后部分,对手术过程的跟踪报道,利用相应的艺术手法使受众产生强烈的参与感。时间顺序被广泛地应用到新闻报道的现实描述之中。

叙事顺序可分为线性叙事和非线性叙事。线性叙事是指按照对象事件的发展顺序叙述,也就是说事件的发展顺序和接受者的认知顺序是一致的。这种叙事模式容易让接受者接受,更容易把事件讲清楚。因此,接受者可以把更多的注意力放在细节上。上述两个案例就是典型的线性叙事结构。非线性叙事是指打乱事件的发展顺序的叙事,也就是说事件的发展顺序和接受者的认知顺序不一致。接受者先认识到的往往是事件中冲突最激烈的地方,或者最能引起人们好奇心的地方。这两种叙事顺序在文学作品中有非常典型的应用。例如,我国古代的公案小说,如《三言二拍》等,往往采用线性叙事的结构;而西方的侦探小说,如《福尔摩斯探案集》等,往往使用非线性叙事的结构。二者在传播效果上有着明显的差别。

在新闻报道中,非线性叙事的应用也较普遍。其作用有两个:一个是通过叙事结构的调整凸显核心信息,从而表达某种观点或态度;另一个是通过倒叙、插叙的方法设置悬念,吸引受众的注意力。2014年1月9号的《焦点访谈——苦肉计吃苦果》就是一个非线性叙事的典型案例。

  主持人:骗术大家都见识过不少,可是无锡的一些工厂老板却遇到一些新的情况,那真是见所未见、闻所未闻,甚至都不用说见闻了,就是事后想想这事,都有些让人毛骨悚然。

首先通过主持人的口语,来交代新闻报道的主题。但是这段表述中有"骗术"这样的概括性信息,有"无锡"这样的背景性信息,有"毛骨悚然"这样的评论性信息。以上三种信息都不是叙事的展开,而是在开始叙事之前首先设置了悬念。

  解说词:2013年3月,无锡市阳山街道的一家小型企业要招工人。贴出招聘广告没两天就来了一个小伙子。
  黄女士:3月29号那天到我们厂里来,第二天早上做了半天就有一个工人打电话过来了。他说,齐彦昌,也就是新来的工人摔倒了,摔到地上。当时我一听很着急。
  解说词:黄女士赶紧带着这个叫齐彦昌的小伙子去了医院。经过诊断,齐彦昌的手臂骨折了,需要住院。黄女士的朋友听说这件事之后提醒黄女士要小心,因为另外一个厂前几天也发生了同样的事情,赔了几万元。
  田老板:3月18号来的,来了两天,3月20号一上班他到厕所里去,摔到地上了。我说马上送他到医院去,到大医院去看,一看发现骨折了。后来来了他们两个人,说我们不看了,我们到老家去看。我说老家能看好?他说能看好,保证能看好,很便宜,3万多元可以了。要了3万多元。

解说词:这个摔伤之后,拿了田老板的钱说要回家看病的工人,与几天之后在黄女士的厂里摔伤的齐彦昌是同一个人吗?黄女士和田老板决定一起到医院去看个究竟。

田老板:怎么躺到医院里来了?怎么躺到阳山医院里来了?

解说词:原来先后在两个厂里摔伤的就是同一个人。齐彦昌一看情况不妙,悄悄地从医院里跑掉了。

上述内容为该期节目的第一个段落,这个段落讲述了最表象的事实。其所涉及的信息与当事人了解的信息一致,也是基本按照黄女士经历的时间顺序来叙事。其中,虽然3月18号的事件发生在3月29号之前,但是从黄女士对事件的认知角度来看,确实3月29号在前,于是该段落是按照黄女士的经历进行线性叙事。但是,到这里为止,该报道是不体现深度的,因为事情的前因后果、来龙去脉以及价值取向都没有得到显现。在后续的非线性结构中,深度才真正得到体现。

解说词:田老板随后到派出所报案。经过警方的调查,齐彦昌前后摔伤的都是同一个部位。虽然警方无法确定当时齐彦昌第一次骨折是如何形成的,可是他的第二次受伤显然是假装的,有诈骗嫌疑。进一步的调查随即展开。

被访警官:齐彦昌从医院跑的时候在医院留下一个手机。通过手机里面的联系人和他的真实身份和在无锡的一个轨迹活动情况,我就查到了与他交往的其他人员。

解说词:本来是调查齐彦昌,没想到齐彦昌背后还有其他一些人。那些人租住在乡镇里的小旅馆,平时也没什么正经工作,经常出入网吧。随着调查的深入,更多的团伙成员和案件细节展现在警方面前。

上述内容是节目由新闻事件表象继续深化的过渡段落,是从线性叙事到非线性叙事的一种转换。从这里开始,报道内容回到了新闻事件发生之前,与该期节目的第一部分构成了倒叙的非线性结构,同时后续内容内部也采用一种划分的逻辑结构展开。

解说词:这伙人里有专门负责在网上发布招聘信息的,就是所谓的"招伤员"。招到像齐彦昌这样的"伤员"或者叫"小鬼"之后,把"小鬼"交给诈骗团伙的"老板"。"老板"对"小鬼"进行面试,然后交给专门的"谈判者"。"谈判者"帮助小鬼去找工作,工作几天之后,"小鬼"找个机会假装摔倒。而且手臂一定要骨折,怎么骨折,由一个所谓的"开伤"的人来负责。"小鬼"被送到医院之后,"谈判者"出现,伪装成"小鬼"的亲属与厂方进行所谓的谈判和私了。拿到钱之后所有人消失。

上述内容从一般性的角度解释了此类诈骗活动团伙的构成,以及实施诈骗的各个环节。在接下来的内容中,该期节目按照上述解释,从头详细展示了诈骗的全过程。

解说词:齐彦昌,20岁,曾先后在山东、广东、上海等地打工。今年3月,在网上发现了一个叫"上海兼职"的QQ群,里面有招伤员的消息,说月薪一两万元。

齐彦昌:一开始说招伤员,自己也不懂……

解说词:在网上发布招聘信息的这个人叫易靖轲,以前也做过"小鬼",后来专门负责招聘"小鬼"。

易靖轲：诚招伤员，待遇就是包吃、包住……
解说词：包吃、包住、包上网，这些都需要花钱。出钱的人叫乔恩宏，人称"四哥"，是这个团伙的老板。
乔恩宏：小易招人，然后就是张杰带他们去找厂……
解说词：乔恩宏提到的张杰真名叫程泽峰，他负责寻找工厂，并让齐彦昌这样的"小鬼"成功地进厂上班。当然，在诈骗过程的后期他还有更重要的任务。齐彦昌到厂上班一两天之后按照计划，他必须将手摔伤，只是这摔伤的过程令人匪夷所思。
齐彦昌：他们提前把我带到一个地方，就是一个废弃的房子。没有人，里面非常脏。然后就看到一个老头，他让我把脸扭过去，把手臂伸开，放在一个砖板上。当时痛了一下，他摸了一下，说好了，可以了。
解说词：那个砸伤齐彦昌手臂的老头叫王礼付，50岁，曾因两次犯罪被判刑。在这个诈骗团伙里，专门负责整个诈骗过程最关键的环节——"开伤"，也就是把"小鬼"的手臂砸成骨折。
……

到这里，整个事件的参与者、具体过程基本得到了展现。而展现这些信息的过程，采用了典型的划分结构，以参与到事件中的不同人物和他们所起到的不同作用为标准，和时间线索相互配合，形成了清楚的结构。从该期节目整体的角度来看，整个事件的展示是倒叙结构；从内部框架来看，前半部分是线性叙事，后半部分是划分结构。多种方式的整合共同为信息的完整清晰表达提供依据。

下面来看一下空间顺序。空间顺序实际上是一种逻辑顺序，是主体在经验之后的反思形成的。空间顺序的优势在于能够更全面、更清晰地描述事物。接受者也更容易对描述对象形成客观的认识。人对对象感知的过程本来是杂乱的，在全面了解之后通常会对所经历的内容进行反思，这也是一个对事物从感知到认知的过程。例如，某人第一次来到一座城市，他对这座城市的认识是碎片式的，在不断熟悉的过程中逐渐形成了方向、格局等方面的逻辑结构上的认知。如果按照碎片式的感知顺序来介绍这座城市，就是上面说的时间顺序，这跟文学创作中的陌生化手法有些接近；如果按照整理之后的顺序来介绍，就是空间上的逻辑顺序。在日常生活中，用空间逻辑顺序建构表达应用得更加广泛，因为它往往能更高效、清晰地传递信息。而时间顺序更注重向接受者传达情绪。例如，在买房子的过程中，销售人员介绍房子的时候会依据空间顺序，从整体面积到房间数量再到格局安排；而在进入样板间之后，销售人员会按照感官顺序描述房间各个环节的优势。这是因为前者要表达的更多的是抽象的信息，后者是要让接受者对房子产生喜爱之情。在电视新闻深度报道中，空间顺序的结构多用于解释性、说明性的报道。

## 二、可能的表述

这里的可能与现实相对，现实以可能为基础，只有可能发生后才会成为现实。在存在与可能的表达结构中，对可能的表述承担了更重要的职能；在存在与可能的比较中，问题得以展现，观念得以表达。

需要注意的是，可能本来指的是逻辑上的可能性，而不是人们生活中经常表述的可能性。日常生活中的可能经常表达一种意志或者条件的存在。所有成为现实的事件都以逻辑上的可能性和现实存在的条件为必要条件，二者缺一不可。日常生活中人们所说的"不可能"，大多数是不具备成为现实的可能性条件。例如，"我不可能在一小时之内到达"，其内在意义是没有足够快的交通工具或者交通状态堪忧。再有，日常生活中人们经常用可能来表达一种强烈的意志或者情感，用以说明主观条件的缺失。例如，"我不可能跟你在一起！"，这里的意思实际上是"我极其不愿意跟你在一起""你还是死了心吧"等。路德维希·维特根斯坦曾说过，语言总是在其应用中展现意义。作为口语表达结构中的可能，有必要把表达条件和意志、情感的可能纳入观照的范围，可以看到可能在口语表达中的三种含义分别是逻辑上的可能，可能性的条件，情绪、意志的表达，这在横向上指明了新闻报道建构框架的方向。

逻辑上的可能指的是不违反普通逻辑的基本规律，只要是这样的事件就都是可能发生的。亚里士多德把普通逻辑的基本规律描述为同一律、矛盾律、排中律。这三大规律是思维的基本规律，保证了思维正确的可能性。例如，"王老师今天要么来，要么不来"这个命题就具有必然性，它的负命题就是不可能的。这些违反逻辑基本规律的思维在现实中是不可能的，因此这类可能性的判断往往指向人们的言论。

可能性的条件是人们在语言表达中使用可能这个词时应用的最广泛意义，在模态逻辑中被称为非逻辑模态。非逻辑模态往往和某个具体的科学规律有关，可以是物理的、化学的，乃至哲学的。例如，"这动物比老虎还大，它不可能是只猫"这个判断虽然不违反逻辑基本规律，但是讲的是生物上的不可能性。情感、意志的表达在日常生活的表达中非常常见。

同时，可能在时间的意义上表达了两个方面的意思：一方面是对发生过的事件的反思，另一方面是对将要发生的事件的判断，这在纵的方面重新划分了方向。反思性的可能性表述显然主要针对可能性条件，因为已经发生的事件在人的认知中一定是符合逻辑基本规律的，因此这种可能性的表述的价值在于对其现实和可能之间做出价值判断。也就是说这个事件"好吗？""对吗？""应该吗？"，在对价值判断的基础上提出其他的可能。现实性在价值上多是否定的，而这种可能性一般在价值判断中是肯定的，也就是表述比现实更有价值的可能性。例如，对公款吃喝的现实做出负面的价值判断，那么用一种什么样的可能性取代公款吃喝呢？再例如，人们说一部电影很糟糕，什么样的电影才是好电影呢？在这种存在与可能的结构中，价值的增长得到了体现。可能的另一方面直接指向了未来，人们对事件的预期就在可能的范畴之内。对将来的预期与对过去的判断最大的区别在于，前者的对象是现实而后者的对象是思维，于是后者更容易产生逻辑上的错误，所以在可能世界的建构中对普通逻辑基本规律的应用就相当重要了。

总之，在报道新闻中，现实存在与多种可能通过价值判断联系起来，形成一个趋利避害、兼有反思与创造的结构。这种可能性结构在电视新闻深度报道实践中，通常被称为预测性报道，发挥着引导社会舆论和调整社会心态的功能。这类报道通常用于推测市场、经济工作发展前景，也用于推测体育竞赛的成绩、结果等。它着重对新闻事实的发展变化趋势或前景进行科学预测，具有超前性、科学性和规律性。然而预测性报道必须建立在丰富的现实资料与正确的逻辑推论的基础上,否则其预测往往是不能兑现的。1995年6月29日出版的《财富》曾经预测:香港在回归后将丧失国际商贸和金融中心的地位,英文会被中文取代,商界会撤离香港,贪污会蔓延。但是事实证明,香港在回归后经济持续高速增长,在金融风暴、SARS恐慌、禽流感等危机的巨大挑战下,依然坚守着亚洲最具活力城市的地位。

2007年3月中旬,俄罗斯媒体疯狂炒作,称美国将在4月6日对伊朗实施军事打击,甚至指出了行动的代号为"叮咬"。但至今美国也没有对伊朗实施军事打击。为什么俄罗斯媒体如此口径统一地对其进行预测性报道呢?俄罗斯媒体对伊朗将遭受军事打击的报道一出,伊朗国内及其周边地区局势必然会受影响并变得更加动荡,这将导致油价持续快速上涨,于是作为石油出口大国的俄罗斯,就有了额外进账。因此有分析认为,俄罗斯狂炒"伊朗战争论",很大程度上是出于经济利益考虑。出于某种目的的预测带有强烈的舆论引导倾向,于是从对事实资料的选择到逻辑推理的严谨性都受到了最终观点的制约,这样的预测性报道是违背基本的新闻原则的。

下面来看一则案例,2012年9月25号,中央电视台《新闻直播间》有这样的报道:

> 中秋、国庆双节临近,加上国庆期间小客车通行免费,相关部门预计今年北京市的探亲流、旅游流将大大地增加,车流量也将激增。来看北京市交通委近日发布的国庆期间交通信息预测。
>
> 据预计,中秋、国庆节日期间,北京收费公路的日均流量将达到155万车次。收费公路整体流量将比往常增长33.6%,比去年同期翻了1倍多。预计京藏、机场高速、京成、京港澳、京开、京通等高速,拥堵情况比较严重。9月30号,出京方向的车流将集中在7点至12点,进京方向集中在16:30至18点。10月1号至10月7号期间,北京市出京方向的车流将集中在8:30至11点,进京方向集中在15:30至18点。交通部门提醒,请大家在拥堵集中的时段,尽量选择公共交通或者错峰出行。

上述报道是一则预测性报道,只是预测的主体是北京市交通委,而不是媒体自身。但这不是预测性报道的重点,其重点在于报道所体现的可能性的准确度以及影响力的大小。从结构上讲,上述报道是简化的存在与可能结构。因为在报道中,对现实性的报道是很简单的,只有"中秋、国庆双节临近,加上国庆期间小客车通行免费"寥寥数字。所以上述报道不能算是深度报道,深度报道需要展示预测的过程,向受众讲明预测的依据。

## 练习题

1. 用"划分"的逻辑方法建构下列概念。
   雾霾 食品安全 深化改革 反腐倡廉
2. 分析2013年12月7日《新闻调查——被遗弃的人生》,回答下列问题。
   ① 该期节目采用了什么样的逻辑结构?
   ② 该期节目所报道的原因属于什么性质?
   ③ 该期节目在结构上有何缺点?
3. 论述因果关系在电视新闻深度报道中的作用。

4. 自选题材应用存在与可能的结构,完成一次预测性报道。
5. 分组完成一次校园题材的深度报道。

## 拓展阅读书目

1. 书名:《逻辑学导论》(第 11 版)
   作者:[美]欧文·M.柯匹、卡尔·科恩
   译者:张建军等
   出版社:中国人民大学出版社
   出版时间:2007 年 3 月
2. 书名:《未来的冲击》
   作者:[美]阿尔文·托夫勒
   译者:蔡伸章
   出版社:中信出版社
   出版时间:2006 年 7 月

# 第四章　电视新闻深度报道的有声语言

**教学重点**：掌握电视新闻深度报道中有声语言的一般性功能与直观特征，并可以从解说词的角度对有声语言的创作进行讨论。

**教学难点**：掌握有声语言是体现报道深度的必要手段，有声语言通过语言的直观形式传达深度以及有声语言是直接经验性的而不是反思性的。

## 第一节　有声语言的直观特征

电视新闻中的有声语言以听觉的直观形式传达有关事实与情态的信息。由于其媒介形式的特征，有声语言一方面与电视图像相比具有不同的功能，另一方面也区别于文字语言的组织构成。本章从电视媒介的特征出发，结合有声语言的特点讨论电视新闻深度报道中有声语言的直观特征。其重点在于声音对整体性信息的表达，同时能够把属于思维范畴的观念信息通过直观的形式进行传播，这与电视媒介的传播特质是一致的。

### 一、有声语言是整体性的直观形式

声音是时间经验，与空间经验相比，声音存在深度层面的内在优势。康德认为，时间不过是内部感官的形式，即人们自己的直观活动和人们内部状态的形式。受众对电视新闻深度报道中的有声语言的经验是纯时间性的，是自身活动的一种内部状态。这种状态不仅仅是对新闻事件的外部刺激的反应，同时也是一种反思的形式。从实践的角度来讲，电视新闻深度报道中的有声语言具有整体性叙事的功能。同时，观念的传播、对新闻事件的反思都需要通过有声语言的形式来完成。

新闻事件本身具有复杂性，对新闻事件事实信息的传播具有更复杂的多样性。新闻事件的传播是一个信息选择的过程。其中，那些具有概括性、代表性的信息被着重地表达。在这个过程中，电视图像承担了表现细节、暗示情绪的作用，而有声语言则侧重于整体性的叙事。

首先,有声语言是新闻事件中量的直观。这里的量从三个方面体现,即具有较大的数量信息、具有一般性的抽象概念、具有整体性的概括性叙事。电视新闻通过试听的综合手段传播信息,一方面,图像把具体的、形象的信息通过视觉直观的形式逼真高效地展示出来,于是有声语言不必再进行描述性的叙事;另一方面,较大的数量信息、抽象概念等整体性信息又无法通过图像传达,于是对整体性信息的交代对有声语言来说就责无旁贷了。

例如,2013年12月8日《焦点访谈——多地遭遇持续雾霾》中的解说词:

安徽也是此次雾霾袭击的重灾区,昨日71个市县发布雾霾预警,全省仅4个县幸免。桐城局部地区能见度甚至不超过10米。

"71个市县"作为较大的数量信息无法通过图像传达。同时,"10米"这个描述雾霾程度的数量概念较雾霾图像也能更准确地反映现实,在程度上更容易还原为受众的日常经验。例如,2013年8月23日《新闻直播间》栏目中对比特币的报道:

今年3月,美国财政部金融犯罪执法网络发布《虚拟货币个人管理条例》,明确比特币相关业务应遵守美国相关法律。本月8号,美国德克萨斯州东区联邦法官正式承认比特币为货币……今年7月30号,泰国中央银行就举起了大棒,封杀比特币的流通交易,买卖比特币以及通过比特币购买任何产品或服务都受到禁止……本月14号,印度央行就表示,暂不管制比特币。

上述报道涉及大约半年时间内多个国家有关比特币的政策。这段报道代表性地体现了有声语言传播整体性信息的特征。一方面,内容具有很强的概括性,这种概括性体现在所报道内容在时间与空间上都具有较大的跨度;另一方面,政策性的内容都是高度抽象的信息,只有通过有声语言才能准确地表达。

其次,有声语言是新闻事件内在联系的直观,也是新闻深度的直观。深度报道实质上是对新闻信息的拓展和延伸,其拓展和延伸集中体现在对新闻事物的事实判断和价值判断上。新闻报道的深度体现为事件之间的内在联系,这种联系通常包含因果、条件等,对这些联系的认知是受众形成判断的内在依据,而这种联系可以通过受众的反思获取。而对于电视新闻而言,通过有声语言使受众获得事件内在联系的直观是更重要的任务。因为,这种直观符合电视媒介的技术特征,符合电视新闻在效率上的要求。一般来说,一个解释是一种说明,其中一种事物被说明成与另一种事物的关系。于是在电视新闻深度报道中,内在联系以解释、说明的形态得到体现。例如,2013年5月3日《经济半小时》中的解说词:

就在上个月,加拿大艾伯特省的居民特勒莫尔准备出售一栋独立屋,这笔买卖瞬间就成为各大媒体的一个焦点,因为它的附带条件是如果买家选择用比特币付款的话,那么他就愿意给折扣。这一幕就让我们联想到在17世纪郁金香泡沫盛行的时候,一个郁金香球茎的价格也可以被炒到换一栋房子。今年年初比特币还徘徊在20美元左右,但是到了4月份,它就突然飙升到了200美元,整整涨了9倍。那么这个离谱的涨势让比特币成为世界各国投资者眼中的一个猎物,而不少中国人也成了第一批吃螃蟹的人,我们来认识一下他们。

上述报道解释说明了比特币被人们关注和炒作的过程。其中"出售房屋"的事件和"郁金香泡沫"的事件被用来进行类比,其用意在于说明比特币上涨现象不过是一场"比特币泡沫"。这些内在含义,一方面通过概括性叙事传达事件信息,另一方面通过"这一幕就让我们联想到""整整涨了9倍""离谱的涨势""吃螃蟹的人"等一系列有声语言的形式得到强化。在电视新闻深度报道中,这些内容都无法通过图像或其他形式被高效地传播。

最后,有声语言是电视新闻深度报道中情感与态度的直观。情感与态度都是整体性的信息,情感是内在的,对情感的感知是反思性的,态度可以看作是情感的对象化。在电视新闻深度报道中,情感与态度的表现是不可或缺的。一方面,电视新闻深度报道要求表现与新闻事件的人类共同价值一致的情感,只有这样才能获得受众的基本认同;另一方面,情感本身就可以成为新闻报道的内容。尤其对于新闻评论来讲,态度的表达则是其基本的构成要素。于是电视新闻深度报道有声语言的优势在这个层面又一次得到体现。有声语言通过语气的变化体现情感与态度的不同,这一优势是电视图像与字幕都不具备的。有声语言具有文字表达抽象概念的能力,这就给评论性话语提供了有用的形式;同时其又具有声音的直观形式,使受众对情感与态度的直接把握成为可能。例如,2013年12月7日,《新闻调查——被遗弃的人生》报道了"南京饿死女童案":

> 21年前,这个孩子在出生的时候并不是一个坏人,怎么21年后就变成了这样的一个不负责任的人。坦率地讲,辩护人很不理解乐燕怎么会这样的,本案怎么会这样的,但是在知道了她的经历之后,变得逐渐可以理解了。它有原因。

上述话语是庭审现场再现中辩护人的辩词。在电视新闻深度报道中,通过有声的形式,辩护人复杂的情绪在声音中得到体现。于是,受众从新闻事件中感到的愤怒得到了缓解,转向对事件整体背景的关注与思考。2013年10月24日,《新闻1+1——"打不倒"的胡万林》报道了骗子胡万林再次入狱。主持人在评论中说道:

> 这几天,看新闻才知道,他不仅在2011年已经提前出狱了,而且再次走上了非法行医的道路,并再次把人给治死了,而且又被抓起来了。这个我们身边的"不倒翁"为什么能一次又一次地"不倒"呢?

这里重点表达的是对胡万林的态度、对监管者的态度,甚至是对受害者的态度。这些态度综合内化为气愤、费解等情绪,然后主持人用严肃的、质问的语气完成了上述有声语言创作,这对受众进行了思路上的引导。

## 二、有声语言是观念的直观形式

如果说整体性是有声语言在叙事与情态方面的特征,那么观念的直观形式则主要体现了其在评论方面的功能。评论是电视新闻深度报道的重要表现形式,它既是评论性节目的核心手段,同时也是电视新闻深度报道中的重要元素。由于电视媒介的技术特性,作为有声语言的评论形式与纸质媒体文字的评论形式在风格上有较大的差异,其特征体现在直接性与形象化两个方面。

首先,电视新闻评论的语言体现出直接性的特征。这里的直接性指的是推理过程的缺失。也就是说,在电视新闻评论中,论证是以经验判断为主的。论证的逻辑过程在电视新闻深度报道中是被遮蔽的,其论据往往是具体的新闻事实。这是因为有声语言的线性特征决定其评论必须在最短的时间内做出有力的论证,而只有直观的经验事实才能满足这种时间上的需求。于是电视新闻评论的整体结构经常简化为"经验事实—直接论断"。例如,2013年12月18号的《焦点访谈》报道了两起网络谣言事件,节目最后,主持人评论道:

> 赠送被传成了哄抢,守规被说成了娇贵。谣言从何而来、目的何在我们不得而知,但是它从小到大、迅速扩散直到最后被戳穿的过程我们可以看得很清楚。这再次告诉我们,信息爆炸,纷繁复杂,我们只有多观察,多思考,才能够尽量少犯错误,千万不能见风就是雨,遇事就一窝蜂。

在节目之前详细的报道之后,评论性话语首先做了简洁的事实概述,紧跟其后的评论性话语的直接性特征也很明显,"告诉我们""只有……才……""千万不能"这些词汇的使用都显现了评论断言的性质。这种断言的方式把节目想传达的观念以直观的形式显现,对于电视媒体来讲,其传播效果是优于分析性反思的。在电视新闻评论的实践中,有些节目试图通过更严谨的逻辑分析来说服受众,如前些年的《南京零距离——孟非读报》、辽宁卫视的《老梁观世界》等。这些节目相对而言更注重论证过程,但其评论话语的核心依然是经验性的;同时,这种形式也对有声语言的创作提出了更高的要求——形象化。

其次,电视新闻评论的语言体现出形象化的特征。注重分析的话语是一个代替或者引导受众思考的过程,这个过程不是直观的,于是,在传播过程中就更可能与受众产生思维过程的分歧。而断言则不然,断言仅仅表述一个论断,这个论断可能是通过不同的思维过程得到的。于是对于电视新闻评论而言,分析是具有风险的。这种风险一方面源自受众不能快速地认知评论信息,另一方面源自思维存在分歧。因此,在分析性话语中更需要形象与情景的介入。口语文化往往把概念放进情景的、可操作性的框架里,这些框架只有最低限度的抽象性,就是说它们贴近活生生的人生世界。沃尔特·翁认为情景是口语文化的本质特征之一。电视新闻评论作为次生口语文化的载体,其有声语言创作也是有情景的,是形象化的。例如,2013年3月1日《老梁观世界——再一次"坑爹"》中的评论:

> 明星都想借助自己的影响力把自己的儿子也捧成明星,因为你成了明星又有名又有利,星光大道啊那是……

> 这孩子真走向社会的时候,谁惯着他呀?一碰壁,这孩子自己知道,"我没有在家里头那么横,我也就窝里横。到了外头是龙得趴着,是虎得卧着。我得守规矩,人心似铁,官法如炉"。他能够得到社会的纠正……

主持人在评论中使用了大量的俗语、套话,这些都是构成情景的形象化手段。观念本身是思维的范畴,但是语言在历史的积淀中总能形成一些固定的套语模式。这些模式由情景构成,传达了某种观念,如上述"人心似铁,官法如炉"。这些套语就把观念通过直观的形式表现了出来,而且更具说服力,起到了与断言相似的作用。

通过对当下电视新闻中评论的有声语言进行分析就能发现,许多节目未能把有声语言的特点融入到创作中去。这种现象一方面反映了创作主体对电视媒介特性的忽视,以文字评论的创作方法观照电视新闻中的有声评论;另一方面,由于同样的原因,很多问题被瞬时性的声音遮蔽了,具体体现为冗长复杂的同义反复、语病的频繁出现等。例如,2013年8月23日《新闻直播间》栏目中对比特币的报道:

> 比特币是怎么产生的呢?它依赖网络用户使用计算机按照规定的计算方法进行

大量的运算来开采比特币(此处有语病),有点像玩游戏过关。当用户的电脑成功地创作出一组数字顺利过关后,就会获得一定数量比特币的奖励。

……

几天前,在德国传出承认比特币的货币地位之后(此处有语病),比特币的价格在经历了几个月的平稳走势后出现了小幅波动(此处有歧义)……

上述报道一方面直接套用概念的文字解释,使受众无法充分获得明确信息;另一方面,低级的语病被瞬时性的语流所遮蔽,成为不易发现的错误。类似这样的报道在当下的电视新闻实践中并不少见。为避免这种现象,创作主体需要对电视新闻深度报道中的有声语言足够重视,同时能充分把握其特点,在电视新闻深度报道中展开充分的应用。

## 第二节 有声语言的功能

在没有电视的时代,人们通过广播完全可以比较完整地了解新闻信息。现在,人们可以尝试一下把电视机的声音关掉,看自己是否能够了解新闻报道的基本信息。这个答案在大部分情况下是否定的,尤其在新闻报道没有字幕的情况下更是如此。

电视媒介通过综合的试听手段传达信息,图像、字幕、解说、同期声等因素同时作用于受众的感官。其中有声语言主要依靠听觉系统传达信息,当然在这个过程中,与视觉手段的结合是必不可少的。电视新闻深度报道中的有声语言是准确地表达新闻倾向性、体现新闻深度的一种有效手段。新闻事件的信息在有秩序的排列组合中传播,完整的组织结构能够传播大量的信息。电视新闻深度报道的形式构成中含有多样的元素,它们通过综合交叉实现完整信息的传播。

在电视新闻深度报道中,语言符号和图像符号经过交叉发展,在某些信息点上可以实现融合与沟通。二者有时共同完成同一个传播任务而处于交叉的状态,有时交代不同的事件信息而处于分离的状态。也就是说,有声语言可以与画面结合,一起传达一个完整的意义;也可以与画面分开,传达一个独立的意义。有声语言与画面往往保持一种"若即若离"的关系。图像常常以无序的状态出现,不具备整体性叙事的功能,这就需要有声语言介入新闻报道的叙事。受众可以从视觉上获得图像传达的空间信息,这时有声语言的作用就是扩展这种信息。有声语言的主要价值就是在图像、音效、字幕等手段难以恰当地传播信息的前提下,利用听觉直观的优势,使受众获得信息,甚至产生积极的审美活动。本节主要从具体的角度介绍有声语言在电视新闻深度报道中的具体功能和作用。

### 一、补充信息,完善形象报道

新闻事件之间既有表面的、暂时的联系,也有内在的、深入的联系。电视新闻深度报道中的人物与活动都处于一定的时空背景与社会、文化背景之中。对于深度报道而言,停留在表面形象的传播显然是不够的。在传播图像形象的同时,深度报道还需要向受众传播受众从图像中感受不到的背景信息。而图像的技术特征决定了许多背景信息无法被恰当到位地传播。例如,受众可以通过图像看到一名警察追击某人,但为何追击却无法了解;受众可以通过图像看到一个人在痛苦,但这人是谁无法通过图像得知。这些相关的背景资料必须通过有声语言来实现。同时,电视新闻深度报道面对的受众在知识、经验、视野等方面会体现出巨大的差异。在这种受众具有多样性的前提下,受众对图像信息的认知往往产生多义性,这就需要借助有声语言的力量更清楚、准确地传达信息。

有声语言的信息补充体现在对事件背景和总体环境信息的传达上。时代社会背景的内容非常丰富,含有多样的、巨大的信息量。同时,背景又是一个运动的过程,通过直接的视觉图像信息来传达几乎是不可能的,只能通过概括与归纳的方法,用抽象的语言手段进行表达。有声语言的信息补充还体现在对新闻事件各个要素的介绍、对人物关系和事件各方面联系的介绍上。例如,2013年7月27日《新闻调查——城管与小贩》中的解说词:

> 其实这些年来,每过一段时间,人们都会听到一则新的城管与小贩之间起暴力冲突的新闻。不是城管伤小贩,就是小贩伤城管。近两个月内,就已经连续发生了几起暴力事件。5月31日,延安城管踩踏一名商户头部引起公愤。6月2日,广州又传来城管遭小贩殴打的消息。城管和小贩之间为什么会频频以暴力相对?新闻调查前往延安和广州,在这两个新闻事发地进行调查。

上述解说词一方面交代了城管与小贩的冲突是具有一定普遍性的社会事件,这种冲突的普遍性作为报道中主要事件的背景存在;另一方面通过抽象语言概括了事件的基本事实,把新闻报道的核心事实首先表达了出来,为报道的深入打好了基础。

## 二、综合图像信息

有声语言可以对联系较弱或者联系隐蔽的图像信息进行综合,使图像信息所表达的意义更加清楚明确。在电视新闻深度报道中,由于叙事效率的要求,其图像信息往往由事件片段构成。这时有声语言可以为受众提供一个途径,使其能够快速地理解图像的意义;同时,有声语言也为受众提供了注意力的选择方向。这就大幅度减少了因为图像多义性而产生信息传递失败的情况。图像信息是形象化的,而深度报道最终的传播效果要在思维中体现,于是多义、含混的图像信息不能满足深度的要求,受众的认知也会因为各种因素的介入而产生差异。这就需要通过抽象的、概括性的语言对图像认知进行指导规范,用归纳集中的方式对复杂的信息进行筛选,简单直接地突出关键的、核心的事件信息以及观念、态度。

有声语言首先具有强调关键性信息、强化细节的功能。电视新闻图像与电视剧、电影等的艺术图像不同,有时不能通过构图等手段把关键信息和细节进行充分足够的显现。这就需要通过有声语言提示受众去关注图像中的某个具体的信息,将其进行放大和凸显,引导受众的视觉注意力,从而使图像的作用不会被自身的复杂性所遮蔽。例如,2013年12月18日《焦点访谈——乱花渐欲迷人眼》有关"鞋套事件"的报道的解说词:

> 不久前在陕西省咸阳市也发生了一件类似的事情。几名市科协的干部,因为两

张发在网络上的照片,遭到了网友的强烈质疑。在这两张陕西省咸阳市科协主席套鞋套下乡调研的照片上,几个领导模样的人站在一个露天果蔬大棚外听取介绍,而所有人脚上竟然都套着蓝色的鞋套……

很多电视新闻深度报道都通过有声语言对图像进行描述。这种描述的成功与否关键在于其只是重复了图像信息,还是能对受众认知图像信息提供引导。上述描述只有三句话:"在这两张陕西省咸阳市科协主席套鞋套下乡调研的照片上"交代了图中人物的身份,"几个领导模样的人站在一个露天果蔬大棚外听取介绍"对静态图像中人物的行为进行介绍,"而所有人脚上竟然都套着蓝色的鞋套"把受众的注意力引向他们脚上的鞋套这个细节信息。上述有声语言对图像的补充是恰当到位的,当然,此时图像也通过放大的方式来引导受众的注意力,但如果解说词缺失,这种引导也会显得模糊和多义。(见图4-1、图4-2)

图4-1 "鞋套事件"1　　　　　图4-2 "鞋套事件"2

有声语言综合图像信息的功能还体现在对多义的、模糊的图像信息进行规范和说明上。在新闻报道和许多纪实性题材的电视节目中,许多镜头会出现丰富的含义,如果不加以规范说明会引起受众的误读,产生歧义。值得指出的是,解释说明的指向性一方面为受众理解图像提供了必要的帮助,同时也限制了受众对图像的自由理解;另一方面能避免歧义,同时也容易被用于歪曲事实。同样以上述节目有关"哄抢菊花事件"的解说词为例:

原来菊展已经在11月24号结束,主办方和园林管理处已经将好的品种拿回园林苗圃了。剩下的一些是大众品种,拉回去既增加成本,又不一定能养活。考虑到市民对这些还在开放的鲜花很是喜欢,所以主办方决定让市民把剩下的这些花拿回家栽培。而为此,物业公司也加派了人手,增加了50多名保安在现场维持秩序,防止市民的哄抢行为,而现场也非网上所说的混乱不堪。

图4-3 "哄抢菊花事件"1　　　　　图4-4 "哄抢菊花事件"2

上述解说词对图像进行了解释说明。之前有谣言称图像反映的事件为济南市市民在菊展结束时疯抢菊花,《焦点访谈》在这期节目中做了辟谣的工作。从图4-3、图4-4中可以看到,很多人在搬菊花,而且现场相当混乱,人们行色匆匆。这种就产生了多种解读的可能,如果没有通过有声语言进行解释说明,那么信息的传达就可能导致巨大的失误。

## 三、凸显图像内涵

由于电视图像具有瞬时性特征,受众对图像信息的认知往往难以深入。特别是对那些生活中常见的场景和事物,受众通常依据以往的生活经验做出简单直接的判断。这就需要深度报道通过有声语言抽象概括的能力,深入发掘新闻报道的内涵,使观众对新闻报道的认知由表及里,理解其内在意义。在电视新闻传播的过程中,受众由于其自身主观性的差异,他们对信息的理解程度不一。有些是对事件的浅层情感经验,有些是对关系与观念的深层思维判断。电视新闻深度报道的任务之一就是要尽可能使受众获得深层的思维经验,从而对电视新闻深度报道有深入的理解。思维与情感的不同经验是互通的。在很多情况下,思维层面的理解越深入,对情感的经验也就越强烈。情感经验与思维经验之间应该相互促进。

人们对现实生活的深入感受,往往建立在对世界观察、剖析的基础上,对某事件形成在是非、道德层面上的判断。在这个基础上,生活才能进入审美的范畴。否则,对世界所谓的情感经验往往是一些支离破碎的片段或者流于表面的模糊印象。如果电视新闻深度报道忽视了有声语言的重要作用,过分强调图像再现世界的真实性,那么这样的新闻报道也只能是对简单事实的表象陈述,不能实现深度报道。从受众接受层面讲的理解,就是把握内部的联系,从而认识新闻事件的过程。理解有不同的层次,人们对世界的理解往往是一个一般性与特殊性相互印证的过程。例如,儿童学习寓言故事,对故事的理解是要明白道理。这是从特殊性到一般性的归纳。但是,学习抽象理论的过程恰恰相反,需要对一般性的理论做出演绎,能在现实世界中找到对应的特殊性。所谓"实践是检验真理的唯一标准"就是这个层面的意义。在对电视新闻深度报道的理解过程中,两种层面的理解是共存的。在很多情况下,有声语言所展现的一般性与电视图像所展现的特殊性就是互相印证的关系。

例如,新闻专题片《迎接挑战》中的解说词:

但是,并非所有人都知道时间计量法的变化,多么令人遗憾!"一慢二看三通过"这句交通安全口号,竟成了某些人时代观和时间观的绝妙写照。难怪某部门引进一套设备,竟用了1 234天;某地一个拆迁征地的文件,竟然盖了368个公章。

片中使用了一幅交通标语的图像,本来用于正面意义的标语,在这里通过解说词的演绎表达了讽刺的意义。形象生动的电视图像长于记录生活,再现生活细节。然而,在完整的叙事、概括性叙事方面,图像就丧失了优势。在电视新闻深度报道中,有声语言通过对事件的概括延伸新闻事件与背景的联系,把受众对新闻事件的态度、观念还原成一种思维的直观过程。

## 四、调动受众的想象力

　　提升受众的主动参与欲望,增强电视新闻传播主体与受众的互动,是电视新闻深度报道中有声语言的重要作用。有声语言可以促使受众结合电视图像进行丰富的联想,为受众提供更具有延展性的思维和情感空间。有声语言虽然没有图像的视觉形象功能,但是可以结合图像展开对比、关联,以这样的方式使受众的生活经验和相关记忆被唤起,从而取得一种源自受众内心的经验直观。人们的表象往往是和语言相互联系的,也就是说,表示客观事物的词语和句子往往能在受众头脑中形成模糊的视觉表征。这种视觉表征虽然没有电视图像清楚准确,但其是受众主动生成的不同于电视图像的被动刺激。值得注意的是,图像的修辞手段的使用具有较高程度的限制性。这种限制性一方面指图像自身具有客观性的形式特点,另一方面新闻报道要求报道手段向客观真实无限接近。于是图像不可能超越其可能涵盖的信息范围,背离文化与审美的习惯与原则。所以,新的有说服力的想象与联想空间必须通过有声语言来塑造。

　　由于创作主体对新闻主题的准确理解、对视觉信息的准确观察以及对背景资料的充分调查,有声语言的创作就可以结合图像调动受众的主动性,引起受众的联想。形象的认知主要是受众对抽象有声语言的深入理解的过程。于是,优秀的有声语言必须与电视图像的主要特征结合起来,适度地运用语言的启发能力,使图像传达的信息在深度的层面得到延伸。受众在电视新闻深度报道的接收过程中,一般都能通过感官对图像信息进行自动选择。但是这个过程仅仅是一个"刺激—反应"的被动过程,于是受众接受信息的惰性就得到了放大。这与阅读形成强烈的对比。受众不需要积极主动地思考,不需要唤起心理表象帮助理解信息。这与深度报道的目标是不一致的。此时,有声语言的作用就是营造一种恰当的抽象氛围、一种表现情感的环境,从而与受众形成共鸣。例如,2014年2月22日《新闻调查——家有老人》中调查记者的结束语:

　　　　如果是你采访的周大妈,如果你在她生活的那小片地方待过的话,到了这样的晚上,你会不由得想起她。这个91岁的老人正自己待在家里,躺在床上。你会牵挂:她睡着了吗?她放水的位置会不会离她太远?她爬着大小便的时候会不会磕着、碰着?我们的城市已经发展到了这一步,24小时便利店随处可见,方便得无以复加。然而在这样的晚上,在城市的角落里,到底有多少老人正在连最起码的需要都感到不便呢?他们的家人和社会还能做点什么呢?

　　这段有声语言并没有抽象概括,也没有对节目进行总结归纳,而是通过形象的描述,唤起受众对刚刚收看的图像叙事的回忆,强化了某些细节信息,同时叙述者陈述了自己的心理活动,这是对所报道事件的情感投入的外化。这个段落使受众能够在节目的最后重新思考和体验高龄老人的生活,同时与现代社会发展做出对比,指出高龄老人问题是被社会发展忽视的角落。这段有声语言通过生动形象的方式深化了新闻报道。有声语言的使用技巧在于通过语言的准确性"强制"受众进行联想,对电视图像中的形象以及对有声语言提示的概念与事件进行再次创造,转化成为深层次的认知行为。

## 五、连接片段,实现叙事场景的转换

由于时空与新闻特征的限制,电视新闻深度报道不可能把新闻事件的全部过程进行再现。于是,电视新闻图像往往是事件片段的组合,而这些片段本身是断裂的。如果要形成完整的叙事,就需要有声语言进行新的组织与串联。这种串联展现为新闻事件的时空顺序,同时也展现为横向的逻辑顺序,使图像体现为表达深度的逻辑结构。在进行图像剪辑时,时空场景会发生不断的变化。尽管直接切换的时空场景可以被受众理解,但是其中所包含的信息量却不能一起被他们获得,不同场景之间的内在联系不能被受众认知。再加上认知主体的差异,电视新闻图像的传播过程总容易与受众形成隔阂,给受众的认知带来困难,不符合电视新闻简洁的要求。为了使新闻叙事过程中不同的段落与层次之间形成恰当的过渡与转换,就需要弥补图像直接转换造成的生硬与突兀,给受众创造简洁的认知对象。当然,视觉手段也可以消除图像直接剪辑产生的突兀,如利用色彩、明暗、形状等视觉因素进行场景的连接。

但是,电视新闻图像有客观真实性的要求,不能像艺术作品那样充分发挥图像的修辞功能;同时,也会受到资料和篇幅的限制,很可能没有充分的条件实现图像自身自然完美的显现。因此,直接剪辑的方式在电视新闻深度报道中是很常用的方法。与此同时,断裂感也就随之产生,歧义也就随之产生,尤其是在时空叙事场景发生转变的时候。这时就需要利用有声语言进行场景的转换,有声语言的专场可以是简洁的,例如,2013年7月20日《焦点访谈——难以抵达的归途》中,开场用了一组快速剪辑的图像,介绍了广西一所精神病院病人出逃的事件。开场图像是一幅中国地图的动画,接着是网页上该新闻事件报道的截图,起到了介绍背景的作用,然后画面转向了事件发生的现场,是实景内容。这一组图像剪辑在形式上有较大的区别,从静态动画到网页上的文字,到现场的实景,再到调查记者的出现,内容构成具有多样性。这些图像之间采用直接剪辑的方式,从单纯的视觉感知上来说,断裂感是很强的。但是,有声语言的参与有效地消除了这种断裂感。

> 解说词:2013年7月5日晚,位于广西壮族自治区东南部的藤县,发生了一起多名精神病人出逃的事件。该县第三人民医院精神科的42名住院病人,在当晚8点左右打开病房的三道门锁集体逃跑。时隔数日,新闻调查记者来到事发现场。

> 记者:42名精神病患者集体出逃的事件,就发生在这里,广西壮族自治区藤县第三人民医院……

上述解说词具有高度的线性叙事模式,同时解说词具有新闻导语的功能。在这一小段报道中,有声语言承担了最主要的叙事任务,受众的注意力集中在对有声语言的接受上,于是图像的断裂感就显得模糊了。同时,在从事发现场到记者出镜的转换中,采用了记者声音先入的形式,也有效地减低了跳跃感。上述有声语言通过直接的、流畅的叙事把受众的注意力转移到听觉上来。这是一种简单实用的处理方法,同样这种转换也可以是较为复杂的。同样以上述节目为例,节目中讲到一名叫作王志超的病人逃跑回家只为了看看自己的父母,此时镜头从对王志超的访谈镜头到王志超家乡的镜头有一个场景的转换。与上面的例子不同,此时有声语言没有覆盖场景转换的瞬间,而是通过呼应连接了割裂的图像。

记者：从这个医院，那天晚上跑出去以后，你当时什么心情呢？
　　王志超：我希望回到家里看看我的老爸老妈。看一眼，我就够了，就这样。
　　记者：看一眼就够了？
　　王志超：就是抓我回来，我也够了。
　　记者：你的意思是说，看一眼你再回来都可以？
　　王志超：都可以的，就是这样。
　以上是访谈镜头时的有声语言，以下是拍摄王志超家乡镜头时的有声语言：
　　解说词：王志超所在的家乡，距离县城50多公里。年迈的父母帮助他照看着3个孩子……
　在上述场景转换中，访谈语言强调了一个问题——王志超对家的强烈渴望。记者又通过提问强化了这一问题，使受众对王志超的家产生一种好奇与期待。接下来的解说词马上对受众的期待进行满足——介绍王志超的家庭。在这种有声语言的呼应中，图像的断裂感就被大大地减弱了。

　有声语言也具有直接抒情、表态、说理的功能。电视新闻图像具有间接抒情的功能，对于表态与说理方面图像的作用基本是缺失的。在电视新闻深度报道中，深度的重要体现方式就是传达观念，这种观念主要包括对新闻事件的态度和对其一般性的归纳。对于电视新闻深度报道而言，有声语言是不可或缺的。

# 第三节　解说词的创作

　在电视新闻深度报道有声语言中，解说词具有最重要的地位，也是主体进行创作的主要空间。一方面，解说词贯穿报道始终，具有量的优势；另一方面，解说词比访谈语言与主持人语言具有更高的灵活性。

## 一、解说词的结构重点

　1. 标题与片头解说
　标题是对整个电视新闻深度报道的高度概括与内涵提炼。标题同电视新闻深度报道的质量有密切的联系，具有为受众创造期待视野、引起受众兴趣的意义。电视新闻深度报道的标题直接影响受众对节目的选择。受众除了习惯观看的节目外，对大部分的节目并不是特别了解。特别是在网络媒体发达的今天，大量的受众不依赖电视等传统媒体获得新闻信息。受众很难习惯性地关注电视新闻深度报道节目，于是标题与片头解说的吸引力显得特别重要。

标题与片头解说需要具有一定的吸引力，独特的形式可以激发受众的收视兴趣。于是，许多报道栏目的标题与片头解说采用疑问句的形式，把报道中最核心的问题、最能引起观众兴趣的问题抽离出来，作为对整个报道的概述。这些问题通常都有明确的提问对象，在片头中配合冲突性较强的镜头剪辑表现出来。例如，2013年9月28日《新闻调查——难以入住的新房》的片头解说词：

  没有验收就交付的楼房，没水没电，这房子究竟是收还是不收？（访谈：甚至背上了巨债买了一个没有产权的房子。因为资金不到位，交不了钱就实施不了）郑重提示的违约交房承诺说废就废，这官司是打还是不打？……交涉、投诉和告状全是收房惹出的烦恼事。（访谈：来回在这转磨，我想问一下政府的行业监管在哪里）

该报道的标题为"难以入住的新房"，这就体现了其明显的冲突策略。在后续的解说词中，这种方法得到了延续，在介绍了基本事实的句子结尾加上"交还是不交？""打还是不打？"的选择性问句，直接把报道中的冲突表达出来，而且穿插了访谈画面，对问题做了简单的解释，整个报道的结构和所涉及的核心问题都很好地交代了出来。疑问的句式具有重要的作用。中央电视台《今日关注》栏目，紧密跟踪国内外重大新闻事件、新闻话题，邀请国内外一流的专家和高级官员评论新闻事件的影响和发展趋势。其栏目的标题经常以问句的形式出现。下面是一些例子：

  航母战机急出动 俄美将亮剑黑海？
  俄乌之争？俄美之争？
  俄三军紧急"备战" 普京剑指何方？
  宙斯盾部署 第七舰队出动 日美高调军演剑指谁？
  安倍解禁武器出口 日本将变军火商？
  急于打造亚洲小北约 美国剑指谁？
  乌克兰政局突变 分裂？内战？
  美将装备"激光炮"对抗中国高超声速导弹？

同时，片头解说和标题往往具有简洁的特点，长度往往较短，在听觉上具有音节和谐、朗朗上口的特征。这些语言内容还要求容易识记，配合电视解说的瞬时性特点。于是，在标题和片头解说中，往往使用单句、短句，使用最常用的词汇。例如，2013年9月7日《新闻调查——生死救援》中的片头解说词：

  海上风险不断，生命祸在旦夕。（访谈：我说不好，它这一响，船"哗"一下就翻过来了）是谁在守护着风浪中的人名？（访谈：我们是一支专业的队伍）他们又怎样让遇险者化险为夷？

这个段落的解说非常简短，其标题本身也具有高度的戏剧色彩与冲突。在语言形式上，用解说词提问，通过访谈的内容来回答，构成一种快节奏的问答形式，这本身就具有调查的特征。最后一个问题没有回答，把受众对报道内容的期待强化了。又如，2014年2月22日《焦点访谈——要命的玩笑/危险的鞭炮》的片头解说词：

  救命热线？（素材中的人声：喂？你好120）要命骚扰！（素材中的人声：喂？我爱你。你打120干什么？你答应我两件事我就不打了。喂？我想找媳妇。有的打1 000多次就不说话。）玩耍。（有个孩子把鞭炮放到酒瓶里了）后果。（眼球彻底崩散

了)悲剧为何总是上演?(我宁愿受伤的是我)

片头解说由几个简单的词语构成,与素材形成呼应关系,通过简明的结构对报道内容做了高度的概括,同时强化了新闻事件的冲突。

2. 正文的开头

如果说标题和片头解说是新闻报道的短语,解说词的正文意味着详细报道的展开。在各种不同文体的创作中,开头和结尾都具有非常重要的作用。电视新闻深度报道的开头和结尾解说的质量与整个报道的顺畅与深度有密切的联系,同时影响了受众的收视心理。电视新闻深度报道的认知不同于纸质媒体的新闻阅读,其中一个重要的差别就是电视的收视选择性较强。就是说电视受众会随时流失,遥控器使一则新闻报道特别容易失去自己的受众,因此报道的开头延续了标题所承担的作用。

解说词的开头首先是对新闻事件背景的介绍,是高度概括性信息的传递,使受众了解下面的报道是围绕什么事件展开的,调查的目的是什么,解释的问题是什么,预测的起点是什么。对这些问题的回答,都依赖于对背景信息的介绍。例如,2013年6月29日《新闻调查——垃圾场之忧》解说词的开头:

这里是陕西省蓝田县唯一的一座生活垃圾填埋场,最近蓝田县政府计划投资七千万元对这里进行升级改造,改造扩建成一个标准化的垃圾卫生填埋场。然而这项计划遭到了当地村民的强烈反对。一项为百姓着想的好举措,为什么得不到村民们的支持呢?这其中会有着怎样的曲折回合?5月上旬,我们对此事进行了调查采访。

这段解说词从地点信息开始,对调查的事件和主要冲突做了简要的介绍,完成了解说开头的功能。又例如,2014年2月18日《焦点访谈——围捕飞车贼》的节目开场:

主持人:近些年来,在广州和佛山的交界地带,飞车抢夺案件呈现了一个高发的态势。这些歹徒开着摩托车,游走在城乡结合部。一旦发现目标就开足马力,突然现身实施抢夺。这种犯罪让民众深恶痛绝,也引起了警方的高度重视。于是,撒天网,捕飞贼,较量迅速展开。

很多新闻报道栏目是有演播室主持人的,于是主持人的话语就代替了解说词开头的功能。上述节目正是如此,该段话语介绍了飞车抢夺案件的时空背景,说明报道内容主要围绕警匪冲突展开。而后的解说词就从具体的案件入手了:

这天下午5点半左右,银行职员陈女士刚刚下班,正拎着包走在路上。这时一辆摩托车从她的左后方疾驰而来……

解说词的开头向受众展示了整期节目的基调,节目的风格很大程度上通过解说词体现出来。有时候解说词创作的特征还能反映电视发展的时代特征。开头是全篇的基础,只有基础扎实了,受众才能迅速投入到新闻事件之中,之后的叙事或论证才会顺利。新颖、自然、真实是新闻报道节目解说词的一般性原则。

3. 正文的结尾

解说词正文的结尾好坏决定了一期新闻报道节目是否能完整地结束。怎样通过最后的解说给受众留下深刻的记忆,怎样对报道内容做出恰当的评论,怎样通过形象的描述来强化情绪,这些都是解说词的结尾可以涉及的问题。

解说词正文的结尾经常以评论的语态出现,是对新闻事件的态度的直接显现。这种性质的评论往往针对新闻报道中的具体人物或者行为,具有直接的特点。例如,2014年2月15日《焦点访谈——明码标价的评比》的结束语:

> 所谓品牌,它要先有品才有牌,如果把品丢了,光买了牌子,这样的牌子能挂多久呢?花钱买来的牌子,换不来医德医术,更比不了患者的口碑。至于这些种下祸根、扰乱秩序、牟取暴利、公然行骗的假协会,还能允许它们长期存在吗?而理清它们背后的关系网和利益链,才能标本兼治,正本清源。

解说词的结尾还能以说理的形态出现,是对特殊新闻事件所体现出的一般性道理的直接陈述。这种说理具有深化主题的意义,是新闻报道深度的体现方式之一。结尾的解说使受众的思考和情感在更大的空间中活动,并使受众对节目表达的态度与思想产生共鸣。例如,2013年11月30日《新闻调查——请让我这样离去》解说词的结尾:

> 在一般人看来,医院一直只是治病救人的地方。但是安宁疗护让我们感受到了医院似乎还应该有别的功能。在绍兴市人民医院,每一个医护人员名牌的背后,都写着这样一句话:"有时去治愈,常常去帮助,总是去安慰。"

上述解说词从报道一家医院安宁疗护工作的具体细节中抽象出来,总结了安宁疗护的一般意义,提醒观众医院应该具有的一种被人忽视的功能。一期优秀的深度报道节目的结尾往往具有引人思考、发人深省的作用。这需要解说词的帮助,通过有声语言的提示给受众留下无穷的回味,把受众的情绪和反思提升到更为宽广的领域和空间,使人浮想联翩,难以忘怀。解说词往往需要在最后表达一种受众对新闻事件模糊的感觉,受众有所感悟,但是这种感悟是片段的、模糊的,受众难以清楚地把握。通过解说最后的总结,使受众获得一种肯定的、准确的,甚至精彩的表述,让受众感觉到"就是这个意思"。这种效果是一种受众期待视野的满足,是新闻深度的提升。

## 二、解说词的形式

解说词的形式没有确定的必须遵循的规范,而是应该根据新闻报道内容的需求确定恰当的表述形式,这样才能确定其解说风格。同样的新闻报道,在不同的编辑手法和创作目标之下,在有声语言上体现不同样式的解说。同样的意义通过不同的解说词语言,表达出的含义也会发生差异。尽管没有固定的规范,解说词仍然要遵循一些形式上的一般规律和口语创作对文本的一般要求。

1. 篇幅的限制

在解说词创作中,篇幅字数受到了时间的限制,这是其需要与电视图像进行配合的结束性限制。解说词不能随意地创作,它需要与图像进行准确的对位,需要与口语创作的语速进行配合。篇幅的限制基本来自于上述这两个方面。

人说话的语速是可快可慢的,但是,电视新闻深度报道中的语速,比起现实生活中的语速需要有一定幅度的减慢。因为在现实生活中,人们往往可以通过表情、口形和语言环境来判断口语表达所传递的信息,而在电视新闻深度报道中,这些读取信息的线索消失了。不仅如此,受众还需要分散部分的注意力来读取电视图像所传达的形象信息。于是电视新闻深度报道中的解说词的语速较日常口语交流更慢,也就是说单位时间内的字数受到严格控制。这种控制同时还与电视技术的发展有密切的关系。在过去电视摄录技术不发达的环境中,录音质量不高,于是即便减慢语速依然不足以完全充分地传达信息。电视新闻深度报道解说的语速大约每分钟 180 个字。电视录音技术的提升使电视声音的清晰度提升了,于是解说的语速也相应上升了,当下的电视新闻深度报道中解说语速大概在每分钟 250~300 字之间。即便如此,解说也常常需要字幕的配合。

更关键的问题是,解说需要与电视图像进行准确的对位。前面曾经讲到,解说词具有解释说明图像的功能,于是图像中一些特殊的背景、特定人物的细节等这些图像必须在时间上同解说内容准确对位。这种准确性是以秒甚至以帧为计量单位的。很多情况下,即使发生一两秒钟的错位,也会在传播效果上产生严重的负面影响。以对人物背景的介绍为例,可能该人物的图像长度只有两三秒钟,"这位是某某某,是哪里人"类似这样的解说词必须与两三秒的图像同时出现,否则就会造成受众认知的失败。结合口语速度和与电视图像配合的需求,解说词篇幅限制大致有以下两个方面:

第一,在解说词创作中,段落的划分需要特别细致,每个段落尽量短小。这里的段落不只是"空格"表述的形式的段落,主要是指意义划分的段落。用精炼的话语表述一个相对完整的意思,这个意思需要短小精悍。这样计算播读时间较为容易,同时也给播音员调整语速创造了条件。以下面这段解说词为例:

> 这艘静静地停泊在汕头港内的游轮名字叫闽海油 5 号,它是一艘专门用于成品油走私的走私船。经查明,在一年半的时间里,围绕它所发生的成品油走私多达 1 719 次,涉案金额超过了 16 亿元。它的出现让屡禁不绝的成品油走私呈现新的趋势。

上述解说词配合了一艘游轮由全景到近景、由整体到局部的电视图像。在该期节目的报道中,其呈现为一个独立的段落。

> 缉私系统内部把用于走私的小型改装渔船叫作"蚂蚁",这种千吨级的走私船叫作"中巴",万吨级的走私船则叫作"大象"。从 20 世纪 80 年代开始,成品油走私开始成为一种走私类型。在很长的一段时间里,利用小渔船小量而零散的走私是这类走私的主要特点。缉私人员形象地把它叫作"蚂蚁搬家"。而"中巴"和"大象"的存在让近年来在海上的成品油走私变得更为频繁。

上述解说词是该期节目访谈后紧接的段落。可以看出,两个段落具有完全可以独立表达的意义,相互之间没有相互依存的联系,信息的重复量几乎也是不存在的。两个段落的篇幅都较为短小,中间以访谈图像和现场图像与同期声进行穿插。这样的段落形式是电视新闻深度报道中所常用的。

第二,解说词的创作中应尽量使用短句。通常来讲,解说词的一句话一般在七八个字到十几个字之间。过长的句式不利于声画的配合,同时也会给受众的听觉信息获取造成极大的障碍。长句不利于播音员进行口语创作。例如,播音气息的调整需要停顿、换气,对逻辑重音的把握需要迅速判断,长句会给这些需求造成障碍。因为听解说与阅读文章有巨大的接受差别,人在听觉方面记忆信息的能力较视觉是大幅度减弱的,过长的句子会使受众忘记了句子所描述的主句究竟是什么。例如,2013 年 8 月 23 日《新闻直播间》栏目对比特币的报道:

它依赖网络用户使用计算机按照规定的计算方法进行大量的运算来开采比特币（此处有语病），有点像玩游戏过关。

　　这句解说词共有 42 个字，在实际的传播中，除了"有点像玩游戏过关"外，受众很难听懂其意义究竟是什么。对解说词的简化有这样几种方法，包括状语前置、定语简化、单句转换等，上述解说词可调整为：

　　比特币的开采依赖计算机。这种开采由网络计算机用户完成，同时必须依据规定的方法，有点像网络游戏。

　　调整后的句子由三个短句构成，其中还包含一个并列关系的复句，其实相当于把一个长句拆成了四个短句。有声语言信息传达的明确性就提升了。例如，刚刚提到的有关走私的解说，可以看出其基本以短句的形式出现。如果改成下面的句式，读者可以通过有声阅读的方式试想其传播效果。

　　这艘静静地停泊在汕头港内的叫作闽海油 5 号的游轮是一艘专门用于成品油走私的走私船。这艘走私船在一年半的时间里走私了 1 719 次，涉案金额超过了 16 亿元。它的出现让屡禁不绝的成品油走私呈现新的趋势。

　　通过对比可以发现，长句与短句的传播效果的区别是显而易见的。

　　解说词具有较强的针对性，不论解说词篇幅的长短，其最终的目的是与电视图像共同传达信息。图像编辑的段落与解说词的段落要保持高度的一致。在这些篇幅特点上，解说词与文章有较大的区别，其创作的自由度相对较低。电视解说词创作是集体创作中的一个环节，需要适应各方面不同的制约要素，需要时时进行调整。在口语创作的过程中，解说词表现出不同的声音形象，对其意义的传达也有制约作用。解说词最初的规划可能与电视新闻深度报道表现出来的实践具有较大的差异。

　　2. 语言的形象化

　　解说词以声音的直观形象作为传播手段。这种技术特征要求解说词的语言应是形象化的，是贴近人的生活世界的，而不是概念性的。这种形象化首先体现为用情景来体现趣味特征。沃尔特·翁认为，口语文化往往把概念放进情景的、可操作性的框架里，这些框架只有最低限度的抽象性，就是说它们贴近活生生的人生世界。解说词需要继承这种古老的文化特征，正是由其本身技术性的娱乐倾向决定的。口语作为一种声音，是发生在线性时间里的事件，它是不可逆转的。尤其对于电视口语来讲，单向的传播使受众在获取信息的过程中丧失了提问和再次接受的可能。于是，解说词的创作排斥抽象复杂的概念，青睐容易认知的情景。当然，这种情景特征是创作主体自觉实现的。例如，2013 年 11 月 23 日《新闻周刊》的开场白：

　　观众朋友您好，欢迎打开《新闻周刊》，很多人都以为本周才会公布十八届三中全会通过的关于深化改革的决定，但是上周五傍晚这份决定便与众人见面了。

　　关于会议政策的报道天然具有抽象性，容易使受众感到乏味，上述口语中"打开""上周五傍晚""见面"等词语恰当地缓和了语言的抽象性。这些词语在细节上暗示了一种参与性和情景感。"打开"代替"收看"显现了受众的主动参与，"上周五傍晚""见面"代替了"某时某刻""出台"，塑造了贴近生活的情景。同时，这些修辞的使用是适度的，保留了新闻报道应有的风格。这里需要强调的是，电视口语创作的情景塑造不是夸张的文学修饰，尤其对于新闻报道与评论的口语创作而言更是如此。这种情景体现为对复杂概念、名称的简化，对口语词汇的选择。把语言的抽象程度降到最低、最大限度地贴近生活是情景塑造的目标。

形象化的规范还集中体现在对数字的处理上。电视新闻深度报道中经常会出现大量的数字，尤其是财经类的新闻报道。而数字信息又是高度抽象的，无法用图像进行说明，基本上数字信息传递的任务由解说词来完成。这自然导致了解说的枯燥，影响了其创作的趣味性。受众对数字信息的接受也是完全直接的、被动的，没有思维的空间，很难有准确深刻的印象。特别是量比较大的数字，这些数字在现实生活中不经常使用，受众对之没有直观的概念。于是在很多情况下，受众仅仅是听到了数字而不能迅速地理解其真正的意义。因此，如果数字属于生活中的常用范围，直接使用是没有问题的。例如，"出租车的起步价是10元"，这时数字几乎不会给任何受众带来接受障碍。如果数字巨大，受众比较陌生，这就要求对之进行形象化的处理。例如，2013年"双十一"电子商务销量的相关报道：

纸尿裤销售约6 600万片，以一片吸水量是1 000ml计算，大约能吸干6个西湖。

"6 600万"这个抽象概念距离受众的直观经验较远，人们的生活经验中几乎无法直观感受到这样的量，而"西湖"的概念就相对容易被理解。同时，这种修辞也强化了受众对"数量巨大"这个信息的认知。相比之下，"200万件内裤已经可以绵延3 000千米"这个向直观经验的转化就不太成功，因为"3 000千米"仍然是一个不容易被直观感觉到的概念，如果用"大约为哈尔滨到广州的距离"就会增强其传播效果。

3. 名称使用的规范

人们在日常口语交流和文章写作的过程中，经常使用简化的名称，这样可以节省时间、篇幅，更可以高效地传播信息。简称是一种固定称谓的压缩方法。这种方法是约定俗成的，具有社会广泛认同的基础，因此在交流中传授双方无需解释或稍加解释就能实现无障碍的交流，如"人代会""北大"等。但是在电视新闻深度报道的解说中，这些常用的名称使用方法就无法继续发挥作用。这种功能的丧失主要出于两个方面的原因：一方面，是电视的受众数量巨大，构成复杂，不同的文化背景使许多简称丧失了其使用的广泛认同的基础；另一方面，电视的单向传播使传授双方之间没有互动的机会，也就失去了分歧与费解得到解决的机会。因此，在解说词创作中一般使用规范的名称，如果使用简称往往需要遵循一些原则。

首先，不能随意地创造简称。简称在电视新闻深度报道中的使用必须依据其被普遍认知的程度。例如，"关心下一代工作委员会"不能被称作"关工委"。其次，简称具有明显的时代特征与界限，不能不分对象，随意使用。例如，三四十年前的中国社会流行的很多简称，如"斗私批修""三忠于、四无限"等，今天的年轻人可能就不明其意；而今天流行的很多简称，特别是网络新生的词汇，如"累觉不爱""不明觉厉"等就会给上了年纪的人造成认知障碍。最后，简称具有明显的地域与行业特点，在使用中需要明确其传播范围。有些简称在某些地域、某些行业被广泛使用，大家能普遍认可。但是，如果把它们纳入大众传播中就会造成信息传播的障碍。因此在电视新闻深度报道的解说中，简称应慎重使用，尤其需要明确受众群体，根据不同的情景、内容来决策。

### 4. 叙事角度与人称

根据新闻报道不同的题材、不同的事件结构，解说词创作需要选择恰当的叙事角度和人称。电视解说在传播过程中是一种与受众的交流活动，尽管这种交流往往是单向的。在这个过程中，解说自身的角色与立场对整个交流的传播效果会产生巨大的影响。播报式的新闻报道很多时候采用第三人称的叙事，第三人称叙事被称为"上帝视点"。"上帝视点"凸显其全知的地位，在叙事中时空可以自由地发生转换，甚至对人物心理做出直接的判断。这种视角的报道在形式上较为客观，因为在形式中没有主体人物的出现；但与此同时，全知的视角也会使报道显得脱离现实。

在许多现场报道中，调查性报道经常使用第一人称。也可以说，第一人称视角是深度报道的视角。调查记者通常以"我"或者"我们"的身份参与到事件的调查之中，对事件的叙事也是逐步展开的，是一个"存疑—解答"的过程。这种角度的叙事相对真实、自然、亲切，同时使受众获得一种"在场"的感受。有些第一人称的叙事方式以事件中主体人物的口吻进行，还有些采用第二人称的叙事方式。这两种叙事方式在新闻报道中也经常出现，但是通常不是以解说的形式。主体人物叙事通常出现在访谈段落中人物的叙事中，第二人称叙事往往在被访人物和主持人抒发强烈情绪与态度的时候使用。

### 5. 整体性规范

电视解说面对数量和范围相对较大的受众，在创作和串联的整体上有些需要特别注意的问题。首先，解说词创作关系到报道的整体结构，不能出现逻辑混乱的情况。这种逻辑性一方面体现在段落之间的逻辑关系上，另一方面也体现在语句中的逻辑关系上。例如，在体育报道中经常出现的逻辑错误"XX队与XX队正在展开冠亚军的争夺"，争夺的对象是冠军，而不是冠亚军。再例如，"这件事情出乎大家的意料之外"，有"出乎意料"，也有"意料之外"，而"出乎意料之外"就是典型的逻辑错误。类似这样的错误在报道中并不少见，其隐蔽性较强，需要引起注意。

其次，解说词不能出现明显的常识性错误。同样基于受众广泛的原因，解说词创作是一对多的传播过程。把这个一对多的关系应用到新闻报道的传播过程中，传播主体占有新闻信息的优势，与此同时，也在知识上处于绝对的劣势，因为传播对象在数量上占有巨大优势。例如，在很多地域性很强的知识领域上，某些受众很熟悉的常识可能对于创作者来讲就是新的知识。因此，电视解说词的创作主体需要审慎地对待信息中的每个细节。

最后，解说词中不宜出现情感与态度特别强烈的词汇。语句中除了有事实信息之外，还包含了轻重、褒贬等情感与态度的信息。在新闻报道中，直接表达强烈态度与情感的语句需要尽量规避。解说词本身有自己的规定性，但是解说词创作不能等同于填空。规范更多是具有否定意义的；同时，也在肯定的角度留下了广阔的空间。

解说词创作不仅仅是一个文本写作的过程，更重要的是一个口语表达的过程。很多媒体工作者把口语创作理解为对文本的二次加工。这种思维容易产生文本与口语的断裂，因此口语需要全程参与创作。在当下大量的电视口语创作实践中，对于"逻辑和趣味"关系的处理是不够恰当的。有些体现为过度抽象，认知困难。在电视媒体中，图像承担了部分的形象化的任务，致使创作主体以为口语的任务就是传播抽象信息。于是，解说词变得书面化，成为一种表面性的文字口语。这种情况的产生和主体对解说词创作的认识有关,很多人把解说词创作理解为"有声语言表达"或者"文本创作—声音表达"的过程,这两个过程很可能直接导致作品的"无序"或者"乏味"。电视解说词创作需要文本来保证其逻辑性,这种文本又不同于论文写作,需要趣味性。因此口语创作应该是"口语讨论—文字记录和整理—口语表达"的过程,这种过程保证了解说词对创作的全程参与,显现为一种蕴含主体创作意图的自觉的口语形式。

## 练习题

1. 试分析在电视新闻深度报道的有声语言中,主持人语言、解说词与访谈话语有何功能上的区别。

2. 分析下面的新闻报道中的语言,得出优劣的判断,并进行修改。

  主持人:这个,送快递的时候呢,有些快递员啊,会将同一个楼层的包裹统一堆放在楼层的电梯口。唉,我们来看看这张图,在上海的一栋大楼里面啊,唉,这个嫌疑人张某原本去面试的,但是呢,眼见这一个个包裹放在眼前,这个啊,快递员又不在,于是呢,他对这些快递包裹下手了。

  解说词:张某第一次作案是在去年年底,当时他到一栋大厦内面试。当他无意中瞄到了堆放在电梯门口的包裹时立马生出了贪念。他先是离开观察一会儿,发现无人看管后,又折回来顺手拿走了最上面的一个包裹,转身走进了逃生楼梯。之后检查里面是一部手机,过了一会儿之后,又有一个快递员把一堆包裹堆放在电梯口。张某又顺手从里面偷了一个牛肉干包裹。

  解说词:后来张某又从大楼的四个楼层内盗走了多个快递,可这次他被一名快递员盯上了。在下楼时,被守候多时的快递员和保安当场抓住。目前张某因涉嫌盗窃罪被批捕。

(摘自 2014 年 3 月 13 日 安徽卫视《超级新闻场》)

3. 将下列文字稿新闻报道改编为电视新闻深度报道的解说词。

  **金羊网讯** 广州市公安局新闻办公室今天(3 月 15 日)下午向媒体通报了当天分别发生在天河区和荔湾区公共场所的两宗人流拥挤事件的初步调查情况。

  15 日上午 8 时 31 分,110 台接到群众报警,称在天河区沙河某服装批发市场内有人打架。接报后,天河区警方立即指派民警赶赴现场处置。经处置,10 时许,现场及周边交通恢复正常秩序。经初步调查,事发当时,该服装批发市场内有保安和群众正追赶一涉嫌盗窃的男子,这时部分群众听到"砍人了"的喊声,造成不知情的群众闻讯向四周躲避,引起大批群众聚集、围观。

  15 日中午 12 时 20 分,荔湾区新中国大厦北门通道某摊档有群众因矛盾纠纷发生口角,继而产生肢体冲突,引起周边一些不知情的群众慌忙躲避,一时造成人群挤塞。荔湾区警方接报后迅速派员前往现场处置。12 时 45 分,现场秩序恢复正常。

  目前,警方正对两起事件作进一步调查。广州警方表示,维护社会治安稳定、保护人民群众生命财产的安全是警方职责所在,警方将继续强化各项安保措施,确保平安广州目标的实现。对于故意制造或者散布、传播谣言,扰乱社会治安秩序,制造社会恐慌的行为,警方将坚决依法追究其法律责任。警方提请群众不信谣,不传谣。

(摘自 2014 年 3 月 15 日《网易新闻》)

4. 分析下面的新闻报道,列出关键信息,并思考:哪些信息的传播属于有声语言?在图像资料较为丰富的前提下,哪些信息的传播是电视图像的任务?

　　3 月 15 日,记者来到吉林市高新区芳林幼儿园,看到这里大门紧锁,墙体上"宝宝快乐成长,因为这里有我"的大字格外醒目。家长李先生告诉记者,原本让人信赖的幼儿园发生这种事,真是让人气愤,为了挣钱,竟昧着良心,不顾对幼小孩子造成伤害。家长刘女士的女儿今年 3 岁半,进这个幼儿园快 1 年了,每月 1 200 元左右的费用。看到西安曝出"儿童被服药"事件后,刘女士就问女儿是否吃过白药片,女儿称没吃过药片,说是吃了老师给的"聪明豆",白色的,苦苦的。女儿还告诉刘女士,这是他们与老师之间的秘密,老师曾告诉他们回家不许和爸爸、妈妈说。

　　家长王先生介绍,两天前,他带着 3 岁的女儿去岳母家,在一堆药片中,女儿无意中发现有"病毒灵",她竟称是"聪明豆"。她还告诉爸爸,有的小朋友因为偷偷地把"聪明豆"吐了,被老师发现后罚站了。众多家长到吉林市高新区芳林幼儿园询问情况,而幼儿园声称给孩子们服用的是维生素 C,家长们对此表示质疑,随即吉林市警方开始介入调查。家长蔡女士告诉记者,她在警方调取监控录像时看到,幼儿园的老师在每个杯子边都放了一个白色药片,她认定那就是"病毒灵"。在警方询问当事老师时,老师一直默不作声。

　　王先生说他女儿身体出现不适症状,鼻子时常出血,皮肤痒,不时伴有肚子疼。刘女士和蔡女士也都表示,孩子排便、排尿困难,尿道时常有炎症。家长们分析,幼儿园之所以采取这种做法,主要是担心孩子感冒发烧缺勤。据了解,幼儿园考核老师出勤率,如果每月孩子出勤率高,老师就会得到奖励,而孩子不缺勤,幼儿园也能多挣些钱。"每当我想到这个场景:孩子心目中天使般的老师,把白色的药片放进孩子肉嘟嘟的小嘴巴,嘴里是威逼利诱,我的心都在流血。"一位家长说。

　　目前,吉林市已紧急采取行动,在吉林市儿童医院开辟"绿色通道",免费给在吉林市芳林幼儿园上学的儿童体检。15 日虽是休息日,但记者在儿童医院看到不少孩子在家长的陪伴下前来体检,截至当日中午 12 时,医院接诊 114 名孩子,除个别外,他们各项指标基本正常,专家组正在根据服药情况和孩子的症状研究下一步方案。一位家长告诉记者,他女儿 6 岁了,上学前班了,之前在吉林市芳林幼儿园待了 3 年。他说:"孩子经常出现不适症状,我们以为是个案,没想到,到医院和大家交流后才发现,孩子们的症状都类似,这时我们才恍然大悟。"

(摘自 2014 年 3 月 16 日 海外网 时政部分)

## 拓展阅读书目

1. 书名:《有声语言大众传播的生命活力》
   作者:张政法
   出版社:中国传媒大学出版社

出版时间:2006 年 9 月
2. 书名:《电视解说:安排与处理》
   作者:徐舫州
   出版社:北京师范大学出版社
   出版年:2009 年 1 月

# 第五章 电视新闻深度报道的图像叙事

**教学重点**：掌握图像叙事规律在电视新闻深度报道中的应用，能够从最普遍的时空因素理解图像叙事的优势，同时，把叙事中个体化的形象特征与时空因素的应用结合起来。

**教学难点**：掌握叙事中的时空因素与报道深度之间的联系。

## 第一节 电视图像的基础知识

阅读书籍要了解基本的语言法则，否则无法获得足够的信息。人们对于电视图像的认知也是如此。尽管电视图像是一种直观的信息传达方式，但是电视新闻深度报道对其传播内容提出了更高的要求。电视图像的语言法则是报道体现深度的基础方法。

### 一、电视图像语言的特点

电视图像是电视传递信息的最主要手段，也是电视区别于其他传播手段的特征。形象是图像语言最显著的特点。在文字语言中，词汇被认为是意义的最小单位，其通过抽象的概念的方式传递信息。图像语言更贴近感性事物，通过直观的方式传达信息。图像语言的特点大致有以下五点：

第一，图像语言善于表达形象的信息。在尝试用语言来描述某个朋友的样子或者一所房子的装修时，人们会发现词汇在这个时候显得苍白无力，很难使听者在头脑中建立具体的形象，而一张照片或者一段录像就能非常轻松地完成这个任务。视觉是人们获取信息的最主要的手段，图像通过视觉直接传达信息，在形象表达上占据优势。

第二，图像语言有利于情感的表达。情感在很多情况下是复杂而不确定的，很难用具体的概念描述。中国自古就有"言不尽意"文学批评，也就有了"立象以尽意"的创作要求。形象能更完整地表达情感。例如，通过图像传达一个表情、一个肢体语言都有较好的传情的效果。

第三，图像语言能够打破时空的局限性，传达具有普遍性的信息。不同时代与地域使用的语言千差万别，而人们对于图像的认知却是一致的。因而，图像打破了国家、民族、地理形成的语言障碍。

第四，图像语言不善于表达抽象的信息。视觉形象通常最接近事物的表象，同时也没有经过抽象和提炼，所以抽象的信息几乎无法通过图像语言来传达。例如，要表达在春运期间拥堵在火车站的具体人数，不借助于词汇，单靠图像是无法完成的。

第五，图像语言长于叙事而拙于议论。这是上述特点的一个延伸，因为叙事和议论都是电视节目常用的手法，所以这里单独提出。事件往往是形象的，通过图像来描述可以增加真实感，提升可看性。议论是人们思想观念的表达，是抽象的，需要借助概念、判断和推理来完成，而这个过程是图像语言无法参与的。

## 二、电视图像构图的基本原则

构图就是指在图像当中进行安排和布局，把各种造型元素组织成一个整体，以寻求一个最佳的图像形式，以求最好地表现主题思想。图像有着自己的语法，在拍摄过程中必须掌握图像构成的基本原则。下面介绍一些基本的构图原则。

1. 景别的运用

景别是认识图像的最基本概念，是指由于摄影机与被摄对象的距离不同，而造成被摄对象在电视图像中所呈现出的范围大小的区别。在电视摄像中，景别通常分为五种，即全景、远景、中景、近景、特写。

全景表现被摄对象整体，同时在被摄对象周围保留适度的环境空间。从全景与远景的对比中可以发现，全景有明确的形式的主体与内容的中心。全景强调一定空间范围内的某个具体对象的轮廓及其与周边环境的关系。全景图像把某个物体或者场景的整体信息囊括于图像之中，在叙事中通常用来交代事件发生的环境和背景信息。受众对整体环境的感知是直观的、感性的，这种方式比近景或特写图像的组合更加完整、真实与客观。在电视新闻深度报道中，全景能够更客观真实地再现新闻事件，这一特点使其拥有了重要的记录、介绍事物的功能。通常来讲，全景从形式与内容上都是最丰富的景别。

远景表现巨大的空间范围。通常来讲，远景距离被摄对象较远，往往由广角镜头拍摄完成，视野广阔，经常用来再现自然风光、地理环境以及开阔的环境空间。远景强调对事件的宏观把握，以传达空间环境、整体气势等整体视觉信息为目标。同时，远景图像也能通过构图中形式的安排来着重表现某个局部的重点信息。在电视新闻深度报道中，远景常用于叙事的开头与结尾，或者作为叙事时空转换的过渡。值得注意的是，电视机图像尺寸越小，远景图像的作用就损失得越多。目前来讲，电视机屏幕的尺寸不足以充分发挥远景的功能，因此，在电视新闻深度报道中，远景图像使用得较少。

中景图像再现被摄对象的大部分特征，其中包括主要特征。对于以人物为被摄对象的图像来讲，中景图像是指成年人膝部以上包括头部的图像。与全景相比较，中景图像中主体事物与环境空间的关系降至次要的地位，而主体的动作情节成为最核心的信息。在中景图像中，视线、动作、人与人之间的交流等信息可以被受众清晰地认知。于是，在电视新闻深度报道图像叙事之中，中景景别的应用是相当广泛的，中景以一种人们生活中最常用的适度关注距离来审视新闻事件,既保证了受众集中足够的注意力,同时也体现了新闻报道的客观性。

近景图像再现被摄对象的主要特征。近景图像是指再现成年人胸部以上的图像,再现被摄对象的细节,如人物的表情、物体的质地等。与中景图像相比较,近景图像再现的空间范围进一步缩小,图像内容也更为简洁,环境空间基本消失。这时图像的抒情作用增强,所谓"近取其神"的方法在近景图像中得到应用。近景图像由于其图像空间的近距离指向性,可以被充分用来表现人物具有表现力的局部。在电视新闻深度报道的图像叙事中,近景画面通常用来表现新闻事件中的内在冲突,通过暗示的方法体现新闻事件在情感层面的深度,或者通过对情绪的强化暗示某种观点。

特写用来再现事物的局部特征,对于以人物为被摄对象的图像来说,近景是指表现成年人肩部以上的图像或者身体的某个局部。特写图像给受众造成非常接近被摄对象的感受,通过对细微之处的再现来揭示被摄对象的内部特征及本质内容。特写图像从内容上来讲高度集中,具有放大形象、强调内容、刻画细节等作用,给予受众足够的情感信息。特写图像注重对被摄对象"质"的再现,在电视屏幕上,特写图像表现的细节通常都是放大的效果,于是一种日常生活不常见的视觉信息被展现出来。这时,受众对信息的注意程度会被较大地提升。

全景、中景、近景在电视摄像中运用较多,因为这三种景别接近人们日常的视觉习惯,有利于增强图像的真实性。远景和特写具有较强的主观色彩,能够传达更多的情绪和态度。不同的景别可以引起观众不同的心理反应,形成不同的节奏。全景出气氛,特写出情绪,中景是表现人物交流特别好的景别,近景是侧重于揭示人物内心世界的景别。由远到近的组合形式,和图像的情节发展相辅相成,适用于表现日益饱满的情绪;由近到远的组合形式,适用于表现愈益宁静、深远或低沉的情绪,并可把受众的视线由细节引向整体。景别的变化带来的是视点的变化,它能通过摄像造型达到满足受众从不同视距、不同视角全面观看被摄对象的心理要求。受众在看电视时与电视机屏幕的距离是相对稳定不变的,图像景别的变化使图像形象时而呈现全貌,时而展示细部,时而居远渺小如点,时而占满画框,从视觉感知上使观众或远或近地观看一个物体成为可能。景别的变化使图像具有更加明确的指向性。不同景别的图像包括不同的表现时空和内容,实际上是摄制人员在不断地规范和限制着被摄对象的被认识范围,决定了受众视觉接受图像信息的取舍藏露,由此引导受众去注意和观看被摄对象的不同方面,使图像对事物的表现和叙述有了层次、重点和顺序。对图像景别的调度,实质上是对受众所能看到的图像表现时空的调度。运用不同景别有效地支配受众的视听注意力并赋予被摄对象恰如其分的表现意义,是电视摄制人员的重要创造活动。

2. 图像角度的意义

图像角度是指在拍摄图像时,摄像机与被摄对象之间的空间关系所体现的图像视点位置。图像角度通常由两种因素构成:第一种是高度,是指摄像机与被摄对象之间的高度关系;第二种是方向,是指摄像机与被摄对象之间的方向关系。

高度是指摄像机与被摄对象在垂直面上的位置关系。在距离与方向不发生改变的前提下,高度不同,图像中的环境关系也会发生较大的变化。高度的变化通常体现为三种情况，即平角、俯角、仰角。平角的视觉效果与生活中人们观察世界的角度最为接近，是真实、客观、自然的视角。在电视新闻深度报道图像的拍摄中，最常用的角度是平角。俯角是以上视下的角度，经常具有"居高临下"的意味，在以人物为对象时这种效果更为明显。人物在俯角图像中的高度被压缩了，于是看起来显得矮小。俯角经常用来表达对人物轻视的态度，或者暗示人物处于某种劣势的地位。俯角在再现环境空间方面具有较强的优势和较强的空间感。在电视新闻深度报道中，俯角的暗示功能较少使用，通常其用途是交代事件发生的环境，尤其是具有一定规模、阵势的环境场景，着重凸显空间环境。俯角不同于人们生活中观察世界的习惯，于是在视觉上具有新鲜感，能使图像具有新奇的感受。仰角是以下视上的角度，具有强化高度的功能。仰角图像使近处景物矗立于地平线之上，背景被更多地遮挡，于是图像的主体被更强烈地凸显出来。大部分的仰角图像将地平线处理在画面的下方，图像中纵向的线条具有汇聚集中的视觉效果。在电视新闻深度报道的图像中，仰角的使用较少。

方向是指图像再现事物的水平角度，常见的有正面角度、背面角度与侧面角度。正面角度能最好地表现事物的主要特征，再现人物的完整面部特征与表情动作。在电视新闻深度报道中，经常使用近景与正面角度的结合来体现对象人物的心理，形成一种图像内外的交流感。通常来讲，被访对象的图像都是正面角度。正面角度中的事物显得平淡，缺乏立体感与空间感。在侧面角度中，人物表情的表现不是图像的主要任务，其姿态、动作成为信息传递的核心。在电视新闻深度报道中，侧面角度经常用来表现人物交流与对话的情景，具有交代人物关系的功能。这一角度避开了人物之间的相互遮挡，能够传递出更多的图像信息。在人物或事物众多时，侧面角度比较容易清晰地表达主次关系，使主要对象得到凸显。

背面角度主要运用在有人物活动的图像中。人物的背影虽然在图像中占据一定的空间，但往往不是图像表现的重点。与背景环境相比，背影在图像中起到前景的作用。在电视新闻深度报道中，背面角度是常用的角度。背面角度的视线方向与图像中人物的视线方向一致，强化了受众的参与感与伴随感。在调查性的采访图像中，经常使用记者或者被访对象的背面角度图像。值得注意的是，电视新闻中以背面角度出现的人物一般是指电视新闻摄影的主要对象。在电视新闻的调查性采访中，经常会出现一些人物是以正面面向观众的，此时主要的对象的背面作为前景存在，这一类的图像也归为背面角度的图像。

高度和方向是决定角度的主要因素，两个要素中的一个发生改变，就会对图像的角度产生影响。角度对于表现对象来讲，是事物特征与内容的一种体现。只有多角度的视觉信息，才能较完整地反映事物的特征与内容。在这些角度中，也存在某个最佳角度，最佳角度往往能再现事物的主要特征，传达创作主体的创作意图，体现适度的视觉形式。电视新闻图像的主要任务就是根据角度元素的特征，结合新闻事件的主题去发现并确定最佳角度。

## 三、电视图像构图的常见形式

构图是形式的艺术。电视图像构图应用的许多美学原则大多从绘画继承而来,这些传承多年的原则与方法,体现了视觉造型的普遍规律。这些规律对电视新闻深度报道的图像应用具有指导意义,能够更清楚、集中地传达核心的信息,提升电视新闻的视觉美感。对于电视新闻图像而言,有以下5个常见的形式。

1. 对称的形式

对称是指以图像中的某个点或者线为参照,其周围的事物具有某种形式与内容上的相似关系。也就是说,对象在图像中表现为纵向或者横向方向的基本相似的结构形式。在生活当中,对称事物是非常常见的,如人的身体、传统的建筑样式等。对称的结构具有排列均衡的特点,图像稳定整齐,传达出一种平稳庄重的视觉效果。在电视新闻深度报道中,对称式构图经常被用来表现庄重严肃的场面。例如,在1997年香港回归的大量电视新闻中,对称式构图被广泛地应用,一种庄重严肃的氛围通过形式得到传达。(见图5-1)

图 5-1　对称式构图

2. 平衡的形式

平衡是存在的常态,人们对世界认知的大部分时间都处于平衡的状态之中。平衡是人们感受空间的普通形式,于是图像所再现的空间世界也需要具有平衡的形式。平衡是指以画面的中心为参照,在纵向与横向上具有在色彩、视觉、重量等因素上的均衡的结构。均衡产生稳定,是舒适的视觉形式。平衡与对称在某种程度上有高度密切的联系,对称是一种特殊的平衡形式,对称的平衡依靠形状、数量等方面的相似。平衡则是图像中不同事物之间的对应关系,平衡的事物之间未必具有形状、数量等方面的相似。平衡是受众对图像的一种心理感受,最直观地受到水平线条的影响,通常来讲,在平衡的图像中,地平线等生活中的水平线条是和画框平行的。同时,在平衡中重量和体积的因素是最重要的,如果图像中的某一侧在体积与重量上明显具有优势,图像的平衡就会产生倾斜。除了上述因素外,很多生活经验和视觉习惯也会对平衡产生影响。例如,人物比其他事物更重,运动的物体比静止的物体更重,色彩饱和度高的物体比色彩饱和度低的物体更重,近处的物体比远处的物体更重等。

3. 对比的形式

对比的形式具有突出主体和表现主题的作用。前者是电视构图的一般形式,后者具有更多的隐喻特征。突出主体的对比形式通常体现为主体与环境的对比。在这种形式中,图像所反映的主体事物往往面积不大,图像需要通过视觉引导来实现主体的突出。这些对比包括明暗对比、色彩对比、虚实对比等。对比形式通过有效的反差使图像中的重要信息得到强化。表现主题的对比往往由图像中不同的人物和事物构成,反映事物之间的关系。对比是电视图像中经常使用的构图形式,运用对比的形式可以使事物本身具有的但并不显著的特征得到显现;同时,对比中的事物也产生了变化,具备了更多的形式上的活力。在电视图像中,对比有时通过一个固定镜头来完成,也就是说在同一个视域中进行多个事物的对比;有时通过镜头的运动或者图像的剪辑来完成。下一节的图像叙事会继续讨论这个问题。

4. 呼应的形式

呼应的形式建立在对图像整体观照的基础上,其体现为一种相互联系的对象事物之间的照应关系,因而使图像达到整体性的统一。图像的视点往往是多样的,视点的多样性往往可以使电视图像传达更多的信息,具有更多的活力。但是这种变化必须遵守图像整体性统一的要求,必须强调事物之间的联系、主体事物与环境的关系,而不能是孤立的、被隔绝的。呼应的形式除了注重局部与整体的关系之外,图像中各个局部之间的关系也是其构图的重点。对于电视新闻图像而言,呼应的关系主要体现为新闻事件与背景环境之间的呼应、新闻事件中人物之间的呼应、记者与被访对象之间的呼应。这种呼应需要通过构图形式来实现。例如,访谈中的过肩镜头,以被访对象为图像主体,以记者的背面为前景,这种形式就形成了被访对象与记者之间的呼应关系。在图像运动中,问者与答者的视线方向总是相向的,这种剪辑也构成呼应关系。

5. 简洁的形式

简洁的形式是电视图像构图的最高级形式。电视图像具有瞬时性,于是信息庞杂的图像无法在短时间内被受众所接受。因此,简洁的构图有利于信息的传达。值得注意的是,简洁的形式与简单的形式不同,简洁的形式要求图像在形状、色彩、明暗等方面的形式因素不能过度,通过有规律的形式把最重要的信息传达出来。简洁的形式通过景别、角度与对比等形式实现。如果把绘画比作加法,是向画布上增添事物,那么电视图像创作是减法,是从图像中去除障碍性的信息。对于电视新闻深度报道而言,这种减法不是对再现对象本身的改变,而是通过摄像机进行的一种选择,通过对新闻的编辑对冗余信息进行排除。

## 四、电视图像的镜头运动

1. 固定镜头

在固定镜头中,相对于空间场景,画框不做任何形式的运动。在摄像创作中,固定镜头是指机位、光轴、焦距三个因素都不发生变化时拍摄的图像。固定镜头是静止的造型手段,其关键在于图像依据的画框不做运动。固定镜头的视觉效果类似于绘画作品和照片的形式。因为电视图像有时空连续性特征,具有表现运动事物的特征,所以固定镜头与照片所反映的瞬间性信息又有较大的区别。在电视图像中，人物可以在画框中运动，环境空间也能在色彩、明暗等方面发生变化，这些都是照片所不具备的。固定镜头不仅能够记录和表现静态的对象，同样也能很好地体现图像的内部运动。一方面，固定镜头是电视屏幕画框对视觉形象的限制；另一方面，固定镜头也拍摄了受众的生理与心理机制。画框实际上起到了限制视野、引导视线甚至决定注意程度的重要功能。在生活中，人们通常用"凝视"的方式观察自己感兴趣的事物并且保持一定的时间，电视中的固定镜头暗示了一种高度注意的观看方式，尤其与特写镜头结合使用时更是如此。值得注意的是，即使在运动镜头中，运动开始与结束时的起幅与落幅也都由固定镜头构成。固定镜头是深度观看的基本形式。总的来说，固定镜头具有以下九种特点：

第一，固定镜头有利于表现静态环境。固定镜头消除了画框之外的运动因素的同时，保持了受众视线的稳定，于是图像中的背景环境能够长时间得到观众的注意。在新闻叙事中，固定镜头通常用来交代背景环境、反映场景特征、指示事物的方向等。图像画框的运动会使背景的作用大幅度降低。在运动镜头中，观众的注意力会集中在运动的事物上；相反，固定镜头中静态的环境景物能够得到强化和突出。例如，在《焦点访谈》的一期节目中，新闻报道的环境是青藏高原。在海拔 6 000 多米的环境中，记者声音嘶哑，由于缺氧，话语时断时续。此时，固定镜头中记者的身旁就是记录海拔高度的界碑，固定镜头使受众有足够的时间来关注环境空间。这种方式强化了受众对报道的环境的了解，加深了对新闻事件的理解。在电视新闻深度报道实践中，固定镜头在会议、庆典、事故等事件的报道中比较常用，这类应用通常结合较远的景别交代地点与环境。

第二，固定镜头善于表现静态的人物。静态的人物是指在镜头中不发生比较明显运动的人物，人物的表情、简单的手势等运动被排除在外。例如，新闻采访中的被访对象通常用固定镜头来表现。在这种固定镜头中，被访对象与镜头画框和环境中其他事物之间形成了稳定的结构关系，受众的注意力就会更多地集中在被访对象的身上。例如，2008 年北京奥运会的报道中，颁奖仪式中获得奖牌运动员的图像都由固定镜头来完成。这时的固定镜头结合中景或者近景景别，把运动员的神情，或激动或微笑的细微表情都完整地记录下来。

第三，固定镜头客观地再现图像内的主体运动。固定镜头能够比较客观地记录图像内主体运动的速度和空间变化。运动图像一般对被访对象进行追踪，背景在图像中闪过。由于缺少稳定的参照物，受众无法判断事物运动的空间距离。同样，这种镜头也无法客观地反映运动事物的速度。因此在表现运动事物时，固定镜头的参与是不可或缺的。这种方法在体育比赛的报道中被广泛地应用。例如，乒乓球比赛的交锋过程都由固定镜头来完成，在发球和比赛的间隙才有运动镜头的出现。在跨栏比赛中，跨栏的瞬间也经常通过固定镜头来实现。人们对运动的感知是两个或者多个对象发生了相对位移。在固定镜头中，因为画框运动的消失，背景与画框就成了运动事物的参照物。静止的背景和画框就提供了客观反映主动事物速度和空间距离的标准和尺度。

第四，固定镜头可强化图像动感。固定镜头通过画框的静止与图像内部运动的对比强化图像的动感。"以静衬动"是强化运动的手法之一。运用框架的稳定来衬托运动事物，往往能使对象事物运动的方向、趋势足够的夸张。例如，在拳击比赛中，运用中景或近景的固定镜头表现两名运动员挥拳、出击等动作，就会产生人物部分出画的现象。这时，画框就好像成了双方的擂台，两人的比赛就是在角逐这块屏幕，留在画框里的就是胜利者。在这个案例中，固定镜头比跟随拍摄的运动镜头更好地表现了现场的动感。尽管电视图像都是经过剪辑的，但是固定镜头从形式上避免了镜头运动、镜头的调整，使受众产生了"客观记录"的感受。固定镜头所表现出的客观性，在电视新闻深度报道中能够较好地传达出现场性、真实性等效果。

第五，固定镜头可以提升静态造型的艺术效果。运用线条、形状、色彩、光影等造型元素拍摄而成的固定镜头，是电视图像最基础的审美形式。与美术作品相比，固定镜头体现出了与世界高度相似的特征，真实而同步的视觉效果是电视图像造型艺术特有的优势。例如，中央电视台拍摄的纪录片《故宫》，运用大量固定镜头把建筑艺术的静态美完整地展现了出来。很多专题片如《话说长江》《话说运河》等，也通过固定镜头展现了地理风貌、河流以及珍贵的人文景观。

第六，固定镜头能够抒发低能量的情绪，产生心理暗示。固定镜头能够强化静态的事物，使受众产生安宁、祥和或者是严肃、郁闷等方面的情绪。在电视新闻实践中，可以利用固定镜头在心理暗示中的功能，来为合适的内容服务。例如，对奥运会射击比赛的报道，通常是以中景或近景的固定镜头来表现射击的过程。这种方式强化了射击运动对环境的要求，也在安静中暗示了赛场气氛的紧张，对受众产生足够的心理暗示。依据新闻事件的内容和报道的主题选择适当的图像形式，是使受众产生认可与共鸣的有效手段。固定镜头在造型上的心理暗示，恰恰服务于相应内容与主体的图像表现。于是，在要求安宁、沉着、肃穆等情绪体现和现场感受时，通常用固定镜头来完成。

第七，固定镜头体现客观真实性。固定镜头与运动镜头相比较少具有主观因素，特别是较少具有运动镜头所体现的指向因素。运动镜头的最明显特点是进行推、拉、摇、移的运动时，受众看到的结果就是摄像机主动选择拍摄内容的结果。这使创作者的主观意图通过电视屏幕传达了出来，于是受众就产生了在被动中接受信息的感受。固定镜头虽然也是创作主体意图的反映，可是受众看到的图像是一种静态的结果，在形式上满足了客观真实的要求。在观看电视的过程中，受众的注意力集中于图像内容，静态的画框形式就很容易被忽略，使受众真正地投入到内容之中。

第八，固定镜头带给受众久远的时间感受，体现历史感。从图像所表现出的主观时间来看，运动图像能体现当下，而固定镜头则体现过去。运动镜头通过视点的变化、对事件的追踪等方式体现了一种现场感，而固定镜头则有利于展现回忆场景、历史资料等内容。中国古代的绘画理论中就有"近动远静"的说法，其核心在于静态的图像符合人们对往事的心理感受。

第九，固定镜头具有一定的局限性。固定镜头受到画框的限制，于是始终只能保持单一的视角，这不利于全面地传达对象信息。对于新闻报道来讲，几乎是无法完全通过固定镜头来完成的。同时，固定镜头对运动范围较大的对象也无法给予恰当的再现，这一点是固定镜头最明显的局限性。例如，在拍摄足球比赛的现场时，就需要通过镜头的运动来对足球进行追踪。另外，固定镜头无法再现复杂的空间及运动。固定镜头对再现事物内部的复杂结构是无能为力的，如山洞、地道等空间环境。

## 2. 运动镜头

镜头运动与图像运动不同。图像运动包括电视机屏幕内所有的运动，包括被摄对象的运动、画框的运动以及图像剪辑。镜头运动不包括被摄对象自身的运动，而运动镜头则把图像剪辑的因素也排除在外。因此，这里讲的运动镜头指的是指一个镜头内的摄像机运动引起的画框的运动。运动镜头由推、拉、摇、移四种基本运动形式构成。这里结合四种运动模式讨论运动镜头在新闻报道图像中的应用。

第一，推镜头是由摄像机向被摄对象方向运动或者镜头焦距由短到长变化形成的运动镜头。推镜头形成了视觉前移的效果，图像向被摄对象方向接近，视点前移，形成了从远景别到近景别连续显现的运动效果。推镜头具有明确的目标对象，它的向前运动不是漫无目的的，而是具有明确的终止目标，这个目标决定了镜头推进的方向和最后的落点。在推镜头中，被摄对象由小变大，而环境空间由大变小。

推镜头能够突出主体人物，使主要的信息得到强化。这个强化的过程是干扰信息逐渐排除、主体信息逐渐放大的过程。在这个过程中，细节信息也得到强化，通过强化细节信息突出重要的叙事情节。单一的特写图像无法交代细节与事物的整体联系，推镜头可以弥补这种缺陷，在一个镜头中介绍整体与局部、客观环境与主体人物的关系。推镜头推进速度的调整影响整个图像的节奏感，从而对受众产生情绪暗示。平稳而舒缓的推进能够体现安静、祥和、神秘等氛围；反之，快速而具有节奏变化的推进能够体现紧张的氛围。在电视新闻深度报道中，经常利用快速的推进来体现具有强烈冲突的新闻事件。

第二，拉镜头是由摄像机向被摄对象反向运动或者镜头焦距由长到短变化形成的运动镜头。拉镜头形成了视觉后移的效果，图像从被摄对象方向远离，视点后移，形成了从近景景别到远景景别的连续显现的运动效果。

拉镜头有利于表现主体事物与环境之间的关系，首先交代了被摄对象的主要信息，通过视线后移，逐步把环境景物纳入画框之内，于是主体事物与环境的空间关系首先被显现出来。在电视新闻深度报道中，拉镜头通常用来交代某人处于某地的地点信息。拉镜头的图像取景范围和再现空间是从小到大的扩展过程，这使得图像的构成发生了多样的变化。拉镜头是一种纵深空间变化的图像运动，可以在一个镜头中保持图像再现时空的完整性和连贯性。在这种连贯性中，内部节奏由紧张到松弛，能使情感获得延伸，产生更多的情感暗示。值得注意的是，在电视新闻深度报道中，拉镜头常常用作结束性的镜头。图像表现环境空间的延伸使主体事物形成远离的效果，这种远离暗示了叙事的结束。电视新闻深度报道要求叙事的真实性，拉镜头有时可以取代图像剪辑进行小幅度空间环境的转换，从而保持视线的连续，体现真实感。

第三，摇镜头是摄像机机位不动，以原地为轴心做圆周运动拍摄而成的镜头。摇镜头的运动形式是多样的，包括水平角度的摇动、竖直角度的移动、速度均匀的圆周运动、带有停顿的间歇摇动、各种倾斜角度的摇动、速度极快的甩镜头等。不同形式的摇镜头具有不同的图像语义。

摇镜头善于展示空间，能够扩大受众视野。电视图像本身受到框架的限制，受众视野受到了较大的局限。而运用广角镜头拍摄的图像往往产生变形，不符合新闻报道客观真实的要求。于是摇镜头在新闻报道中应用广泛，它突破了视野的局限，丰富了新闻报道的视觉信息。摇镜头允许在新闻报道中使用较近景别的图像。为了符合新闻报道客观真实的要求，通常来讲，新闻图像多使用与人眼视角接近的标准镜头。这种焦距的镜头能使图像最接近生活中的视觉效果，但标准镜头对人物或事物的再现需要较近的距离，否则无法传达足够清楚的信息，而近距离又使环境信息收到减损，这时摇镜头就能发挥开阔视野的作用。摇镜头通过运动使同一场景中的不同主体产生内在的联系，这种联系经常用来进行暗示、对比。例如，从高楼大厦摇到未拆迁的棚户区，从工厂的排污出口摇到水面上的死鱼。这些镜头都在向受众暗示不同主体之间的内在联系。

第四，移镜头是指摄像机的整体移动拍摄而成的镜头。由摄像机运动构成推镜头和拉镜头都是属于特殊的移镜头。这里说的移镜头指的是规律性较低的摄像机移动。在电视新闻深度报道中，运用最多的移镜头是跟踪镜头。跟踪镜头有时跟踪人物，有时跟踪事件。

跟踪镜头能够连续而完整地再现运动物体的状态变化，既能够突出主体，同时也展现了运动的方向、速度等因素。跟踪镜头随被摄对象一起运动，这时图像中环境发生多样的变化而主体保持较长时间的一致性，此时主体具有引导的效果。在调查性新闻报道中，经常使用跟踪调查记者进行运动的镜头，这种跟踪镜头的重点在于通过记者的运动展现事件发生的环境。跟踪镜头经常从人物背后进行拍摄，这时由于视点的统一形成了主观镜头。主观镜头有时有任务背面作为前景，有时只面对环境事件。这种跟踪通常伴随小幅度的晃动，以体现人的移动，模拟真实的运动。跟踪镜头的这种表现人物、环境及事件的方式，使其在纪实性的节目特别是新闻报道中具有重要的作用。这种方式使受众融入事件之中，成为事件的现场目击者，同时，又表现出客观的姿态和一种旁观者的视角。

## 第二节　图像叙事的时空因素

上一节学习了电视图像的基本知识，本节通过时空因素来讨论电视图像与新闻叙事之间的关系以及图像叙事如何从真实、在场、趣味等方面综合体现电视新闻报道的深度。

### 一、图像叙事的时间因素

图像叙事的时间因素体现了叙事"真实"的基本特征。人们在时间中感知世界，但在被动接受刺激的过程中，时间似乎总是被遗忘的。而在主动地认识世界的过程中，时间作为一种尺度则呈现出来。例如，一个人处于冰冷的痛苦之中，而对这种冰冷痛苦的持续时间的认识往往建立在对痛苦反思的基础上，从而成为衡量痛苦的一种标准。因此，时间不仅仅是人们认识的尺度，同时也是一种价值尺度。两种尺度在电视新闻深度报道的叙事中体现在创作和接受两个不同的层面上。

人们似乎早已习惯了用时间来衡量工作的价值，工作效率正是从时间的尺度上对工作价值作了基本的规范。在电视新闻深度报道的图像叙事中，工作效率所蕴含的两个要素都与时间有关。工作效率一般是指工作投入与产出之比，通俗地讲，就是在进行某任务时，取得的成绩与所用时间、精力、金钱等的比值。在图像叙事中，投入和产出的比值可以简化为一个时间的比值，也就是说，人们可以通过事件时间和叙事时间的比值来衡量叙事效率。最通俗地讲，为讲述一个多长时间的故事花费了多长的时间这个问题反映了叙事效率。例如，一部名为《圣雄甘地》的电影，用两个多小时讲述了六七十年的事件；一部名为《罗拉快跑》的电影，用一个多小时讲述了二十分钟的故事。这些都反映了叙事效率。在电视新闻深度报道中，图像叙事时间和事件时间的比例往往没有艺术作品那样夸张，但叙事效率依然是电视新闻深度报道创作的重要尺度。与纸质媒体的文字叙事相比，图像的叙事效率是较低的。因为电视新闻图像本身几乎都存在于时间之中，一般来讲，电视新闻图像都从点和段两个方面受到了时间的限制。所谓点的限制，是指电视新闻图像所反映的内容要发生在某个特定的时间点；所谓段的限制，是指电视新闻图像反映的事件都有一定的时间长度。

举例来说，阅读"北京市暴雨已经持续了四个小时"这句话一两秒就够了，传达了"持续四个小时"的事件信息，而图像就无法具备如此高的叙事效率。例如，2010年11月1号，人民网报道：

"坠入爱河"的时间大概仅需1/5秒，而非一些人所认为的用以慢慢培养感情的6个月。另外，12个大脑区域在恋爱期间会协同工作，分泌诱发愉悦情绪的激素，如多巴胺、肾上腺素、加压素等。而热恋给人的感觉就像是在吸食可卡因。

报道中涉及的"1/5秒""6个月"这些时间概念都很难通过图像叙事来表达。图像叙事通过直观传递信息，因此对于人们无法通过感官直接经验的时间的叙述总是显得困难。而对那些很长或者很短的时间表达，往往需要借助图像的运动来完成，这一点后面会详细介绍。

对于图像叙事而言，其对时间的展现并非没有优势的。它的优势体现在其叙事过程能最真实地接近人们对世界的认知，使用受众最熟悉的时间尺度再现新闻事件。这一点和新闻报道对真实性的要求在部分的层面上是具有一致性的。依然和文字叙事进行比较。文字语言的基本单位是字词，而字词只能表达概念，如"学生"，而"学生"本身并不包含时间因素。文字叙事只有形成陈述句型才有可能体现时间因素。例如，"学生们都走出了教室"，虽然不准确，但上述句子体现了大致的时间因素。而对于电视图像而言，其最基本的单位是"镜头"，而所有的镜头都包含了时间因素，因为镜头本身是有时间上的长度的。大部分的电视新闻图像中，每个镜头的叙事都和新闻事件的发生在时间上具有高度的一致性。从文字和图像的基本单位出发，图像叙事的时间因素体现了真实的基本特征。这种时间的真实建立在两种时间类型相互作用的基础上。

钟表记录与显示的时间与人们感受到的时间是有区别的。有时，一分钟会显得漫长而难以结束；而有时，一两天在不知不觉之中就消失了。人们感受到的时间并不总是和钟表时间相吻合的。由钟表测量出的时间恰当地被称为"钟表时间"或者"客观时间"，人们所感受的时间被称为"心理时间"或者"客观时间"。

客观时间通过有规律的变化而被测量。时钟指针的周期性运动是测量时间的一般状态。在现实生活中，对客观时间的认知往往建立在视觉图像的基础之上，如春夏秋冬的四季变化，清晨、黄昏的早晚客观变化，甚至天体的规律性运动等。这些具有统一性和周期性,同时可被观测到的变化都可以用来测量和认知客观时间。在这个意义上,图像叙事又一次体现了它表现时间的优势。人们对客观时间的认知带有强烈的功利性目的,只需要回忆一下自己看表或者询问时间的经历就会发现这一点。看表通常可能有两个目的:一是距离某个时间点还有多久,如在无聊乏味的课堂上看表或者新年到来之前看表;二是确定一件事经历了多久,如蒸米饭时的计时或者运动会上的百米赛跑计时。这就说明客观时间具有工具性,作为一种认识世界的尺度而存在。而主观时间则让人难以确定。两个小时的英语考试对于考生来讲时间几乎在飞逝,甚至对于那些专注于考题的同学来说,时间是不存在的;而对于监考老师来说则显得漫长。从生活经验中就可以得知,人们对事件的专注程度越高,其持续时间就会显得越短;对事件的专注程度越低,其持续时间也就会显得越长。而在极度专注投入某件事情的时候,主观时间就会消失殆尽,如陷入极度兴奋或者恐惧的状态或欣赏一部让你泪流满面的电影时。在这个意义上,主观时间可以作为判断价值的尺度而存在。

客观时间和主观时间具有不同本质,主观时间不是客观时间的一部分。上文说过,无论是主观时间还是客观时间,都必须在对事件的认识或者反思中存在,也就是说二者都反映了事件本身的性质。客观时间是从量的角度描述事件,而主观时间则从质的方面给予事件价值判断。理解了这个问题,就会发现客观时间与主观时间属于不同的范畴,之所以主观时间显得难以把握,主要是因为人们在用客观时间的标准来衡量主观时间,用量的多少来衡量质的高低。美国学者赫伯特·泽特尔用坐标来描述叙事中客观时间与主观时间的关系。①

图 5-2 客观时间

客观或时钟时间的发展用横向矢量表示。客观时间是以数量衡量的。(见图 5-2)

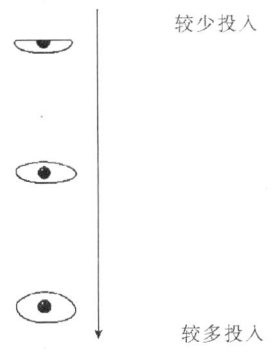

图 5-3 主观时间

---

① [美]赫伯特·泽特尔:《图像 声音 运动:实用媒体美学》,赵淼淼译,北京广播学院出版社,2003年版,第 213 页。

主观时间的强度用纵向矢量表示。这一"深度时间"是以质量衡量的。（见图5-3）

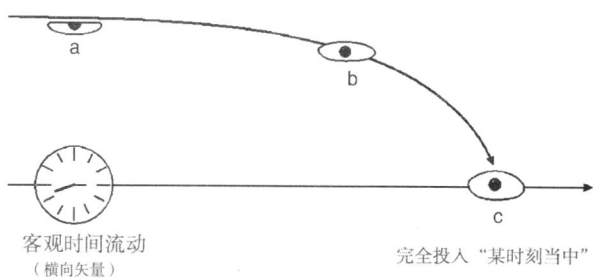

图5-4 客观时间与主观时间的关系

当完全不投入某件事时，主观时间矢量(a)几乎与客观时间平行。但随着人们对该事件投入的增加，主观时间矢量(b)变得越来越陡，当完全投入时，主观时间矢量(c)不再占据横向客观时间矢量上的任何空间。主观时间矢量达到了时间的零点。（见图5-4）

赫伯特·泽特尔的坐标清楚地描绘了客观时间与主观时间的关系。在深度报道的图像叙事中，客观时间反映了报道的时长，而主观时间部分地反映了报道的深度。第一章曾经谈到电视新闻报道深度在传播效果上体现为受众对事件之间联系的认知与思考，这种效果是从质的角度衡量的结果。也就是说，当新闻报道能使受众完全投入到"某个时刻当中"进行一种思考或感动时，那么报道的深度也就得到了显现。一般来说，媒体对新闻事件进行的图像叙事从时间上可以分为三种，即静态叙事、深度叙事与创造叙事。

所谓静态叙事，是指以完全外在的视角观看新闻事件，尽量避免或者减少对事件的参与。此时，电视新闻的目标是用记录的形态最直接地反映客观事件。也就是说，从整体上看，电视新闻报道的时间与新闻事件经历的时间是相同的。在这种叙事方式下，媒体需要时刻跟随新闻事件的发展，能对新闻事件发展的高潮做出大致的预期。值得注意的是，静态叙事需要媒体与新闻事件保持足够的距离，受众需要在电视机前以一种置身事外的姿态和角度来认识事实。在图像叙事中，静态叙事往往使用远景镜头，即使是必要的特写细节也通过长焦镜头来完成；叙事以连续的长镜头为主，尽量避免使用蒙太奇叙事，而隐喻、象征等视觉修辞在静态叙事中是被禁止的。

所谓深度叙事，是指贴近性地观看，强调媒体对事件的内在的参与。媒体需要通过图像反映新闻事件的内部结构与外部结构。受众此时不再是一个远距离的旁观者，通过对相关事实的整理使所报道的新闻事件在时间上产生足够的延伸。这样，事件的前因后果都会以历史或者预测的姿态呈现出来。这种叙事方式要求媒体对新闻事件的背景有足够的了解，对新闻信息的捕捉有足够的预期。在图像叙事中，深度叙事强调段落之间的衔接，经常通过细节强化某些重要信息。

所谓创造叙事，是指只针对屏幕事件，不涉及新闻事件的背景及预测信息，在叙事过程中强调情感与态度因素，把新闻报道的倾向性融入叙事之中。创造叙事在不改变事件发展顺序的基础上，通过对节奏的调整来实现自己的意图；在不违反新闻伦理的前提下，可以通过剪辑节奏的变化,表现一个与实际事件节奏完全不同的叙事。在图像叙事中,近景镜头和特写镜头会被大量使用,通过细节对受众进行暗示,达到传达某种观念的传播目的。

在电视新闻深度报道中,图像通常不能承担起叙事的全部任务。这主要是受到时长和素材的限制,更多概括性与解释性的叙事都由解说词来完成。于是电视新闻深度报道中图像叙事的部分往往是新闻事件的某个部分,这些图像叙事一方面为解说词叙事提供证据支持,另一方面集中展现事件冲突的高潮部分。

例如,2013年10月25号《焦点访谈——富豪相亲记》调查报道了近几年频繁出现的所谓"富豪相亲"活动:

> 解说词:从去年5月20号开始,全国很多城市出现了许多这样的相亲活动。在活动现场,短裙、丝袜、高跟鞋、礼服,几十上百位美女个个都化着靓妆,香水味飘满了屋子,完全不亚于一场场选美大赛。

解说词首先表达了图像显示内容的一般性意义,其次对图像进行了简单的概括与延伸。该部分图像交代了相亲现场的基本情况。从全景镜头开始,然后逐步展示了参加相亲的女性的近景图像,同时,选取了母亲带孩子来相亲的画面,其中有一位相亲者还是高中生。这些具有代表性的图像,集中体现出热衷于"富豪相亲会"的女性不在少数。图像配合节奏明快的音乐使受众对所叙述事件有了初步直观的认识。此时,图像叙事基本属于静态叙事的范畴,远景与全景居多,近景画面持续时间较短。在该部分,解说词承担了叙事的主要任务,而画面的信息起到证据的作用。(见图5-5、图5-6)

图5-5 "富豪相亲会开头图像"1　　　图5-6 "富豪相亲会开头图像"2

一场相亲活动长达数天,该期节目只用了简短的几分钟便完成叙事,这首先是高效的叙事节奏。这与解说词参与主要叙事密不可分,同时图像的选择也体现了事件进行过程中的阶段性。

> 解说词:……参加海选的诸多女性,漂亮的、青涩的、婉约的,什么样的都有,可似乎都入不了主办方的法眼。更奇怪的是,一场场海选下来都变成了美女们的独角戏。主办方声称有近百位富豪委托相亲,可现场却不见任何一位所谓富豪的踪影。

接下来的报道开始揭露"富豪相亲会"只是一场骗局,同时叙事上选取的图像也更加具有代表性。通过特写与近景镜头展示相亲会设置的各个环节,如"整理行李箱"考试(见图5-7)、"相面"(见图5-8)、"中医检查身体"等。这些画面的选择一方面概述了整个相亲会的各个环节,另一方面也在暗示相亲会只是一场骗人的闹剧。这时,叙事的主要任务由图像承担,解说词起到对解释的作用,因为"相面的先生""询问的考官""检查的中医"这些人的形象和嘴脸发挥了最大限度的暗示功能,也是信息传达的关键所在。

图 5-7 "整理行李箱"考试　　　　　　　图 5-8 相面

该期节目的图像叙事经历了一个由静态到深入的过程,在节目的后半部分采用了许多漫画来表述节目的观点,同时通过访谈画面来论证观点的普遍性。这些不属于叙事的范畴,展现了图像参与论证的另一个功能。

在图像叙事中,要把握叙事效率。对于静态叙事来讲,往往要求高效,用较短的时间概括较长的事件;而对于深度叙事和创造叙事来讲,主观时间成为其价值尺度,在客观时间上其叙事效率往往较低。电视新闻深度报道的叙事通常通过几种方式有规律地结合完成。

## 二、图像叙事的空间因素

1. 空间因素的含义与类型

图像叙事的空间因素体现了新闻报道"现场"的基本特征。空间是人们感知世界的前提。康德认为:"空间无非只是外感官的一切现象的形式,亦即唯一使我们的外直观成为可能的主观感性条件。"①人们通过空间条件获得经验的实在性,而视觉又是最直接的把握空间的感官,于是图像叙事以最接近现场的方式向受众传达复制的信息。现代技术更使受众获得以新闻事件为对象的现场的体验。电视通过二维屏幕制造模拟三维空间,受众实质上在幻觉中体验空间的真实。电视技术作为一种空间表现形式的载体,具有其自身的艺术性特征。因为空间体验从来都不是一种判断和推理的形式,而仅仅作为一种直观形式存在,在这一点上任何空间叙事都具有与艺术表现相同的本质。电视是一种再现性的艺术载体,其再现的核心恰恰是视觉空间。当然,在图像叙事中,电视再现的是时空与冲突的综合,而其中塑造现场的任务必须由空间的展示来实现。在电视叙事中,时间的变化也是通过视觉空间来实现的,如时钟的走动、四季的更替等,于是在电视图像叙事中的空间因素是综合性的。

电视图像叙事的空间可以分为三个基本类型,即物体空间、环境空间、心理空间。三种空间之间一方面呈现由局部到整体的关系,心理空间由物体空间与环境空间的运动构成,另一方面也各自承担着不同的任务。

物体空间指的是图像中主体所占据的空间。主体是指图像所表现的最主要事物,是图像内容和形式的聚焦。在这个意义上,物体空间是指图像主体的实际体积。例如,图像

---

① [德]康德:《纯粹理性批判》,邓晓芒译,人民出版社,2004年版,第31页。

再现了海面上的一艘巨轮,这时巨轮本身的体积大小是图像叙事的重要任务,而这种任务的完成仅仅依赖有限的电视屏幕是很难实现的。通常来讲,人们通过三种因素来判断物体空间,即关于物体的知识、与图像区域的关系和参照物。如果图像中的物体是常见的、被人们所熟知的,那么人们会自动地将屏幕图像理解成这个熟知的物体大小,而不受该物体与屏幕区域的关系的影响。例如,图像中的天安门无论是处于远景或是近景之中,都不影响人们对其所占空间的认知。许多电影通过按比例缩小的模型来表现宏大的场景,所展现的物体空间创造了一种幻觉中的真实。如果图像中展示的物体是陌生的,则人们倾向于通过物体占据屏幕区域的多少来判断其大小。如果它占据了很大一部分屏幕,人们认为它较大;如果它只占据了很小的部分区域,人们则认为它相对较小。另外,人们通过图像中的其他物体来判断物体空间。这种作为参照物的物体通常是人们所熟知的。例如,在电影《金刚》中,受众通过图像中的摩天大楼来判断金刚的体积。在上述三种因素中,关于物体的知识是叙事者不可控的,而与图像区域的关系和参照物都是可控的,二者共同建构了第二种类型的空间——环境空间。

在图像叙事中,环境空间有着非常重要的地位。它通常用来交代事件发生的时间、地点、人文地理特征等因素。交代环境空间几乎是所有图像叙事的首要任务。电视屏幕的大小对环境空间的交代有着重要的影响作用。在大屏幕的高清电视中,即使在远景画面中,事物的主要特征也能被有效地认知;而在小屏幕的电视中,远景画面几乎就丧失了传递具体信息的能力。对于电视新闻深度报道的图像叙事而言,环境空间的交代通常有两种常用方式,即演绎方式与归纳方式。这里的演绎与归纳不同于逻辑中的演绎与归纳,不含有特殊与一般的逻辑关系。演绎方式是指从整体到局部的环境交代方式。一般来讲,演绎方式从一个大全景开始,然后通过推进或者一系列镜头逐渐运动到最后的特写的细节。这种方式对于大屏幕来讲很合适。在大屏幕中,远景镜头和长镜头的结合使用能很好地展示情景和画面细节,使受众对环境空间有清楚的认识;同时,长镜头的使用契合了电视新闻客观真实的要求。归纳方式是指从局部到整体的环境交代方式。通常来讲,归纳方式从重要的、具有代表性的细节开始,然后连续使用能够最佳表达整个事件的视角的细节特写镜头。为了理清诸多特写镜头之间的关系,最终需要一个较远的镜头来结束这种归纳性的环境交代方式。这种方式适合小屏幕使用,一方面,通过特写镜头交代细节的环境信息,最后的较远的镜头仅仅起到交代关系的作用;另一方面,有利于悬念的设置,因此,其在图像叙事中被广泛地使用。

美国学者约瑟夫·弗兰克在他的《现代文学中的空间形式》中创造了"空间形式"这一极具活力的概念。所谓的空间形式是指对文本的时序设置与情节关系的一种象征和隐喻的表达。他的研究指向语言的空间形式、故事的物理空间和读者的心理空间三个维度,从语言、结构与读者感知三个方面展开。对于电视图像叙事而言,电视画面是主要的语言方式,这种方式以镜头为基本单位,是直接指向物体空间的;故事的物理空间对应上文所讲的环境空间,是事件发生的场所与人文地理环境的综合;而叙事空间的最内在含义恰恰在于弗兰克所说的第三个方面——读者的心理空间。读者心理空间的塑造依赖于语言和故事空间的综合。在图像叙事中,受众心理空间的体验通过视觉空间的暗示来实现。较文字语言而言,图像语言的心理暗示更容易实现。

## 2. 图像空间的修辞功能

电视图像本身就是通过二维平面来模拟三维立体。摄像机是对人眼光学系统的模拟。在电视图像中,通过重叠平面、相对大小、平面高度、线性透视四个方面塑造立体图像。在焦点透视的基础上,图像语言进一步发挥其修辞功能,从最基本的单位创造心理空间。

首先,选取对于电视新闻深度报道来说最具应用价值的图像概念——景别来进行讨论与讲解。前面提到了电视屏幕上的景别分为远景、全景、中景、近景、特写五种,五种景别体现为由远及近的关系。首先,景别反映了物体在画框中的大小,其次,取景的程度也通过主体与画框边缘的关系影响观众的心理空间。一般来讲,景别越近,对受众的暗示程度越强,受众会对特写和近景中的事物产生更多的注意,同时从情绪上扩展自身的心理空间。这种感觉来源于人们日常的视觉习惯。以人物为例,生活中相距观察者至少两米以外的人看起来是全景景别;相距一米左右时,呈现为中景景别;相距半米左右时,呈现为近景景别;而特写则几乎需要把脸贴到对方脸上。生活中对陌生路人的观察几乎都是两米以外的,在这个景别中的人物通常是与自己无关的;相互熟识的人才会在近景景别中观察对方;而只有双方发生密切的关系,如亲密的恋人或不共戴天的仇人,才会产生在特写中观察对方的可能。在观看电视屏幕的时候,受众会不自觉地保留这种视觉习惯。受众的视野集中于电视屏幕的画框之内,对于周围的其他物品则几乎忽略了。于是在图像叙事中,特写镜头常常用来表现主观性较强的情节,如时间发展的高潮。而全景和中景则多用于静观的叙事方式。例如,在电视新闻深度报道的访谈镜头中,记者图像的景别通常会比被访对象的图像景别更远一些,这就是在暗示被访对象是图像叙事的重点,从而引起受众足够的注意力。有时记者的图像采用以被访对象为前景的方式拍摄,以强化上述的暗示功能。(见图 5-9、图 5-10)

图 5-9 《新闻调查》被访对象画面　　图 5-10 《新闻调查》记者画面

在电视图像的五种景别中,远景图像也具有较强的暗示功能。远景图像的暗示功能需要通过图像运动或者特殊的构图方式才能获得。在生活中,人们很少关注远景图像中的某个人或事物,除非与之产生强烈的联系。例如,人们会目送自己的亲友到很远的地方。但是,在电视屏幕中如果没有视觉引导,受众很难对远景中的某个人或者事物产生足够的关注。在电视新闻叙事中,最常用的手法就是从近景景别到远景景别的运动图像。景别在叙事中还有反映事件矛盾冲突关系的作用。这种方法在电视新闻深度报道的叙事中尚乏善可陈,现在借助戏剧化的电影叙事来说明这个问题。

在电影《海上钢琴师》中,钢琴师与谢利比琴的场景是通过景别反映冲突关系的经典案例。该段落展现了钢琴师与谢利三次比琴。前两次谢利取胜,在冲突中占有较大的优势,钢琴师处于劣势的地位。在这个阶段,谢利的所有图像都比钢琴师的图像更近,使受众产生一种谢利处于强势的心理暗示,此时受众的心理空间得到了足够的扩张,对画外空间产生了足够的联想。当第三次比琴钢琴师取得逆转之后,景别关系就发生了互换。当然,这种景别的区分对受众产生的是潜在的影响,是艺术创作的高级手段,对于电视新闻报道,尤其是深度报道而言,具有较大的借鉴意义。以下为该场景开场时对冲突双方的展示,一方面体现了强弱关系,另一方面也暗示了冲突在加剧。

谢利首次出现,全景。(见图 5-11)

图 5-11　谢利首次出现

钢琴师的回应图像,远景中很难发现人物。由于电影银幕巨大,该信息的传递是有效的。(见图 5-12)

图 5-12　钢琴师的回应图像 1

谢利的特写,刻画心理,暗示冲突加剧。(见图 5-13)

图 5-13　谢利的特写

钢琴师的回应图像,近景,保持比谢利图像景别更远。(见图5-14)

图 5-14　钢琴师的回应图像 2

景别的修辞功能还体现在物体与画框之间的关系上。通过对镜头中人或事物位置的调整,可以暗示人物关系、反映人物心理和预示事件发展。在审美意义上,图像的四边具有一种吸引它们近处物体的磁力。画框磁力可以强烈到与人们地心引力的自然反映相抵消的程度。① 画框的磁力在电视图像中通常通过头顶空间、侧边拉力两个方面表现出来。

头顶空间过小的近景画面使人物看起来封闭而木讷。这是因为人的头部看起来像是被黏在了屏幕的顶边,通常需要留出一些头顶空间来减小屏幕顶边的磁力拉扯。但是如果留的空间过多,由于地心引力拉扯和屏幕底边磁力的组合,头部又被推至画框的下半部。在电视屏幕中,近景人物的眼睛处于图像纵向 2/3 的位置是合适的,这样可以留出恰当的头部空间。在电视图像中,由于侧边的磁力拉扯,全景或远景画面中的人或事物之间的距离会看起来更远。例如,在电视新闻访谈中,主持人和嘉宾之间的距离控制就需要考虑侧边拉力的作用。如果两人分别紧挨侧边,那么两人之间就会有强烈的疏远感。在强调客观性的电视新闻图像中,两人分别处于横向 1/3 与 2/3 的位置是恰当的。人们也可以从《新闻联播》中发现这一规律。

图像运动创造了叙事空间的真实。莫里斯·梅洛-庞蒂认为,当考察处于运动状态的身体时,人们能清楚地了解到身体是如何寓于空间中的,因为运动不仅限于被动地接受空间和时间,它还主动地接受空间和时间,在其最初的意义中再现空间和时间,虽然其最初的意义已经消失在已经获得平凡的处境中。② 电视图像的运动使受众接近在场,体验新闻事件所处的空间,这种体验通过视觉图像的运动实现。通常来讲,人的视觉只能从某个固定的角度观察事物,于是人对世界的全面认识建立在运动的基础上。例如,判断一个苹果的好坏,需要把它握在手中调整各个角度观察;欣赏一座建筑,经常需要围绕它转动观看。没有哪个特定角度的观察能全面地反映对象的空间信息。于是,图像运动创造了叙事空间的真实。电视图像的运动分为一级运动、二级运动和三级运动。一级运动指的是图像内部的运动,如人物在图像中的走动;二级运动是指摄像机的运动,在电视图像中体

---

① [美]赫伯特·泽特尔:《图像 声音 运动:实用媒体美学》,赵淼淼译,北京广播学院出版社,2003年版,第 92 页。

② [法]莫里斯·梅洛-庞蒂:《知觉现象学》,姜志辉译,商务印书馆,2001 年版,第 141 页。

现为镜头运动;三级运动是指图像的剪辑,又被称作蒙太奇。

与电影、电视剧中的场面调度不同,电视新闻深度报道的图像叙事要求对新闻事件尽量减少干预,于是电视新闻深度报道图像叙事的一级运动对于新闻摄像来讲是不可控的。但这并不意味着新闻图像叙事不需要考虑一级运动。一级运动由三个基本方向的运动构成,即横向运动、纵向运动与深度运动。对于电视新闻深度报道来讲,图像的一级运动至少从两个方面应该得到重视:一方面是镜头焦距与运动速度的关系,另一方面是一级运动是二级运动的基础。

在一级运动中,横向与纵向运动,或者平行于该平面的所有运动通常很容易被识别,其运动的速度可以被直观地看到。同时,不同焦距的镜头对同样的运动有不同的表现力。镜头的焦距越长,平面中的运动就显得越快。这是因为图像画框的四边是电视图像的绝对参照物。镜头焦距越长,镜头中的人或事物相对画框的速度就越快。回忆使用望远镜的经历,慢速运动的事物在望远镜中会飞快地划过。在电视新闻图像叙事中,可以通过镜头焦距的调整来提升一级运动的速度。而对于深度运动来讲,运动的方向和观察者视线的方向一致,这时运动的距离、速度都很难被准确感知。生活中也是如此,如汽车的刹车灯就是起到提醒后车减速的作用。在电视图像中,受众通过物体的大小变化来感知深度运动,通过大小变化的快慢来感知深度运动的速度。于是,广角镜头通过强化焦点透视起到强化深度运动的作用。也就是说,镜头的焦距越短,深度运动就会显得越快;镜头的焦距越长,深度运动就会显得越慢。2004年11月18号《新闻调查——网瘾少年》中,讲述孩子远去时,使用了长焦镜头来表现人物向画面深处的深度运动。在长焦镜头中,深度运动被弱化了,受众只看到人物在骑车,却并未远去。这个画面反映了母亲对孩子的远去心灵的依依不舍。(见图5-15)

图 5-15 《新闻调查——网瘾少年》长焦镜头

二级运动是创作主体可控的运动。二级运动的控制首先以一级运动为基础。例如,镜头焦距的运动就属于二级运动的范畴。除此之外,二级运动由推、拉、摇、移四种基本运动组成,应该是有目的的运动。在电视新闻深度报道中,最常用的典型二级运动是移镜头,这种运动最直接地体现了空间叙事的现场感。在很多暗访拍摄中,摄像机被装在记者的身上,跟随记者身体的运动拍摄,这种图像所展示的空间与记者所体验的空间是基本一致的。

三级运动指的是图像剪辑。在电视新闻图像叙事中,三级运动是必需的。因为受到叙事时间的限制,新闻报道不可能展现事件的全过程。

首先,图像的三级运动体现为形式上的节奏,这种运动方式被称为韵律蒙太奇。韵律蒙太奇是一种节奏性的建构策略。在单纯图像的形式中,若干相互关联甚至没有关联的图像以基本相同的时间间隔被排列在一起,体现出一种图像变化的节奏感。韵律蒙太奇可以进行更复杂的变化。例如,每个镜头的时间逐渐缩短,体现为节奏的加快。在加速韵律蒙太奇中,图像所表现的环境空间也会逐渐变小,体现为一种深度观看的方式。

其次,三级运动在内容上可以强化屏幕事件,打破认知时间的顺序,从空间上全面地认识事件发展,这种运动方式被称为交叉蒙太奇。交叉蒙太奇根据事件中的线索与结构要素进行解析,挑选核心要素,然后重新对其进行组合安排,以强化屏幕事件。交叉蒙太奇常用于比较复杂的空间叙事,向观众展现不同空间中发生时间的同时性,从而造成一种在场的紧迫感。例如,2006年《新闻调查——第二次生命》,报道了一个母亲为自己患尿毒症的女儿捐肾的故事。该期节目报道了大约一个月左右的事件,节目时间大约四十分钟,采用了跟踪拍摄的方式。在节目的最后重点向受众展示了换肾手术的全过程,手术的全程没有解说词,是完整的图像叙事。节目在结构上采用了交叉蒙太奇的方法,同时向受众展示母亲的手术、女儿的手术以及父亲的手术三条线索,而且主次分明。在图像的三级运动方面,使用了深度观看的角度,通过大量特写镜头的切换抓住了受众的心理。(见图5-16、图5-17)

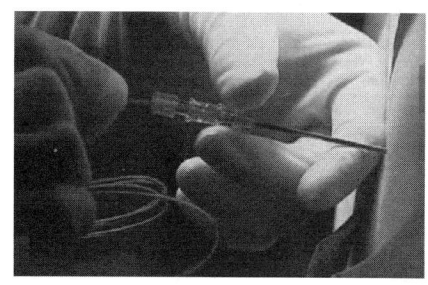 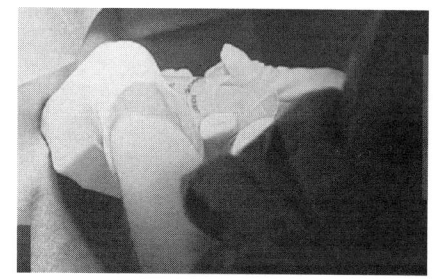

图 5-16　手术室特写图像 1　　　　图 5-17　手术室特写图像 2

图像运动是空间叙事的重要手段。三个级别的运动是技巧与表现力逐步上升的关系,但其目的都是统一于叙事本身的。在三级运动中,还有隐喻蒙太奇、冲突蒙太奇、比较蒙太奇、联想蒙太奇等方法,但这些方法在电视新闻中的应用很少,甚至有时会损害新闻报道客观真实的伦理原则,在此就不再深入讲解。另外 3D 电视的发展将屏幕空间进一步拓展,这将是图像叙事研究实践的新领域。

## 三、图像叙事的个体化特征

所谓图像叙事的个体化,指的是在电视新闻深度报道中,通过图像叙述的事实都具有明显的个体特征。这里的个体指的是一般性中的特殊性,这种特殊性同时需具有典型意义,能表现出一般性的特点。而且,图像叙事作为一个完整的部分,经常参与到电视新闻深度报道的论证过程中,作为直观和趣味性的内容存在。于是,在电视新闻深度报道中,图像叙事的个体化特征通过具体特殊的事件、具有代表性的事件和趣味性的表述方式三个方面反映出来。

电视新闻深度报道的叙事通常由解说词和图像两部分组成,二者在叙事中的任务是明显不同的。其中,解说词承担了概括性和整体性的叙事,如某些流行的社会现象、时空跨度较大的新闻事件等;而图像则通过具体的人和物来进行叙事,如通过花店老板卖花的经历报道情人节的鲜花销售,通过对建筑工人的跟踪采访报道某条道路的修建进度等。这种特征是一种图像语言的形式对内容限制的结果。图像无法完成抽象信息的传递,直观的手段也难以客观真实地再现数量巨大的时空信息,于是在这种限制下形成了叙述具体特殊事件的特征。

例如,2013年11月30日《新闻调查——请让我这样离去》报道了"安宁疗护"这个中国内地的新生事物。"安宁疗护"是一种医院针对临终患者进行的、以生活质量的提升和心理疏导为主的治疗手段。这个报道所涉及的事实很复杂,概念的内涵相对抽象,外延又涉及广阔的时空,于是新闻报道中的图像叙事体现了很明显的具体化特征。该报道的结构具有说明的性质。在报道的开头,节目从三个方面介绍了国内末期病人的相关事实,从患者、医护人员、患者家属三个层面较全面地介绍了事实。三个方面的信息分别由对三个人物的生活状态的描述和采访来完成,这三个人物是具体的、个体的人,而其所反映的是一种普遍存在的事实。(见图5-18)

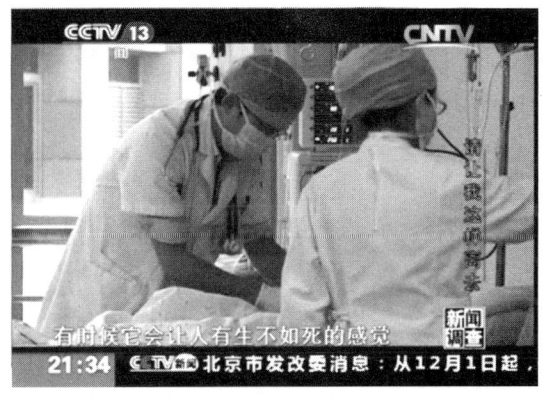

图 5-18 《新闻调查——请让我这样离去》截图

通过上述案例可以发现,图像叙事中个体的事件不是随机选择的,都是能反映一般性的特殊事件,类似于文学理论中的典型。例如,上面案例中的患者代表、医护人员代表和患者家属代表反映了报道的一般性事实中的角色信息,从不同的角度使受众对之有直观的认识。

2000年,《新闻调查——婚礼后的诉讼》对一件强奸案进行了调查性报道,犯罪嫌疑人与被害人是包办婚姻下举行过婚礼的夫妻。记者进行采访,目的是调查人们对强奸事件的看法。记者分别采访了当地妇联负责人、当地派出所民警、村民、受害者的亲属,这些被访对象无一例外地都认为"不算强奸",这和法律形成了冲突。这些被访对象的选择是具有典型意义的,分别代表了妇女团体、法律的维护者、受害人的亲友等几个层面,这些本应与受害人和法律站在一起的人都站到了对立面,说明了传统习俗对人们的影响根深蒂固。值得一提的是,节目中出现的被访对象全部都是女性,其内在语是"女性自身观点尚且如此,男性的态度就可想而知了"。于是,一种关于女性地位的传统观念得到了凸显,这种凸显恰恰是通过受众对被访对象性别的归纳形成的。概念在人的思维中有明确的对应,而图像信息就更加的丰富和多义。例如,新闻采访的对象,如果用文字来表述,往往只是一个姓名或者其某个方面的特征,而在图像中,性别、年龄甚至性格等因素都能得到综合的体现。图像在显现综合特征的同时,其在事件中的最主要特征也被遮蔽了。这种遮蔽对于电视新闻节目是有优势的,使对事件的报道具有客观的形式,而报道的倾向性则需要通过修辞的手段实现,也就是把被遮蔽的主要特征显现出来,所以这种具有代表性的具体事件是图像叙事所擅长的。

趣味性的表达方式是图像叙事的重要功能之一。新闻报道中的趣味性不同于娱乐性,这里的趣味性不是审美意义上的趣味性,而是建立在认知基础上的趣味性。也就是说,深度报道中的趣味性的功能在于使受众更直观、更投入地接受信息,而不仅是使受众获得情绪上的愉悦。电视新闻深度报道的趣味性是引起受众深度关注的手段。在这个意义上,趣味性由简洁与形象两个方面组成。简洁是趣味性的基础,只有在信息被充分认知的基础上,才有趣味性的存在空间。电视新闻评论的简洁包括两个方面:一是信息要能被迅速和清楚地认知,二是主要信息要得到足够的凸显。电视传播的瞬时性对其信息提出了简洁的要求,对于体现深度的新闻评论来讲,简洁尤为重要。形象的传播手段是电视技术的优势。在电视新闻评论节目中,形象作为一种评论的辅助手段,能有效地增加趣味性,增强节目的生命活力,图像叙事恰恰符合了这两个要求。图像通过直观的方式传达信息,这从方式上就决定了其结果是简洁的、形象的,保证了受众即使是在注意力不集中的情况下依然能接受基本信息,而通过各种图像叙事的技巧即可强化直观中的信息,使叙事的深度显现出来。

## 练习题

1. 请举例说明景别的选择与叙事任务之间的关系。
2. 说明图像叙事中的时间因素是如何影响电视新闻报道的深度的。
3. 举例论证跟踪镜头与调查性报道之间的联系。
4. 举例说明图像叙事增强了电视新闻深度报道的趣味性。

## 拓展阅读书目

1. 书名:《图像 声音 运动:实用媒体美学》
   作者:[美]赫伯特·泽特尔
   译者:赵淼淼
   出版社:北京广播学院出版社
   出版时间:2003年10月
2. 书名:《视觉传播:形象载动信息》
   作者:[美]保罗·M.莱斯特
   译者:霍文利等
   出版社:北京广播学院出版社
   出版时间:2003年7月

# 第六章  电视新闻深度报道的采访

**教学重点**：在理解电视新闻深度报道采访的一般性规律、原则和方法的基础上，更好地收集、利用背景资料，准确选择被访对象，完成深度报道的准备工作，并拟定切实可行的采访提纲。

**教学难点**：掌握电视新闻深度报道采访中的倾听和提问方法。

## 第一节  深度报道采访的理念与原则

一篇完整的电视新闻报道，注意这里没有加上"深度"这一限定条件，至少应该包括选题、报道策划、报道素材的收集与整理、后期整合与加工、制作播出等环节。其中对新闻事件中纷繁复杂的线索的厘清、隐藏信息的挖掘、各方言论的过滤、矛盾冲突的展现都离不开新闻采访工作。新闻采访作为新闻业务的本体性工作，在很大程度上决定着电视新闻报道的成功。

### 一、电视新闻采访的含义

新闻采访是指记者为获取新闻对客观事件所进行的观察、询问、倾听、思索和记录等活动。它是新闻写作的前提，是一种特殊的调查研究活动。

这一定义包含了两个层面的内涵。首先，新闻采访是"新闻工作者为搜集新闻素材所进行的活动"[①]，这一概念简单、明确地界定了新闻采访的主体。作为新闻采访行为的主体必须是新闻行业内部人士或专业人士。其次，采访活动是一种特殊的调查研究活动，它区别于党政机关、司法部门、科研领域、社会领域的其他调研活动，具有自身的规定性。这一概念对初学者直观地理解新闻采访是有益的。但是，随着媒介融合趋势的加剧和新媒体时代的到来，新闻事件的采集和发布者的身份也日趋多元化和模糊化，"人人都是记者"

---

① 刘海贵：《当代新闻采访》，复旦大学出版社，2003年版，第5页。

的媒体实践使专业主义的新闻背景被隐没在大量异质的、匿名的报道主体身后,主体界定略显狭窄成为这一概念的短板。

采访作为一种调查研究活动的属性得到了理论界和业界的普遍认可。调查和研究的目的是为了尽可能详尽地占有新闻事实,充分地理解和利用事实进行报道。马克思曾说过,研究工作应该是详细地掌握材料,分析这材料的各种发展形态,并探寻出这各种发展形态的内部联系。当这层已经做到,而材料的生命已经获得观念的反映时,那么呈现在我们面前的就好像是一个先验式造成的结构了。采访作为获取素材的重要手段,是记者在新闻报道中调查研究活动的代名词。从字面上理解,"采"包含了"采集""摘取"两个含义,而"访"则包含了"访问"和"寻求"两个含义。在对概念的传统理解上,采访仅仅作为一种获取资源的手段而被赋予了主体性价值,强调的是主体对客体的单指向性目的。近些年,国内学者开始倾向于从人际传播的角度来理解新闻采访,一种新的"互动行为说"被提出。把新闻采访理解为一种对话、一种人际互动行为是国外学者普遍持有的观念。肯·梅茨勒在《创造性的采访》一书中这样表述:"无论如何,最好别提采访这两个字。采访容易让人联想到这样的场景:咄咄逼人的记者正在审问一位恼羞成怒的官僚,或者是一群喧嚣的记者穿过法院大厅大声追问某个引起新闻关注的倒霉蛋……在电视新闻中所见的这些场面,使新闻采访的真实性质变得有些模糊,难怪年轻人在理解这个概念时有些困难。采访的本质为我们提供了多种视角。采访仅仅是有问有答的对话,而为了使其成为新闻,只需要再加上'代表背后的观众'这样的字眼。于是采访就是'代表背后的观众,为获取信息或交换信息而设计的对话'。"① 沃伦·K.艾吉认为"新闻采访是一种人际间的交流,是被采访者与采访者之间面对面的一种思想和个性的交流","新闻采访是新闻采访者在新闻场域内围绕新闻事实所做的一种透过信息的互动行为"②。

"互动行为说"丰富了新闻采访的理论视域,它强调了客体在采访活动中不是被动和从属的地位,而是新闻话题的参与者、信息的交换者,甚至是事件的主导者的地位。"互动行为说"得到了采访实践的充分证明,同时也契合了当下人本主义新闻观念的发展趋势。

综合新闻采访的传统观念和"互动行为说",在当前的媒介环境下,新闻采访的定义应该至少包含过程、手段和动机三个方面的含义。首先,采访是一种有目的的信息搜集活动,这种目的是在大众传播统摄下的新闻专业行为。其次,新闻采访综合运用观察、倾听、询问、思索、记录等人际交流的手段和信息记录的手段。最后,在采访过程中,采访者和被访对象必然发生信息的交换和情感的互动,因此它又是一种信息互动行为。综上所述,新闻采访是一种新闻专业人员以大众传播为目的,通过观察和访问的手段,对新闻事实进行的信息采集的互动行为。

电视新闻采访作为新闻采访的一种形式,其定义可以概括为:电视新闻工作者综合运用视听技术手段所进行的新闻报道信息采集的互动行为。依据运用的技术手段的特点,电视新闻采访工作可以分为三个部分:① 画面信息的采集,此画面包含声画一体的信息

---

① [美]肯·梅茨勒:《创造性的采访》(第三版),李丽颖译,中国人民大学出版社,2010年版,第8页。
② 王春泉:《新闻采访技巧:理论与实践》,安徽人民出版社,2008年版,第33~34页。

内容;② 记者出镜采访报道,包括记者的提问、访谈等语言交流行为和非语言符号交流行为;③ 非画面语言的采访,包括揭示事件的文字、数据、言论等抽象素材的采集等。

## 二、电视新闻采访与深度报道的关系

深度报道凭借视听结合的优势,对重大新闻事件、有影响力的社会问题、有代表性的社会现象进行背景介绍、分析解释、归纳预测等综合性报道,追求事物的本源、挖掘事物的内涵、解释事物的本质是深度报道的本质属性和既有目标。深度报道既要说明"是什么""怎么样",又要包含"为什么""还能怎样"的问题,在时间轴和空间轴上都有明确的坐标,可以也必须对新闻事件做横向和纵向的开掘。① "因此,电视新闻深度报道是电视深度思想的产物,是对客观报道优点的集成和缺陷的修正,是客观报道的发展和延续,是一种介于动态新闻和评论新闻之间的相对独立的报道形式。"②

深度报道中的报道一方面指新闻实践中的行为或者活动,另一方面指已经完成的新闻作品,如"这篇报道非常的出色"。在深度报道概念提出的过程中,作为"行动"的报道受到足够多的重视,因此深度报道也常常被划分为"调查性报道""解释性报道""预测性报道""分析性报道""述评性报道"等。

调查性报道之所以存在是因为构成新闻事件的信息或信息的呈现方式是隐晦和复杂的,线索众多,原因、背景和矛盾隐藏在表象之下。完成这样的新闻报道,必须对事件进行梳理,按照时间线或因果关系重新解构叙事过程。调查性报道发端于19世纪末20世纪初的美国,伴随着林肯·斯蒂芬斯的"扒粪运动"肇始,到20世纪六七十年代,美国社会混乱的社会局面促成了揭丑性报道向调查性报道的演变。1972年《华盛顿邮报》报道了"水门事件",这成为调查性报道达到顶峰的标志。严格来说,揭丑性报道是调查性报道的胚胎,调查性报道在摆脱了揭丑性报道的道德忧虑和身份污点之后,获得了更广阔的发展空间,在充分发挥新闻媒体的舆论监督和监视社会功能之上,对西方社会的民主化进程和公民社会的建设发挥了巨大的积极作用。

预测性报道多见于战争、经济、体育题材的新闻报道,是对事件发展可能性的推理。它着重对新闻事实的发展变化趋势或前景进行科学预测,其价值取向表现为准确性、科学性和权威性。报道内容包括某地区冲突的发生、发展和走向,股市的波动曲线,奥运会上某国可能得到的金牌或奖牌数量,某位总统候选人的获选概率,明年的全国粮食产量等。预测性报道从过去事实的相关性中寻找依据,在一定的时间内利用归纳推理得出一般性结论,而在经验主义的范畴内,这些结论往往很具有说服力。

解释性报道又称解释性新闻、分析性报道,是运用背景材料来分析新闻事件发生的原因、意义、影响或预示发展趋势的一种报道风格,侧重于说明新闻事实的来龙去脉,阐述事实发生的原因、结果以及相关事物之间的联系。解释性报道起源于20世纪30年代的美国,直到20世纪50年代后才在美国新闻界占统治地位。解释性报道是帮助读者认识复

---

① 贾玉全:《谈电视新闻深度报道》,载《新闻窗》,2010(05)。
② 陈选文:《论深度报道》,载《科技编辑出版研究文集》(第六集),2007。

杂世界的有力工具,孤立的、与其他事物不相关联的事实,仅仅因为是事实而能给人以印象,其实最容易使人误入歧途。背景材料、周围环境、先前发生的事件、动机的形成,都是真正的、基本的新闻组成部分。这种解释实际上是最好的报道形式。解释的目的是为了释惑。比如,2012年3月17号中央电视台《新闻调查》关于归真堂活熊取胆的报道,其中关于什么是熊胆粉、它的功效有多大、人工替代熊胆的药理分析就用到了解释性报道,而活熊在被取胆汁时会不会疼痛、亚洲动物基金会有没有收取某国药企的资助则属于调查性问题。典型的解释性报道还有《焦点访谈——"六号杯盖"有毒吗?》《新闻调查——H7N9禽流感之问》《新闻调查——护航亚丁湾》等。

电视新闻采访的定义强调了采访是为新闻报道所进行的信息采集的互动行为,它包含二个方面的具体内容,即声画记录、记者访问和资料收集。概念解释了电视新闻采访的一般性特征,那么,电视新闻采访与电视新闻深度报道的关系如何呢?现在从三个方面进行介绍。

第一,采访是调查性报道不可或缺的手段。调查是一个展示事实的过程,而事实无法通过思维手段获得。深度报道要求展示新闻事件的背景和细节,这些信息往往分散而且复杂。对于结果的归因需要对复杂信息进行重组和筛选,这时,采访作为一种必不可少的手段就必须参与到调查中来。在调查性报道的采访中,有明访与暗访两种形式。在明访中,对如何应对记者提问,被访对象通常做了充足的准备。在调查性报道中,如果调查内容涉及被访对象的个人利益,那么获得信息的真实可信度相对较低。因此,暗访成了调查性报道最常用的手段。暗访通过最直观的形式,让受众以参与性的方式了解事件。明访通常是在新闻事件发生之后,对相关人员进行的问答形式的采访,这些采访通常以新闻背景为内容,体现采访时间上的滞后;而暗访则是对当下事件的一种展现,受众在接受暗访信息的过程中对事件直接参与。从这个意义上讲,暗访更能体现调查性报道的价值。必须引起注意的是,暗访往往涉及新闻伦理问题,可能会对被访对象的隐私权构成伤害。

隐私权是指自然人享有的针对其个人的与公共利益无关的信息、私人活动和私有领域进行支配的具体人格权。以隐私权为侵害客体的侵权行为,就是侵害隐私权。[①] 暗访很容易因为调查事件内幕而干涉到被访对象的私人生活领域,这跟电视技术的手段相关。在纸质媒体时代,暗访是记者了解事件指向的过程,而向受众展示事件的手段是文字,记者筛选时是可控的,而电视新闻深度报道以图像为传播手段,图像摄取信息的选择性就相对较低,而且暗访的过程中,记者无法进行准确到位的构图,后期的剪辑也会受到影响。因此,电视新闻深度报道的暗访更容易侵犯到被访对象的隐私权。例如,1998年湖北省竹山电视台《新闻透视》栏目的一次暗访中,记者通过手提包中的隐形摄像机拍摄了一个街头的算命摊位,通过与算命先生的交流,企图表现反封建的主题。但是,图像却记录下了算命先生的裤头,而且很脏,这引起了当事人强烈的反感。记者未必如算命先生所说是故意为之,但这客观上确实对被访对象构成了侮辱。尽管暗访是调查性报道的重要手段,但其使用应是谨慎的,至少要符合人们对伦理的常识性认识。

第二,采访是解释概念、疑惑、误解的方法。解释是深度报道常用的手段,而采访是解

---

① 杨立新:《侵权行为法案例教程》,中国政法大学出版社,1999年版,第202页。

释的重要方法。之所以重要,基于以下两个方面的原因:一方面是被访对象的解释往往具有更强的说服力,另一方面是采访所获得的信息构成解释的经验性依据。深度报道中需要解释的内容包括不明确的概念或者现象、对新闻事件中反常现象的疑惑等,这些都可以通过采访的形式进行解释。

首先,对于复杂概念和现象的解释要具有权威性。受众对主持人或者记者的认知通常为信息的传播者。从这个角度讲,对于某些专业问题,传播者缺乏必要的权威性。亚里士多德说:"当演说者的话令人相信的时候,他是凭他的性格来说服人,因为我们在任何事情上一般都更相信好人,由于这个缘故,我们对于那些不精确的、可疑的演说,也完全相信。"①这里的好人不仅仅指个人品质,同时体现为一种权威性。社会心理学认为,"服从建立在这样一种信念的基础上,即有合法权威的人有权力要求他人服从"②。电视新闻深度报道是一个潜在的说服过程,受众对信息的接受即是一种服从行为,于是需要一个具有权威性的主体来进行信息的发布,而对于专业问题的解释就需要专业的人员。这就是专家、学者经常成为被访对象的原因,他们的言论可能内容并不复杂,也不具有严密的逻辑,但是其解释往往能使人信服。

其次,对于新闻事件中反常现象的解释要具有可信度。新闻事件中的反常现象通常不是自然属性的反常。这种反常是受众的一种主观认知,这种认知的获得基于对事件信息认识的片面理解上。新闻报道也经常通过调整信息传播时间顺序的方式来设置悬念,提升新闻报道的趣味性。对于新闻事件相关信息,当事人或目击者最具发言权,其言论具有较高的可信度。例如,第三章中提到的,2013年12月,《焦点访谈——乱花渐欲迷人眼》关于"安徽蚌埠菊花展落幕,市民哄抢菊花"消息的报道中,记者对照片中的人物采访:

被访人(园林管理处主任):这个花已经是晚期花了,就没有收钱,你们拿回家看一看吧。工作人员也讲这个话了。从另外一个方面讲,这也减轻了我们的劳动强度吧。

被访人[中年男子(网络上被传用手推车抢走菊花的人)]:因为正常工作,我推着花正常清,他从旁边拍照咱也没注意,就这个在网上就成了抢花的了,对这个我很不理解,也很无奈。

在上述新闻报道中,市民搬走菊花而管理人员不闻不问属于反常现象,此时管理人员的解释最具可信度;用小推车把菊花搬回家的做法显得有些夸张,推车的人的言论最具可信度。在上述具有辟谣性质的解释性报道中,对当事人的采访起到了重要的作用。通过采访传达的信息是辟谣最直观和有力的证据。

第三,采访是预测性报道的素材来源。预测性报道是电视新闻深度报道最具争议的形式,也是最具风险的形式。这基于新闻的基本概念,新闻是指对新近发生事实的信息的传播,也就是说新闻定位于过去,定位于现实。而预测则是面向未来的,要把未知变为已知,具有预测失准的风险。在预测变为现实之前,这种风险性是无法消除的,但可以降低。

---

① [古希腊]亚里士多德:《修辞学》,罗念生译,生活·读书·新知三联书店,1991年版,第25页。
② [美]S. E. Taylor、L. A. Peplau、D. O. Sears:《社会心理学》(第十版),谢晓非等译,北京大学出版社,2004年版,第239页。

预测的准确与否是衡量预测性报道优劣的重要尺度,而预测准确的前提是现有信息的丰富程度和准确性。于是,采访又一次需要发挥其在获取准确、丰富信息方面的优势。信息的准确性在很大程度上取决于信源的可信度。需要注意的是,信息除了准确之外,其丰富程度也直接影响对未来事件的判断。这里的丰富具有两个层面的意思:一方面是信息涉及的广度,也就是说预测者是否对新闻事件中各方面的信息有较全面的了解;另一方面是事件信息的相关细节,细节信息很可能成为判断的依据。而上述两种信息都能通过采访的手段被高效地获取。例如,2013年12月13号《新闻1+1——明年的中国经济怎么走?》中的访谈:

  主持人:怎么看待今年对于明年经济发展的表述,我们来连线一下中国(海南)改革发展研究院的迟福林院长。迟院长,您怎么看待对于第2年——2014年经济发展的这八个字的表述——"稳中求进、改革创新"?

  院长:我想"稳中求进、改革创新"是今年最重要的一个指导思想,我们讲稳中求进,和以往有区别,就是在短期保持7%左右增长的同时,要为中长期的增长奠定基础。同时,它最重要的是强调用改革的办法、思路,来改善宏观调控,这个特别重要。因为我们市场尤其公平竞争的市场是实现宏观经济稳定、宏观经济平衡的重要因素之一。所以用改革的办法来改善宏观调控,最重要的是要更多地用市场的办法,而不是用行政的办法来宏观调控。另外,我想最重要的就是它这个改革创新,明年或者近期我们一些改革可能有加快的趋势,比如资源价格改革,比如利率、汇率改革,比如财税改革、国企改革等,恐怕在近期或者明年,都会有突破性的进展。

中国(海南)改革发展研究院院长的身份决定了其对经济走向的问题具有发言权,同时其身份对受众心理形成影响力。有关经济类的报道通常都具有较强的抽象性,否则很难把问题说清楚。但是这种复杂抽象的报道不适合电视的口语传播特征,于是很多受众其实对预测的过程的关注度是不够的,这时结论就显得特别重要。因此,受众对结论的认可很大程度上取决于预测者的身份。在随后的报道中,节目又采访了中国农业银行首席经济学家向松祚,虽涉及不同的细节,但其核心观点与前者一致,这就是对预测结果可信度的进一步强化。

## 三、深度报道采访的思维方法与基本原则

1. 深度报道采访的思维方法

思维活动是一个由多种因素构成的动态系统,思维对象、思维主体和思维方法是思维活动中最基本和最主要的三个要素。思维对象是指思维活动的原材料,思维主体是指具有认识能力及相应思维结构的人,思维方法是指思维主体对思维对象进行加工制作的方式、工具和手段。

在思维活动中,思维方法具有十分重要的作用,是思维主体和思维对象发生联系的中介和桥梁。没有科学的思维方法,人们的思维活动就不能顺利进行。

在电视新闻深度报道中,思维对象是新闻事件中的各种组成元素,它们构成一定的逻辑关系出现在报道的各个阶段,如内外因关系、现象与本质关系、相对与绝对关系、静止与

运动关系、量变与质变关系、普通与特殊关系、偶然与必然关系等。事物之间关系的复杂性决定了思维对象的复杂性。一个具有深度报道价值的事件一定由相对复杂的逻辑关系构成，这就对思维主体提出了更高的要求。不是所有的思维方法都适用于电视新闻深度报道的采访，新闻记者必须学会用科学和高效率的思维方法去迎接每一次采访的挑战。这里的思维方法不是一个没有标准的主观判断，相反，思维方法的选择和评价具有客观性，这种客观性在于思维方法的适用性，即思维方法是否与认识对象和实践对象相一致、相适应。电视新闻深度报道的采访过程一般包含以下五种重要的思维方法：

第一，归纳法与演绎法。所谓归纳法，是指从许多个别的事物中概括出一般性概念、原则或结论的思维方法。归纳法可分为完全归纳法和不完全归纳法。完全归纳法是指前提包含该类对象的全体，从而对该类对象做出一般性结论的方法。不完全归纳法又称为简单枚举归纳法，是指通过观察和研究，发现某类事物中固有的某种属性，并且不断重复而没遇到相反的事例，从而判断出所有该类对象都有这一属性的推理方法。数学上的穷举法就是完全归纳法。简单枚举归纳法的结论带有或然性，可能为真，也可能为假。在电视新闻采访中，新闻事件以片段的形式部分地呈现在记者面前，记者总是跟一个个具体的事件中的人打交道，其首先获得的是关于这些个别事物或个别言论的知识，然后在这些特殊性知识的基础上，通过排除和取舍概括出对这一新闻事实的普遍性认识，最终为报道的核心价值服务。

演绎法与归纳法相对，指的是从一般性的理论知识出发，去认识个别的、特殊的现象的逻辑推理方法。在辩证逻辑的思维框架内，归纳法与演绎法相互联系，互为条件。一方面，归纳是演绎的基础，为演绎提供前提。例如，生物遗传的基因学说就是归纳了大量生物实验事实得出来的。又如，"人皆有死"作为演绎推理的前提，是从社会实践中归纳得出的结论。另一方面，没有演绎也没有归纳，演绎为归纳提供指导。归纳要从个别概括出一般，作为对实际材料进行归纳的指导思想，往往又是某种演绎的结果。例如，达尔文把大量观察、实验材料进行归纳，得出"生物进化"这个结论；但他在得出"生物进化"这个结论之前，早就接受了拉马克等人有关生物进化的思想和赖尔的地质演化思想，这些思想实际上构成了他归纳经验材料的指导原则，有了这些思想，达尔文的考察、归纳才显得有目的性和选择性。

第二，分析法与综合法。分析法是指把事物分解为各个部分、侧面、属性，分别加以研究的方法，它是认识事物整体的必要阶段。在电视新闻采访中，分析法主要运用于对新闻事件的分析中。对新闻事件的分析是有明确规律可循的，新闻六要素——时间、地点、人物、起因、经过、结果就是对新闻事件进行分析的结果。其中，时间、地点是环境信息，人物是主体信息，起因、经过、结果是关系信息，同时表现一种时间的连续性。这些方面的分析对新闻采访的展开具有重要的指导意义，一次成功的新闻采访要明确以下三点。一是哪些方面的信息体现了新闻价值。例如，"已经3月份了，河南郑州迎来了一场大雪"，在这个事件中，下雪是正常的，而三月份的中原地区下雪就显得反常。这时，时空信息作为新闻价值的体现点，采访就需要围绕时空信息展开，对气候的反常多费笔墨。二是哪些方面的信息体现了深度。陈力丹先生认为，受众的不知情是体现新闻价值的前提。新闻采访的意义恰恰在于把受众不知道并想知道的信息以可靠的方式传达出来。例如，很多民生新闻的报道以反映家庭或邻里矛盾为重点,在这些报道的采访中,重点总是聚焦于事件过程,基于展现事件冲突细节,而这些信息不能构成新闻的深度。这是民生新闻总是娱乐化而很少构成深度报道的原因。三是哪些方面的信息是已有报道中缺失的信息。已有报道中缺失的信息往往与受众最想知道的信息有高度的重合,这从受众接受的角度体现了新闻价值。缺失信息的层面和角度应是采访的重点。

综合法是指把事物各个部分、侧面、属性按内在联系有机地统一为一个整体,以掌握事物的本质和规律的方法。在电视新闻深度报道中,综合法往往用于解释性报道。在电视新闻采访中,综合法体现在新闻采访的对话与交谈中。分析是对访谈提问的准备,综合就是所涉及问题的应用。在新闻采访中,交流的过程往往由一个个分散的问题组成,但是采访的目的,也就是试图通过采访传达的观念是高度统一的。这个由分散的问题到高度统一的观念的转化过程,就是一个综合的过程。综合体现在记者具体的提问技巧之中。需要注意的是,电视新闻采访中的分析与综合的过程不是相反的两个程序,它们针对不同的问题,分析针对战略,而综合针对策略。总之,分析法与综合法是互相渗透和转化的,在分析基础上综合,在综合指导下分析。分析法与综合法循环往复,推动认识的深化和发展。

第三,比较法。比较法是归纳法的一种。比较存在于一切事物当中,它是人类思维活动的鼻祖,也是人类意识能动性的基础,它的产生基于事物的相关性与差异性。可以说,伴随人类思维的产生,比较法就存在。它是思维方法中最古老、最基础的,只要有人类思维存在的地方,就能找到比较法这种思维方法,正因如此,才奠定了它的研究意义。按照对象,比较法分为同类事物之间的比较法和不同类事物之间的比较法。按照形式,比较法分为求同比较法和求异比较法,在相似中,求不同处。

首先是求同比较法。在深度报道的采访中,比较法的应用相当广泛。基于其自身的数量特征,比较法是一种特殊的归纳法。与科学研究中的归纳法相比,比较法具有最少数量的样本,是从两个个案中发现规律,这种方法的优势在于信息传播的高效性。新闻采访没有必要通过数量巨大的样本进行归纳。例如,采访学生对学校食堂的看法,没有必要征求所有学生的意见。电视新闻采访本身就具有归纳的性质,而比较是新闻采访归纳中最高效的形式,因为其通过两个个案即得出结论。其次是求异比较法。它是一种更为简洁的归纳法,求异比较中比较双方的作用永远不是均衡的,总是以其中一种为参照物,去发现另一种的问题,因为只有这种性质的比较才能体现深度报道的意义。

第四,因果思维法。简单地说,因果思维法的逻辑就是因为 A,所以 B,或者说如果出现现象 A,必然就会出现现象 B(充分关系)。这是一种引起和被引起的关系,而且是原因 A 在前,结果 B 在后。先后关系不一定就是因果关系。例如,起床先穿衣服,然后穿裤子,或者说先刷牙后洗脸,这些都不是因果关系。并不是一切必然联系都是引起和被引起的关系,只有有了引起和被引起关系的必然联系,才属于因果联系。

因果思维法是新闻采访中最常用的方法,大量体现深度的问题围绕"为什么"展开,同时问题的深入也通过归因的途径进行。因果思维法是深度报道的基本思维模式。但因果思维法不仅仅是由结果到原因的反思,很多时候体现为一种从现实到未来的预测,也就是从原因到结果的推测。在新闻采访中,因果思维法一方面体现新闻事件在时间上的线性连续关系,另一方面体现事件在思维中的发展性关系。

第五,系统思维法。系统思维法简单来说就是对事情全面思考,不只就事论事,是指把想要达到的结果、实现该结果的过程、过程优化以及对未来的影响等一系列问题作为一个整体系统进行研究。它不同于创造性思维或形象思维等本能思维形态。系统思维法能极大地简化人们对事物的认知,给人们带来整体观。系统思维法是一种逻辑抽象能力,也可以称为整体观、全局观。在运用系统思维法的时候,要特别注意系统思维的整体性、动态性和综合性的问题。

在电视新闻深度报道的采访中,系统思维法体现出一种创作主体对新闻现象的整体性统筹。在这里,系统思维法是电视新闻采访对自身的一种反思。深度报道的采访不仅仅是一个提问和回答的过程,其显现的目标也不仅仅是被访对象说出答案。首先,深度报道的采访是一个动态的过程,这个过程体现了采访者的主体参与性、主体的个性;其次,采访是一种采访者与被访对象关系的综合显现,这种关系直接影响了受众对信息的认知;最后,采访是一种情绪与观念的显现,是一种通过人际交往的直观表达客观思维的有效形式。

2. 深度报道采访的基本原则

第一,真实性原则。真实性是新闻的生命,也是贯穿电视新闻深度报道采访的一根红线。坚持新闻的真实性是记者的神圣职责。在电视新闻深度报道中,始终做到以事实为依据并非一句简单的口号。由于客观事物具有种种复杂性,记者受自身认知能力的局限及采访过程中各方利益博弈的影响,采访往往会偏离预定轨道,而陷入主观失实或客观失实的泥潭。在电视新闻深度报道的采访中,记者应该从两个方面把握真实性原则。其一,新闻报道中涉及的所有内容必须确有其事,所有事实要素必须真实。这就要求新闻记者在采访、收集新闻素材时,有辨别真伪的能力,通过经验和判断对大量的数据、言论或资料进行筛选。这是一个很高的要求,一个新闻记者不可能熟悉报道所涉及的领域内的全部知识。近些年频繁见诸媒体的假新闻事件并非都是记者职业道德缺失的结果,有些的确是客观信息错误或虚假造成的。其二,新闻报道必须反映社会生活变化状况的本质。任何以偏概全、断章取义,或者蓄意打击报复的报道都是在损害新闻媒体的整体形象。

真实性原则的另一内涵是准确。在实证主义科学中,数据的准确是结论正确的必要条件。新闻报道的事实最终是真实的还是虚假的,虽然不是由采访中各要素的准确性这一个条件所决定,但是不准确的事实所推导出的结果一定是不真实的。人们知道在科学实验中,偶然性因素和错误数据也可能得出正确的实验结果,但它并不能作为科学结论的依据被提出。《华盛顿邮报》资深记者、马里兰州大学新闻学院教授海恩斯·约翰逊在2005年接受《东方早报》记者采访时曾说过,他们有独立的原则,而且向来注重新闻的准确性和可信度。他对媒体的忠告是,永远不要只靠一个消息来源写新闻,永远！新闻界普遍认可必须至少拥有两个独立的、可以审查的、完整确凿的消息来源,而且在见报前必须经过严格审查。海恩斯·约翰逊回忆自己参与策划报道的"水门事件"时表示,之所以能够顶着巨大的压力而没有铸成错误,就是因为坚守着消息来源准确和可以审查的准则。

第二,平等性原则。从本质上说,新闻采访是一种具有双重主体的活动。记者固然是采访活动的重要主体,但是新闻采访活动的主体不应该仅仅是记者,也应该包括被访对象。离开了被访对象的参与,采访就不可能获得成功。而且很多时候被访对象也会反客为主,为新闻报道提供更有价值的信息。因此,界定记者与被访对象的关系成为新闻深度报道必须要面对的问题。

在西方,新闻媒体被称为独立于行政、立法、司法三权之外的"第四权力",新闻记者被称为"无冕之王"。由于媒体所承担的社会角色的重要性和独立性,新闻记者也获得了超越其他职业的巨大的"特权"。但是必须清楚,这种"特权"建立在大众传播媒介功能的实现的基础之上。大众传播学者拉斯韦尔在他的经典论文《社会传播的结构与功能》一文中,提出了传播活动的三大功能:① 监视环境;② 使社会各部分在对环境做出反应时相互关联;③ 使社会遗产代代相传。① 新闻记者只有在代表公民发挥它监视自然及社会环境的各种变化时,只有在对人类的生存状态进行理性的观察和反思时,只有在对人类面临的各种危机和挑战进行预警时,才能行使其"特权"。同时,新闻记者还肩负着信息传播者和文化传承者的社会角色。这些社会角色和职业角色的叠加决定了新闻记者在面对公众时应该以何种姿态出现。它既不能是高高在上的"老大哥",用审视一切的眼光窥视他人的隐私,也不能是某一个阶级或阶层的利益代言人。它应该是独立于政治权力领域、经济领域和私人领域之外的公共领域的代言人。在这个领域中,它通过专业技术优势,代行民众的知情权和批评权,将腐败丑行暴露在光天化日之下,高扬社会良知和公共利益,并且始终以自由、民主、平等和正义为追求目标。

第三,情感性原则。乍一看,情感性原则似乎与新闻的真实性原则和客观性原则相矛盾。情感性原则实际上是一种"人文主义关怀"立场和"人道主义"原则。在新闻报道中,人文主义关怀多指媒体对人的生存状态和精神状态的关注,坚持"以人为本"的理念,倡导社会公正与平等,维护和尊重每一个人的权益和尊严,尤其是弱势群体的权益,切实关心、关怀他们的生活环境和心理需求。中央电视台《新闻调查——双城的创伤》跟踪调查的是甘肃某地农村一小学几名学生在几天内相继服毒自杀事件的前因后果。节目在前期拍摄和后期编辑中运用了一些表现性的手法。比如,在采访过程中,记者曾蹲在被采访的小男孩面前为他擦拭眼泪,而这一幕在片中是用剪影呈现的。节目最后,自杀事件中另一个小男孩不愿意接受记者采访而独自躲到他家院后的山头上。记者一路跟随,最后只进行了简单的交谈。但记者在这寥寥数语的交流中,即便是一个眼神都充满了关爱和疼惜。交谈结束后,小男孩转身离开,记者独自坐在原地沉思良久,然后,转头说了结束语。这个过程被镜头完整记录了下来,并在后期编辑中原样呈现。情绪性的表现是出于对个体命运的深刻同情而产生的情感共鸣。然而,对个体命运的关注还仅仅是浅层的感性体验,只有对人文关怀进行深层探索,方能实现更大的社会价值。

2007年,一个网络虐猫视频引起了社会的广泛关注。视频中一名年轻女子用细细的鞋跟踩穿了一只小猫的脑袋。视频发布后,这名女子遭到了社会的严厉谴责,甚至有网友通过"人肉搜索"找到了虐猫当事人,并发现了虐猫视频背后的利益链条。来自全社会的无休无止的批判致使虐猫当事人的正常生活难以为继,她不得不离开生活和工作的地方躲起来。当记者找到她时,她已处于精神崩溃的边缘,而中央电视台《新闻调查——一只

---

① 张国良:《20世纪传播学经典文本》,复旦大学出版社,2003年版,第20页。

猫的非常死亡》这期节目是"虐猫事件"发生以来,她被给予的第一次发言机会。记者在结束语中说:"猫死去了,但是人的生活还要继续。如果说人对猫的虐待是丧失人性的话,那么我们对人的无休无止的精神虐待又是什么呢?"这是对虐猫事件的理性思考,而这种思考无疑是建立在对虐猫行为的感性关注的基础上的。这期节目播出后,传递出一种观念,即对人类情感世界的关注是社会高速发展过程中不容忽视的一环。

第四,合法性原则。深度报道采访的合法性原则主要包括三个方面的含义,即新闻记者采访权利的合法性、新闻报道程序的合法性和报道结果传播的合法性。新闻采访权是一种与公众知情权、舆论监督权密切相关的权利。我国目前虽然还没有专门的法律法规明文规定记者享有采访权,但新闻采访权被认为是源于宪法规定的自由和权利,不仅在习惯上、观念上得到了公认,在法理上也有一定的依据。在现实中,新闻采访权被侵害、采访权与其他权利发生冲突的事件屡见不鲜。保护新闻记者的合法采访权是建设社会主义法治和社会主义民主政治的有力保障,这一点不容忽视。在我国的新闻实践中,新闻机构被看作是党政机关的延伸,记者有国家干部的身份,法律没有赋予新闻机构和记者强行采访的权利,但因记者强行采访而引起的法律纠纷却屡屡发生。在新闻报道程序的合法性上,新闻记者要遵守国家基本法律法规以及信息安全条例等规范。新闻机构内部对记者也要授权,未经授权、未经追认的新闻报道行为是无效的,新闻机构不应当采用。另外,新闻记者在具体的采访、编辑过程中,应当遵守一定的程序,如在采访时出示证件,表明身份,征求对方同意等,在编辑他人稿件时应当提请作者审阅,经过内部层层审阅,认真校对等。现实中还存在新闻机构疏于管理,致使记者满天飞,甚至进行招摇撞骗的情况。新闻机构应当加强对记者队伍的管理,特别是对招聘记者、驻站记者的管理要逐步规范起来,严肃自己的职业形象。① 在新闻报道的手段和方法上,暗访和偷拍一直是舆论争论的焦点。电视新闻深度报道采访面对的现实情况是新闻事实大多隐晦曲折,"要弄清事实,通过公开的信息是远远不够的,还需要加上隐蔽的调查。人们常用'明察暗访'来指称调查研究的方式。'暗访'相对于'明察','隐性'相对于'显性',它们都是调查事实的手段,是揭露真相不可或缺的途径"②。暗访本来就应该是一个中性词。暗访成立的理由在于,如果不采用暗访的方式,记者常常不能获得真实的情况,特别是无法掌握有效证据。没有偷拍、偷录,没有电视曝光,暗访方式对人们构成的威胁要小得多,但是电视舆论监督的最大效果正是在于其公开性,在于将隐藏在阴暗角落的种种劣迹大白于天下。偷拍、偷录得来的证据是联系丑恶隐情与电视曝光的必要手段。没有偷拍、偷录,很多隐情就不能被揭露,电视舆论监督的效果就要大打折扣。因此,影响力与风险同行。

第五,戏剧性原则。戏剧性原则可以理解为故事化原则。美国普利策新闻奖得主富兰克林认为,新闻故事化是"采用对话、描写和场景设置等,细致入微地展现事件中的情节和细节,凸显事件隐含的能够让人兴奋、富有戏剧性的故事"③。美国著名新闻节目《60分钟》的制片人唐·休伊特这样描述它对新闻的理解:"我对新闻的理解是从未听过的故

---

① 阚敬侠:《略论新闻报道程序、方法和语言的合法性》,载《新闻战线》,2001(07)。
② 郭镇之:《舆论监督与暗访偷拍》,载《新闻与传播评论》,2005(10)。
③ 韩振亮:《故事化电视新闻报道的注意事项》,载《新闻传播》,2009(07)。

事。《60分钟》所擅长的正是讲述这样的故事……我的好故事的标准是晚上播出的节目成为第二天早上人们谈论的话题。"①《60分钟》节目创造了世界电视新闻界的一个奇迹：坚持"硬新闻"的风格，但创造了类似娱乐节目的高收视率，获得了商业上的巨大成功。这在很大程度上归功于其故事化风格的叙事模式。《60分钟》之所以广受欢迎，是因为它继承了一种"叙事传统"。"过去纪录片的收视率差别不大，不论他们是在 ABC、CBS 还是 NBC 上……都是相同的 15%~20% 的观众占有率，我告诉自己：'我敢打赌，如果我们能使节目主题多样化，并采用个人新闻的方式——不是处理事件，而是讲述故事；如果我们能像好莱坞包装电影那样来包装事实，我担保我们能把收视率翻一番。'"②清华大学李希光教授在他的《新闻学核心》一文中说过，新闻学传授的是寻找故事和写作故事的一门学问，新闻学的根据和核心是一门讲故事的艺术和学问。通过以上中外学者和新闻记者的描述，人们对新闻报道采访中的戏剧性原则可以从两个层面来把握：首先，新闻通过故事化的讲述方式在寻求一种受众本位的回归；其次，就故事本身而言，悬念和矛盾冲突是故事最为基本的构成元素。

## 第二节 深度报道采访的准备工作

电视新闻深度报道采访的准备工作在时间上特指记者在获得新闻采访的线索、确定报道选题之后，展开实际的采访活动之前要做的一系列工作的内容。受新闻线索的详略和报道时效性的制约，采访准备的时间可长可短，但却不是可有可无的。一则高质量的电视新闻深度报道对采访准备工作提出了较高的要求。

### 一、收集与准备背景资料

深度报道采访的准备工作可以从广义和狭义上理解。广义的访前准备应该包括记者全方位专业素养和人文素养的养成过程。记者应该具有较高的政治敏感度和政策把握能力、深厚的文化知识储备和社会生活经验、优秀的思维品质和分析判断能力、强壮的体魄和过硬的心理素质等。这些素质是记者在长期的学习和工作实践中逐渐获得的。狭义的访前准备是指记者在明确采访任务之后所做的特定阶段的准备工作，它类似于商业领域内的项目、教学活动中的备课、比赛开始前的热身，具有明确的目的性和时效性。下面着重从背景资料的意义、资料准备的最大化原则和专业知识的价值三个角度来理解深度报道采访的准备工作。

---

①② 吴春光：《从 CBS〈60 分钟〉看电视新闻深度报道》，载《新闻传播》，2010(08)。

1. 背景资料的意义

背景资料涵盖的范围相当广泛,常常包含过去的和进行中的各种信息。人们知道,电视新闻深度报道与常规报道的最大区别体现在采访的难度级别上。深度的概念从量和质两个方面对新闻报道的资料提出了要求。作为调查性、解释性、预测性的报道,用事实说话成为深度报道的核心理念。报道中的背景材料以客观姿态呈现,帮助记者表明观点,也帮助受众在事件发生、发展的特定环境和条件下去理解、分析、还原、推理,从而引出更深层次的思考,让深度在接受层面得到体现。占有和加工背景资料是一个庞大的信息检索和筛选的过程,在记者访前准备中所占比重也比较大。根据深度报道的侧重点不同,背景资料一般具有以下五种意义:

第一,串联事件线索,还原事实真相。一个新闻事件往往包含着核心人物和相关人物、发生时间和影响周期、发生地点和辐射范围、原因和结果、利益冲突和价值冲突等诸多因素,较大的新闻事件还包含政治力量、国际关系、宗教和民族问题等。而构成事件各要素之间的关系、地位、意义和价值也是不同的。事件的核心价值是变化,一个不变的事件是不会引起人们的关心的。如果窗外的街道地面是干的,但是你小睡片刻之后,发现地面湿了,你可以推测一个事件发生了,即下雨了。但是这个事件本身没有意义,直到它和其他元素发生关系,而发生人物生活情境中的有意义的变化,这个事件才构成了新闻报道中有价值的部分。2013年11月2号《新闻调查——胡万林的"神医江湖"》节目中,将胡万林早期活动中的主要事件作为背景资料,与被害人云旭阳的经历构成了一种线索上的关联:

> 胡万林在20世纪八九十年代是个名人,四处为人治病,在柯云路为其出版《发现黄帝内经》一书后,更是被描述成几乎可以包治百病的"当代华佗",成为不少人心目中的"神医"。1999年,胡万林以涉嫌非法行医罪被商丘警方逮捕,后被判处有期徒刑15年,获得减刑后,于2011年获释。
>
> 胡万林于1998年在商丘市对河南省漯河市市长刘法民进行诊治,刘法民连续三日服用胡万林给的加有大量芒硝的中药水后身亡。
>
> 云旭阳曾给郑州一个中医大夫当了一年多学徒,在老家的村里也开了个理疗室,专门给村里人针灸。半年多下来,生意不错,云旭阳还用赚来的钱买了台五六千元的电脑,在一个聊天群里认识陈永康之后,就慕名来拜师。
>
> 今年58岁的陈永康自学中医30多年。今年8月之前,他从来没想过自己会和"大师"胡万林有面对面学习的机会。
>
> 按陈永康的说法,是中医救了他。他自小身体羸弱,一直在研究自救方法,学会了中医后,就开始在自家亲戚、朋友身上运用治疗。

通过背景的交代,受众会发现,热爱中医的少年云旭阳与劣迹斑斑的"神医"胡万林经由一个叫陈永康的中间人的介绍,最终走到了一起,导致了悲剧的发生。

第二,丰富人物性格,突出人物典型。人物是新闻事件的核心,所有的叙事都是围绕人物展开的。每个新闻事件中的人物,往往不是单一的、平面的和静止的,都有其特殊性和典型性,是各种矛盾的焦点。新闻故事受讲述时间的限制,如何在有限的时间内展现丰富立体的人物成为电视新闻深度报道的一个困局。简单地说,展示人物一般有两种途径,即直接展示和间接展示。直接展示往往通过人物当下的语言、行为来表现，间接展示则通过人物的历史活动、他人评价来表现。人类的语言和行为都具有可追溯性，留下了很多痕迹。记者通过对被访对象相关资料的收集和整理，使全面立体地展示人物成为可能。2005年12月，中央电视台《面对面》栏目采访了四川师范大学视觉艺术学院的教师李里，制作了《李里：长衫背后》这期节目。以下是节目部分内容：

李里，29岁，出生在重庆，14岁开始穿长衫，喜欢按照中国传统文人的方式生活，现任四川师范大学教师，两年来，他利用业余时间义务向市民讲授国学，深受民众喜爱。

……

在充满中国传统文人特色的生活方式中，李里已经度过了15年的时光。要说穿长衫的由头，还得从李里14岁那年说起。当时上初中的李里参加了学校的化装舞会，一向喜欢扮演古装人物的李里特意为自己做了一件长衫，舞会结束之后，他就一直穿着长衫上课，这样的行为受到很多人责备。

……

李里出生在重庆一个教师家庭，他从小喜欢书画，儿童时期的绘画习作就多次在国内外参展获奖，他的祖父、祖母喜欢文学，小时候，他在家里有机会看到很多祖传下来的线装古书。

在母亲的影响下，李里上初中时开始读四书五经，由于他花费大量的时间读古书，数理化成绩受到不同程度的影响，上完初中之后，他就放弃了上高中的机会。

李里退学回家后就开始了他的自学之路，经过两年的学习，他拿到了中文专业的大专文凭，这时候，17岁的李里面临找工作的现实。

做了半年的校对工作之后，李里做出了一个让同事觉得不可思议的决定，他辞去了这份来之不易的工作，到农村当了一个农民。

……

从农村回到城里之后，李里在重庆罗汉寺藏经楼找到了一份整理经书的工作，每月有200元的收入，在整理书籍的过程中，他更加刻苦地学习中国传统文化。尽管只有微薄的收入，他还经常到外地向一些有学问的老人求学。

2002年，李里被四川师范大学聘请为视觉艺术学院的老师，教授《大学语文》和《艺术概论》等课程。除了正常给学生上课之外，他还担任国学课程的选修课老师，每周五晚上都会有很多学生来听他讲课，国学成为他所在的师范大学学生选修人数最多的课程。他讲课深入浅出，通古诲今，风趣幽默，因此他也成为学生们喜爱的老师。

节目用解说的方式，大量介绍了李里成长、生活和求学的背景，把一个外在特立独行、标新立异的人，还原成一个有着丰富内心世界和独特人生追求的国学爱好者。

第三，适时释疑解惑，强化媒介功能。传播学者莱特认为，大众媒介的一个重要功能是解释与规定。大众传播并不是单纯的"告知"活动，而是伴随着对事件的解释，也提示人们该如何对事件做出反应。大众传播对新闻事件的选择、评论、评价将人们的注意力集中到特定的事件上，解释与规定功能是为了向特定方向引导和协调社会成员的行为。电视新闻深度报道的背景材料很大程度上就是完成解释和说明的过程。以中央电视台

2012年节目《新闻调查——温州:金融改革再出发》为例。节目播出的背景是温州作为中国民间资本发展示范城市,在2008年亚洲金融危机之后,疯狂的民间借贷导致了当地中小企业陷入资金链断裂的巨大危机之中。背负巨额债务的中小企业主纷纷"跑路"、自杀,掀起一场不可小觑的温州式"金融风暴"。2012年3月28日,国务院常务会议决定设立温州市金融综合改革试验区,批准实施《浙江省温州市金融综合改革试验区总体方案》,引导民间融资规范发展,提升金融服务实体经济能力,为全国金融改革提供经验。在当时的大众舆论场里,老板"跑路""跳楼""满街豪车""温州炒房团"等词汇频频出现,关于温州到底发生了什么、这些事情为什么会发生在温州、温州的金融市场将来会怎样成为大家普遍关心又充满疑惑的新闻话题。这期节目通过对温州民间资本30年来具有代表性的事件和人物命运的回顾,通过大量背景资料,将人们心中的问题——解答,并对温州金融改革的未来做出了乐观的预测。以下是部分节目内容实录:

  温州市苍南县,1980年这里的金乡信用社在全国率先实行浮动利率,被视为是温州民间金融改革的起点。4年后,同样是在这里,诞生了新中国成立以来的第一家私人钱庄。

  ……

  解说词:1984年,温州是一个家家开工厂、户户响叮当的地方。小商品、大市场的温州模式正在形成,高速发展的民营企业对资金的需求和当时的政策导向让方培林有了开办钱庄的想法。

  ……

  解说词:改革开放后,从1979年到1984年,国家陆续成立了农业、中国、建设、工商四家国有专业银行。中国人民银行则成为以金融管理为职责的中央银行,当时四大专业银行的主要贷款对象是国有企业,个体私营企业很难从银行得到贷款支持。

  1986年8月,全国金融体制改革试点城市座谈会在北京召开,会议决定把温州列为金融体制改革的12个试点城市之一,方培林的私人钱庄因此有了从"地下浮到地上"的机会。

  ……

  解说词:这是温州民间资本第一次进入正规的金融领地。从鹿城城市信用社开始,温州很快就发展出53家城市信用社,他们为个体私营企业提供了新的融资渠道,取代了部分民间借贷,促进社会融资转向良性循环的轨道上来。

  解说词:1995年,因为当时一部分城市信用社在经营中出现问题,如管理不规范、不良资产比例高等,形成了很大的金融风险。国务院指示地级城市要陆续开始在城市信用社基础上组建城市商业银行。杨嘉兴因此转让了鹿城城市信用社的股份,告别了他从事十年的金融行业。1997年,温州市的城市信用社、金融服务社等金融小机构开始合并,统一组建为温州市商业银行,后更名为温州银行。

  20世纪80年代兴起于温州乐清、苍南一带的台会一度让高利贷走向疯狂,最终因为资金链条的断裂制造了很多家破人亡的悲剧。2011年民间借贷酿制的危机,再次重伤温州。

  ……

从2010年年底开始,适度宽松的货币政策结束,银行开始收紧银根,提高利率,房地产市场随之降温,活跃在一线城市的温州炒房资本也开始被套牢,到了2011年4月份,资本一向充裕的温州竟然开始出现钱荒,朋友之间的资金拆借越来越困难,在万般无奈的情况下,胡福林只能借助高利贷来维系整个公司的运行。

第四,跳出时空局限,增强报道应变。虽然电视新闻深度报道的采访形式是多样的,但现场采访始终是一种最具电视特色和魅力的报道方式。它是与新闻事件的发生和发展同步进行的,要求记者(主持人)自始至终在新闻现场采访和报道,使广大受众如临其境,如见其事,如闻其声。记者同受众一样,对下面将要发生的事只可预料,不可先知,必须随时准备应付意外情景的发生。因此,记者在出镜报道前,应当充分准备背景资料,对涉及新闻事件的人物、场景、起因及相关的专业知识等有所了解,做到胸有成竹,临阵不慌,以不变应万变。

在突发事件的现场报道中,有无充分的背景资料准备,报道的效果好坏大不一样。例如,1992年3月22日,中央电视台直播"长征二号捆绑式火箭发射澳星"时,运载火箭点火后因发动机故障而未能升空,现场报道的记者手足无措,随后有4分钟的图像没有变化,只是拍摄控制中心的场面。如果提前做好准备,介绍一些国际上类似情况发生的概率和原因,说明科学实验从挫败走向成功的艰苦性,就能够防止冷场,使现场报道更贴近受众。

再比如,在CCTV-4长达20天的对"伊拉克战争爆发"的连续报道中,背景资料的运用在其中发挥了重要的作用。从战争爆发的一刻起,战况的发展就始终是受众收视的焦点,但如果节目中始终只有战事进展的报道,整个报道看上去就显得不够立体,时间一长,受众的兴奋度也会降低,这个时候,大量战争背景情况的介绍正好弥补了这一不足。中央电视台驻世界各地记者发回的报道传达出各国政府和民众对这场战争的态度;特派记者冒着危险拍摄到的图像可使受众真实地了解炮火中的巴格达;军事专家结合图表的详尽分析可帮助受众对战事的发展方向做出自己的判断;电视编辑制作的背景短片,使受众对伊拉克战争的由来有了清晰、全面的了解。从某种意义上说,背景情况的交代让伊拉克战争跳出了局部战争的小格局,在历史的纵深上和空间广度上影响着整个时代和全人类的命运。

第五,深化报道主题,突出新闻导向。经验告诉人们在一个复杂的新闻事件中,最能反映事件主题和意义的矛盾,往往不是最显现于外的。人们首先看到的是事件的结果。例如,"冰冻三尺非一日之寒",冰冻是结果,持续低温是原因,事物经由量变的积累才能达到质变的条件。背景资料中往往包含着导致新闻报道价值转变的量变条件。下面是2012年4月21日中央电视台《新闻调查——PM2.5迷雾》的解说词:

解说词:2011年这个灰霾严重的冬天,使得PM2.5从一个科学术语迅速变成了备受关注的公共词汇。在当时,各地环保部门的"空气污染指数"是将常规监测的几种空气污染物浓度简化为单一的概念性指数形式,其中并不包括PM2.5颗粒物的浓度,但是公众却表示"空气污染指数"和自己对天气的直观感受常常存在着差距,于是不知不觉中,在民间,PM2.5逐渐成为人们判断空气质量的"非官方标准"。

解说词:在世界范围内,美国是较早开始研究PM2.5的国家,他们将PM2.5规定为考量空气质量的一个重要标准,认为每立方米空气中PM2.5的含量数值越高,就代表着空气污染越严重,对人体造成的危害可能性也越大,公共卫生领域的研究人员经过长达16年的研究,发现了PM2.5数据与人体健康之间可量化的规律。

解说词:国家《环境空气质量标准》的编制说明显示,1982年我国颁布了《大气环境质量标准》,并于1996年和2000年先后进行了两次修订,2008年第三次修订正式启动,2010年11月,环境保护部网站公布了该标准修订的第一稿,并向全社会公开征求意见。王庚辰注意到,在"表1 环境空气污染物基本项目浓度限值"中,并没有出现PM2.5的标准,而是将其放在了"表2 环境空气污染物其他项目浓度限值"中,而基本项目(表1)在全国范围内实施,其他项目(表2)由国务院环境保护行政主管部门或省级人民政府根据实际情况确定具体实施方式。

解说词:据了解,在治理PM2.5污染物方面,美国一直被认为是较为先行的国家。1997年,美国环保署首次在"环境空气质量标准"中增加了PM2.5的指标,而后经过8年的治理,到2005年,美国仍然有39个地区达不到1997年颁布的PM2.5的标准,这样的先例让各国的环保部门清楚地意识到治理PM2.5并非易事。

解说词:在世界范围内关于PM2.5规制的情况,各个国家都有所不同。例如,欧盟虽制定了PM2.5环境空气质量标准,但到2015年才开始实施,而英国一再推迟采用PM2.5标准,但已经开始PM2.5的监测和数据公开。日本虽然对环境问题很敏感,但直到2009年,才提出有关PM2.5的基础提案。据日本媒体报道,其原因之一是担忧目前并不景气的日本经济会因此而遭遇复苏的障碍。就目前看来,对PM2.5规制情况最好的国家之一是美国。2000年,PM2.5的监测在美国实现了常规化,那么,对于经济高速发展的中国来说,在PM2.5的监测与治理问题上又会做出怎样的选择呢?

背景资料在上述报道中起到充当参照体系的作用,这是一种通过归纳法去论证说明问题的策略。上述背景资料首先具有一定的普遍意义,通过对PM2.5在不同时空中的介绍,说明该问题在历史以及世界范围内处于什么样的阶段。通过与不同国家对PM2.5政策的比较,说明我国在面临该问题时显现出的独特性,同时通过对该问题发展的介绍,体现了处理该问题的一般性。于是背景资料的介绍使受众建立了一个全面的参照体系,这个参照体系是受众得出判断的依据。受众得出的判断与创作主体的预期是否一致,决定着舆论导向是否成功,而舆论导向的成功又如此密切地与判断的参照体系产生联系。在这个意义上,由背景资料提供的参照体系直接影响了舆论引导功能的实现。

2. 资料准备的最大化原则

准备多少资料才能完成一次采访,这是一个蹩脚的问题,没有人能够给出准确答案。西方学者和记者有一种说法认为,访前准备要遵循"十比一"原则[①],也就是说最后的采访要进行1小时,那么记者就要做10小时的访前准备,以此类推。很显然,"十比一"原则并不是一种教条标准,而是对资料准备的形象化的表述。

美国著名电视记者华莱士被人称为"提问专家"。他曾经说过,如果事先没有充分的

---

① [美]约翰·布雷迪:《采访技巧》,范东生等译,新华出版社,1983年版,第48页。

准备,是很难临时提出好问题的。在1986年9月采访邓小平前,他查阅了很多文字资料,观摩过很多录像,并且尽可能地和一些见过邓小平的人进行交谈。到北京之后,他还用采访的方式了解了邓小平的近况。意大利记者法拉奇对邓小平的采访,也因为对邓小平生日的祝贺而流传甚广。相反,有些记者因为背景资料准备不充分而留下了难以挽回的遗憾。美联社记者尤金·莱昂斯有过两次令他终生遗憾的采访:一次是采访斯大林,一次是采访伊朗国王。前苏联方面本来只给了他5分钟的采访时间,由于时间短暂,他也只是简单准备了几个问题,结果那天斯大林谈性甚浓,与他足足交谈了两个小时。由于缺少资料准备,莱昂斯认为在采访斯大林的大多数时间里他都没有问出令自己满意的问题来。对伊朗国王的采访情况类似,本来安排的是5个问题。问完后,国王给了他继续提问的时间,可他已经没什么可问的了。尤金·莱昂斯事后痛心地说:"我庄严立誓,暗下决心,从今以后,如果再来到世界上的大人物面前时,一定要先认真地拟好几十个问题,准备进行一两个小时的采访——即使根据安排只需谈几分钟。"①

如果有人问你采访中哪些资料是必不可少的,哪些又是可有可无的,正确的回答是,具体情况具体分析。人们很难从量的角度给出一个简单的数据,同样也很难以从质的方面给即将出发的记者一些建议。人们能做到的只是告诉你,尽可能地多准备:准备和被访对象相关的各类信息,了解和新闻事件相关的法律政策、地方法规和行业习惯,检索相关媒体对类似事件报道的材料,准备必要的证据资料。

### 3. 专业知识的价值

在电视新闻深度报道的选题中,难免会涉及专业技术领域和一些专门技术人员。作为外行的记者面对内行的被访对象,常常会感到力不从心,甚至误读信息价值,错失采访时机。培养"专家型"记者,一直是学界和业界争论的话题,至今没有定论。从媒体的实践来看,一些记者由于长期报道某一领域内的新闻,而逐步成长为一名跨界"专家"。例如,电视媒体上曝光率极高的财经栏目、体育栏目、军事栏目评论员,以及一些对教育、医疗卫生、国际关系、地区政治拥有发言权的节目特约嘉宾,他们当中很多人都是编辑、记者出身。早在1880年,美国《纽约太阳报》采访主任丹纳就曾经说过:"记者必须是个全能的人,他所受的教育必须有广阔的基础,他知道的事情越多,他的工作路子就越广。一个无知之徒,永无前途。"②

美国《纽约时报》著名记者威廉·伦纳德·劳伦斯因报道原子弹而闻名于世,作为一个科技新闻的报道者,劳伦斯在1937年就获得了普利策新闻奖。之后他并没有故步自封,哈佛大学法学博士出身的他,敏锐地将自己的注意力转向了原子能和原子武器的研究和报道工作。后来他成为唯一一个可以了解有关原子弹的一切细节和担负研究工程官方史学家任务的记者,他以记者的敏感全面而深入地针对原子弹进行了采访。1945年8月7日,一篇关于原子弹的多达十个版面的报道出现在《纽约时报》上,他也因此再次获得普利策新闻奖。

---

① [美]约翰·布雷迪:《采访技巧》,范东生等译,新华出版社,1983年版,第51~52页。
② 季宗绍:《电视深度报道教程》,复旦大学出版社,2008年版,第123页。

## 二、选择合适的被访对象

记者在采访活动的准备阶段,首先要做的就是初步确定被访对象。随着采访的进行,事件的线索和脉络逐渐清晰之后,会出现被访对象的迁移,原来没想到的人会出现,原来确定好的被访对象会不愿继续接受采访。如何与被访对象进行访前沟通是记者的重要工作,很多成功的电视新闻调查类节目就是从记者打给被访对象的第一个电话开始的。选择合适的被访对象要注意以下 3 点。

1. 遵循一般性原则

第一,应该选择新闻事件的当事人、亲历者进行采访。从新闻报道的公正性和客观性角度出发,记者必须尽量采访到事件各方的当事人。偏听则暗,兼听则明,处于多重利益和矛盾焦点的当事人会对同一事件有迥异的看法,让不同的声音"发声"是新闻报道真实、可信的保障。《新闻调查》关于"活熊取胆"的报道中,采访的当事人就比较全面,可以按照矛盾关系把被访对象分为三方:

质疑方:张小海　亚洲动物基金会中国区外部事务总监
被质疑方:邱淑花　归真堂创始人
　　　　　张志鋆　归真堂董事
　　　　　陈志鸿　归真堂总经理
第三方:黄乘明　中国科学院动物研究所研究员
　　　　周超凡　中国中医研究院研究员
　　　　严　旬　国家林业局野生动植物保护与自然保护区管理局副司长
　　　　房书亭　中国中医药协会会长
　　　　姜　琦　沈阳医科大学原副校长
　　　　王永金　"人工熊胆"课题组副组长

在电视新闻深度报道中,尤其不该忽略那些微弱的声音,细节的缺失可能正是远离真相的第一步。

第二,应该选择离新闻事件最近的人进行采访。如果当事人因为各种原因不能接受采访,记者应该尽量采访到与当事人关系最密切的人,如亲人、法定监护人、朋友、领导、同事、同学、现场目击者、第一联系人、最后联系人等,在时间、地域、情感和法律关系上按照重要程度画一个同心圆,一层层地向外辐射。以柴静在《双城的创伤》中被访对象的选择为例:

苗苗的父母
苗苗的同学小杨
苗苗的同学小蔡
苗苗的表弟
苗苗的舅舅
苗苗的同学小孙
苗苗的同学小倪

双城镇双城小学甲班班主任吴寿昌
双城镇双城小学乙班班主任王兴文
双城镇双城小学校长王林山
甘肃省武威市市委副书记苏振祥
小孙母亲
小杨父亲
心理教师

甘肃省武威市双城镇居民事件是围绕自杀的当事人苗苗展开的,根据与事件第一当事人关系的远近,柴静确定了被访对象的范围和顺序。

第三,应该采访对新闻事件中的结果负有责任的人。两个事件之间具有相关性,并不意味着它们之间存在某种必然的因果联系。例如,跑得快的人和长得瘦的人、面相凶狠的人和内心凶残的人都没有因果关系。因此,记者必须透过表面进入到事件内部,找到真正的"牛鼻子"。在电视新闻深度报道采访中存在着大量舆论监督内容的报道,这些内容涉及制度建设、法律监管、权力滥用、渎职犯罪等各个方面,事件背后所反映的社会问题有时候远远大于事件本身。这就要求新闻记者不但要从个体层面就事论事地采访和报道,还要从全局上把握被访对象。比如,《新闻调查——被延误的飞机》这期节目中,飞机延误的根本原因是调查的目标。发生在机场的打砸事件中有很多当事人,但谁是事件的主要责任方呢?节目开始后,第一个被访对象是机场服务人员,他们是打砸事件的亲历者,也可以说是受害者;第二个是闹事的乘客,他因自己的行为受到了行政治安拘留的处罚。在这一组矛盾中,机场是受害者,乘客是施暴者。随着调查的展开,机场现场运营指挥室、南航河南分公司运行指挥部、民航河南空管分局服务室、民航河南空管分局塔台管理室、新郑机场机务工程部等事件各方开始浮出水面,通过调查和访问,人们发现机场在应急事件处置管理上的混乱和漏洞才是事件的主要因素,采访从一般责任人推进到了主要责任人。

第四,应该采访权威。社会心理学研究表明,权威在说服公众强化意见或改变意见上比普通人有更好的效果。权威往往以某一专业领域内学识渊博者的形象被介绍给大家,权威的发言是新闻信息可信度的重要组成部分。在新闻报道中,记者不可能是全知全能的人,为了准确地把握报道事实的本质,挖掘事件的深刻内涵,更为了使报道的主题得到强化,求助专家是一个简单可行的好方法。另外,那些以第三方身份出现的专家和权威,在不代表任何一方利益基础上所做出的判断和评价,更容易被受众接受。

2. 遵循中心人物原则

中心人物是指那些在新闻报道中具有最大价值的人物。一般情况下,他是新闻事件的当事人,有时候也可能是新闻事件的相关者。采访活动中的中心人物串联着采访过程中的各要素,牵一发而动全身。中心人物身上往往承载着4种重要功能:中心人物具有典型的功能特征;中心人物的行动是推动新闻故事叙事前进的重要力量;报道通过中心人物的语言、行动,展示人际传播的魅力;中心人物使节目蕴含丰富的人文内涵。

中央电视台《面对面》节目在2013年10月的一期关于香格里拉旅游服务行业乱象的选题中,采访了事件当事人——迪庆藏族自治州导游阿布。阿布只是香格里拉众多导游中的一员,一段驱赶游客下车的视频使他成为导游负面形象的代表,采访到他可以说就是找到了事件的中心人物。经过记者与阿布的交流，人们看到的是云南省乃至整个旅游服务行业运行中的一些深层结构性问题，导游处于这个利益链末端，其生存困境浮出水面。阿布从一个单一的负面角色，变成了一个信息源，辐射出整个事件的全貌。

3. 对被访对象进行简单筛选

电视新闻深度报道被访对象的选择除受上述两方面的基本原则影响之外，还要符合一些特殊要求。受电视传播声像同步、所录及所见的传播特性影响，电视对被访对象的要求与报纸、杂志、广播等媒介对被访对象的要求略有不同。除非特殊需要，被访对象的形象要尽量不使人感到反感；从清晰度出发，被访对象应尽量使用普通话表达；被访对象要有清晰的表情。

## 三、制订采访计划

制订采访计划是电视新闻深度报道采访准备阶段的一个重要环节，它是对整个采访过程的大体规划。采访计划的制订要充分考虑各种因素的影响，一份系统、高效的采访计划往往具有很强的可执行性。通常而言，采访计划一般包含两部分内容：一是对前期工作的总结，包括采访意图的明确、被访对象的确定和联系情况、现有资料的整理情况等；二是采访计划的主体，包括采访活动的时间安排、人员安排，采访的手段和方法，采访设备与录制要求，采访的主要问题和主次关系等。详尽的采访计划甚至还包括交通工具、天气情况、食宿和财务安排等。下面主要从三个重要的方面谈采访计划的制订：

第一，确定采访顺序和活动安排。首先要确定采访地点。采访地点的选择要与新闻事件有内在的关联性。办公室、医院、学校操场、咖啡厅、行驶的火车上、昏暗的地下室、监狱的狭小房间等，原则上任何地点都可以成为新闻采访的发生地。作为典型环境的采访地点，往往具有其他环境所不具有的强烈的视觉冲击力和情绪磁场，如在医院里采访钟南山，在监狱里采访落马官员等。环境本身也在参与叙事，传播意识形态和鲜明态度。

第二，确定采访时间。采访时间具有双重属性。它首先指采访活动发生的现实时间，这个时间与人们真实生活的时间相重叠；其次指经过电视屏幕呈现出来的节目时间，它是抽象的、经过割裂和拼接的银幕时间。受新闻时效性的影响，第一时间采访到新闻事件的当事人往往会获得独家和头条的传播优势，因此，电视新闻深度报道的记者往往具有较强的时间意识。抢新闻不仅适用于常规性的消息报道，在深度报道中也意义重大。一旦其他媒体获得了对重大新闻事件的独家采访权，那么再好的选题和策划也失去了意义。同时，电视节目播出的时间是对现实时间的浓缩，采访的时间一般都大大长于播出时间，因此，如何安排采访时间也应该考虑节目时长和节目编排的需要。

第三，确认自我身份。新闻记者在采访中以什么样的姿态出现很大程度上决定了节目的采访效果和传播效果。批评性报道、问责式采访的记者就应该是居高临下、咄咄逼人的姿态吗？代表媒介正义与公众利益的自我认知有时候反而成了媒介暴力和舆论强权的化身，亲切温和、感同身受的低姿态有时候反而表现出一种伪人文关怀和道德优越感。记者的职业角色和社会角色经常会在身份确认上出现冲突。好的记者应该以职业需要为身份出发点，以公共利益为价值诉求，不卑不亢，平等直视地面对被访对象。只有做到这一点，记者身上才会有一圈温暖的光环，从而得到公众的信任，塑造媒体的威信。

## 四、确定采访方式

采访方式又叫采访方法。电视新闻深度报道的采访方法按照不同的范畴可以分为以下三类：

第一，按照记者参与新闻事件的程度分为旁观式采访、参与式采访和体验式采访。旁观式采访强调记者在进行采访时，始终保持旁观者、目击者的身份，不介入新闻事件中，更不因记者的采访活动而影响事件的发展。旁观式采访有点接近纪录片创作中的纪实性原则。纪实手法是使纪录片具备真实性的、最直接手段，采访者视角转化为摄影镜头引领着受众的视线，"原生态"地表现事件的本来面貌。"导拍""虚构""重现"等方法固然有助于表现主观意图，就像文学创作中的比喻、拟人、夸张等修辞方法一样，增加了文字的可读性，却削弱了质朴带来的震撼力。

参与式采访是指记者以明确的职业身份"介入"，参与到新闻事件中，成为推动新闻事件发展的一员。近些年出现在各地方电视台之上的"帮忙""调解""维权"等节目，就是典型的参与式采访。参与式采访既可以是积极赞扬的正面报道的采访方式，也可以是负面否定的批评报道的采访方式。

体验式采访又叫隐性采访，它与参与式采访最大的区别在于，在体验式采访中，记者是以职业身份之外的另一种社会身份甚至是虚假身份参与新闻报道的。体验式采访常常使用暗访、偷拍的记录手段获取新闻事实，这种采访方式虽然广泛使用在调查性报道的节目之中，但其道德合理性和规则合法性一直是新闻界、法律界和学术界争论的焦点。但就目前我国的新闻实践和社会意识发展阶段而言，隐性采访是有其存在的必要性和积极意义的。

第二，按照采访者与被访对象的时空关系分为现场采访和非现场采访。如果采访者与被访对象在同一时空内完成采访活动，人们称之为面对面采访或者现场采访。面对面采访是电视采访最重要的形式，也是最擅长的表现方式。新闻记者与当事人或有关人士同时出现在画面中，构成封闭的话语空间，突出了电视采访的叙事功能。而非现场采访则包括电话采访、电子邮件采访、信件采访等，这种采访方式是新闻记者通用的传统采访手段。面对面采访的优势是"所得即所见"，信息传递直观、形象、具体、生动，人物的语言、表情、动作、着装等细节通过摄像镜头直接表达，真实性和信息的丰富性是无可替代的。而非现场采访方式常常因为是间接的、单一的（语言）、抽象的（文字），而需要受众在解码信息时进行大量的工作。面对面采访的另一个重要价值是，它将记者与被访对象的对抗和冲突直接呈现给受众，增强了新闻报道的戏剧性冲突和节目的可看性。

第三，按照技术手段可分为脱机采访和带机采访。根据报道过程是否使用采录设备，可以将采访分为带机采访和脱机采访。电视新闻深度报道的采访一般为记者出镜的带机采访，它对记者驾驭语言、把控现场有一定要求；而脱机采访更接近于纸质媒体的传统采访方式，录音、笔记是记录的主要手段。

### 五、确定采访问题

确定采访的主要问题和次要问题之间的关系,往往是采访阶段最重要的内容。它也是最能显现记者采访功力的阶段。一个好问题成就一次采访,一次好采访成就一次报道,一个好报道成就一个记者的例子并不少见。如何提出一个好问题,恐怕是每个记者都在无数次地思考的问题。提出问题的具体原则和方法会在下一节专门讨论,这里主要说一下确定采访问题的一般性原则,即明确提问的目的,确定切入主题的方式,确定提问数量,确定问题的顺序,设计提问的转场、过渡和结尾。

## 第三节 深度报道采访中的倾听与提问

从严格意义上讲,电视新闻深度报道采访的过程包括数据收集、调查研究、摄录取材、采访提问等多个环节,而在这些环节中,最重要、最核心的因素无疑是对人的观察和访问。人既是事件的形式因,也是目的因,离开了人,任何报道都将失去它的生命活力。

记者与被访对象的沟通行为本质上是一种人际传播活动。人际传播按照传受双方的联系方式,又可以分为直接传播和间接传播。直接传播主要是通过口头语言、类语言、体态语的传递进行的信息交流。间接传播是指在现代社会里的各种传播媒体出现后,人际传播不再受到距离的限制,可以通过这些传播媒体进行远距离交流,这就大大拓展了人际传播的范围。直接传播对应的是面对面的直接采访,间接传播则包括电话、网络、信件等采访方式。人际传播的特点也决定了电视新闻深度报道采访的一些特点。

第一,传授双方感官参与度高。在面对面的采访活动中,传授双方的全部感觉器官都可能参与进来,即使是间接性的人际传播活动,人体器官参与度也相对较高。在刑事侦查领域有一种"测谎技术",支持这一技术的一种理论认为,人的肢体语言和表情可以间接反映人对信息的态度和心理感受。

比如:① 真正吃惊的表情转瞬即逝,超过一秒钟便是假装的;② 撒谎者不像惯常理解的那样会回避对方的眼神,反而更需要眼神交流来判断你是否相信他说的话;③ 对问题的生硬重复是典型的撒谎;④ 男性鼻子下方有海绵体,摸鼻子代表想要掩饰某些内容;⑤ 手放在眉骨附近表示羞愧。

我们无意去研究测谎技术是否科学,但生活经验告诉我们,人的行为和心理之间确实存在着某种联系,准确把握这种联系有助于记者对信息的加工和理解。

第二,信息反馈的量大、速度快。在面对面的采访过程中,记者可以迅速获取对方的信息反馈,随时修正传播的偏差。同样,被访对象也会对记者的言语行动做出反应,及时调整他的信息策略。这种反应的发生时间和发生频率受到多种因素的影响,但总量和效率是惊人的。如果有了传播媒体的中介,信息反馈的数量和速度都将受到限制,因为冷冰冰的媒体可能会使传播对象不愿参与反馈意见。

第三，信息传播符号系统多，接收方法灵活。人际传播可以使用语言和大量的非语言符号，非语言符号是指动作性符号、音响符号、图像符号、目视符号（地图、曲线、绘画等符号）等，符号系统的多样化为信息的表征提供了多种途径。人类自然传播手段中的各种非语言手段，诸如姿势、表情、眼神、形体动作、身体接触以及服装的选择、整容手段、香水气味和时间与空间的使用形式等都具有符号意义，都可以通过人的视觉、听觉、触觉、嗅觉等感知渠道来表情达意。它不但可以加强、扩大语言手段的作用，同时也可以弱化或抵消语言手段的效果。由于非语言符号在传递信息过程中的模糊性、间接性、复杂性和不确定性等特点，虽然它在记者的采访活动中占有重要的地位，但是当它进入大众传播环节之后，很难被人们有效地接收。电视新闻节目最终要以大众传播媒介形式传播，大众传播需要更加公开的、明确的可以被理性认识加工和处理的信息。因此，语言符号的传播仍然是记者采访活动中的主要手段。语言符号是人与人之间进行交际的工具，而且是人类社会中最重要的传播媒介之一，人们借助语言符号来使思想得以表达，感情得以传达，知识得以交流。从哲学意义上来看，思想是通过语言表达的，思维是语言的"内核"，而语言是思维的"外壳"。在采访活动中主要表现为记者的提问和被访对象的回答，以及交流双方的倾听，并且此过程是可逆的。

人们几乎不可能为每一次具体的采访活动提供准确的语言交流技巧，但可以肯定的是，"以不变应万变"的采访策略一定是行不通的。人们甚至不能确定一次采访活动正式开始的标志是什么，是一个寒暄的问候还是第一个问题的提出？采访活动变幻莫测充满未知，可以说1 000个记者眼中会有1 000种不同的采访。对同一个选题的采访也会因为角度、立场、意识形态、信息对称性等因素的影响而风格迥异，同一个记者对同一个事件的看法也会随着认识程度的加深而有所不同，因此从宏观上去把握采访中的倾听和提问是比较现实的做法。

## 一、采访中的倾听

新闻采访是问与听的互动，善问者首先必须是一个善听者。美国著名主持人拉里金认为，谈话的头号守则就是倾听。华莱士在谈到自己的提问技巧时讲过这样一种感觉，在电视采访中你可以做的唯一一件最有意思的事就是提一个巧妙的问题，在对方答复之后，停止三四秒钟，好像你还在等待他说点什么，奇怪的是对方会觉得有点窘迫，于是会说出更多的东西，虽然这一技巧不一定具有普遍意义，但它至少说明，倾听和沉默有时会比进一步的发问得到的还要多。为什么把倾听放在这么重要的位置上呢？现在从倾听的功能上来探讨一下这个问题。

1. 倾听是准确提问的前提

人们知道采访中的提问是受采访目的统摄的，但是被访对象的回答不是被动的，更不会有提问者所期待的标准答案。被访对象对记者的提问会进行广泛而详尽的阐述，也可能是松散、歪曲、片面的应付。被访对象的回答夹杂着大量的冗余信息、错误信息和无效信息，这对记者的进一步提问设置了不小的障碍。这就需要记者在大量的反馈信息中，抓住问题的关键,找准话题的核心,直击要害,解释主题。有的时候被访对象会故意制造语言的烟幕弹,用不相关的回答避开提问的锋芒。这个时候,记者准确地发现被访对象的意图、目的,调整自己的提问思路和问题内容显得至关重要。

2. 倾听是合理判断的依据

采访活动是在特定时间内完成的特定任务。有些采访虽然相对从容和自由,但就整体而言是有时间和效率要求的。对被访对象的回答,记者会进行适时的分析与判断,也会在后期加工时进行必要的取舍。在采访发生过程中,记者往往要判断被访对象回答的真实性、准确性、全面性、动机和目的等因素,同时也要判断回答的价值量、敏感度、轰动性,采访内容是否适合播出,会有哪些影响等。记者的大脑在并行加工多种信息,而这些信息的出发点就是被访对象的反应。口语交际表现出丰富的可能性,有些人善于运用比喻、类比、夸张等形象的语言表达自己的观点,表现出流利和健谈的原生口语风格。而电视新闻类节目传播语言作为一种次生口语文化样本,更接近于书面文化,它突出表现为文字的抽象性,发展的是人类思维的逻辑分析能力。如何从"色彩斑斓"的答案中,听出冷静的"纯色",需要记者缜密的分辨能力和理性的思维品格。

3. 倾听是思考的来源

在被访对象的回答中,有一类答案不是简单的事实陈述,而是观点和意见的表达,是被访对象思维活动的结果,往往以直言判断、联言判断、选言判断、假言判断、模态判断的形式出现,甚至表现为被访对象对记者的提问、反问、质疑等形式。这个时候记者往往会本能地进入思考和回应模式,这种智力上的交锋是精彩访谈的必要条件。记者在采访中面对各行各业、具有各种专业背景和知识水平的对象,有些问题是被访对象清楚而记者不清楚的,有些知识则完全超出了记者理解的范畴。特别是在解释性报道的采访中,面对陌生的概念、定义和标准,记者能不能听明白、想清楚是访谈顺畅推进的关键。采访的过程对记者来说也是学习的过程,适度遇挫还比较正常,完全遇挫则显得记者准备不足和水平有限了。

倾听是对被访对象的鼓励。不是所有的被访对象都对在镜头前表达观点习以为常,相反,大多数新闻深度报道节目中的被访对象面对镜头都会有一个从抗拒、调整到适应的过程。这个过程有长有短,因人而异。如何能够让被访对象排除顾虑、畅所欲言?一个被信任、被接受的倾听者是十分重要的。提起凤凰卫视《鲁豫有约》栏目的主持人陈鲁豫,人们首先想到的不是她的提问多么有智慧,而是她手托下巴,眼含笑意,全神贯注地倾听被访对象说话的神态。西方心理学普遍认为,对于女性观众而言,她们需要的并不是一个喋喋不休的言论贩卖者,更多的时候是一个倾听她们心声的听众。男性思维强调结果,因此有像王志这样咄咄逼人的提问者,目标和结论是他们最关心的;女性思维重视过程,结果不重要,感受才是目的本身。如何鼓励你的被访对象?请从一个倾听的动作开始吧。

另外,在倾听时记者还应该调整自己的状态,做一些积极的准备。

第一,注意力应该高度集中。没有听清楚对方说什么,或者把对方说过的内容遗忘了,而重复提问同一个问题,是采访者的噩梦,也是对被访对象的不尊重。遇到强势的被访对象,它甚至可以成为采访天平倾斜的契机。

第二,尽量全面地倾听。这是一个老生常谈的问题,全面倾听与重点关注之间并不矛盾。全面倾听并不需要全面关注,或者平均用力,它是对记者从全局和宏观上把握采访的要求。一般情况下,记者不应该在被访对象回答问题时,分心去准备下一个问题或者认为这段回答不重要,而意欲直接跳过。调查性报道中的全面包含了让事件各方都有机会表达,和让每一次表达都能充分进行两层含义。但是,实际情况是记者尽量做到即可,并非金科玉律。

第三,倾听要有耐心。耐心是倾听品质中比较核心的成分。面对记者,有些人是知无不言、言无不尽,有些人是胸有千言、口无片语,而有些人则是滔滔不绝、离题万里,有些人揣着明白装糊涂,有些人是歪曲事实、满嘴谎言。虽然耐心这种品质并非对谁都适用,但它是记者人文素养的重要组成部分。耐心不是迁就,也不是无奈,耐心是尊重,更是一种新闻理念。如果你可以对紧张焦虑的被访对象有耐心,为什么不能对趾高气扬的被访对象同样有耐心呢?强势可以是任何个人的性格特征,但不应该是媒体的职业角色。这些年群众对"媒体审判"的批评之声越来越多,就是这种内在的平等意识缺失的结果。既然人人都有发言的权利,那记者就应该耐心地对待每一个人。

## 二、采访中的提问

提问是采访中获取信息的主要手段,也是推动采访进行的主要动力。我国著名记者邵飘萍总结他的采访经验时说过,欲达事实之目的,必须先发有效之质问。提问是记者和被访对象交往和沟通的桥梁。离开这座桥梁,采访活动既不能在人际交流中交换有效信息,也不能为大众传播活动提供有用素材。没有问与答的交锋,思想观念和意识形态也就无从表现,深度报道的深度便不能借助理性思维的参与而产生。同时,问与答是双向刺激—反映的过程。从记者角度来讲,其目的是让被访对象开口讲话、讲真话、讲有用的话,借当事人之口揭示事件价值;从被访对象角度来讲,其同样对这一环节有多种心理预期和目的诉求。当提问者的利益和诉求与被访对象一致时,采访往往会很顺利地进行,但同时可能缺乏兴趣点;当采访者明显站在被访对象对立面时,问与答的交锋则可能因为充斥着火药味而看点十足。面对不同的题材、不同的被访对象、不同的采访环境,采访中的提问具有无限的可能性,可以从以下3个方面来把握。

1. 提问面临的挑战

每一次采访对记者来说都是一次挑战,有的战役容易些,有的则是硬骨头。记者在采访中面对的提问环境也是波谲云诡、变化万端的。概括起来,采访提问面临的主要挑战来自于以下三个方面:

第一,采访选题千差万别。采访选题涉及社会、政治、经济、文化、生活的各个方面。我国又处于社会转型的复杂时期,各种社会意识、思潮、观念都在发生着剧烈的震荡和变化。不同的选题以典型价值代表着媒体对社会的认知和把握。记者作为采访活动的主体,要对复杂的采访内容、采访目的和采访主题有深刻的认识。但是人的知识是有限的,用有限的经验认识去面对无限丰富的生活,对任何新闻工作者来说都是一个挑战。只有不断地学习、观察、分析和思考,才能在一次采访中把握核心问题,提出高质量的问题。下面是中央电视台《焦点访谈》栏目2014年以来的部分选题,从中可窥见一斑。

| | |
|---|---|
| 2014.2.27 | 乡里有了少年宫 |
| 2014.2.27 | 户口纠错挺头疼 |
| 2014.2.26 | 严整"会所中的歪风" |
| 2014.2.25 | 接种疫苗:健康的保障 |
| 2014.2.25 | 北京地铁:每天的春运 |
| 2014.2.24 | 环保促进发展 |
| 2014.2.24 | 除戾气 正风气 |
| 2014.2.23 | 中看不中用的"小农水" |
| 2014.2.22 | 危险的鞭炮 |
| 2014.2.21 | 人在"证"途囧事多 |
| 2014.2.21 | 扶梯"咬"人须提防 |
| 2014.2.20 | 8 000"柜族"从哪儿来 |
| 2014.2.19 | 酒令智昏 |
| 2014.2.19 | "六号杯盖"有毒吗? |

第二,被访对象各具特色。有多少不同的新闻事件,就有多少不同的新闻当事人。性别、年龄、职业、人生阅历、知识体系、认知水平、表达能力、心理素质等这些关于人的指标的复杂性是难以统计的。记者以一个相对稳定的个体身份去面对无限丰富的个体差异,其难度和挑战性不言而喻。有人说一个老记者就是一本社会百科全书,他始终要以一个学习者的姿态倾听各种各样的表达。柴静在回答记者提出的"你打开别人心灵大门的钥匙是什么"时,这样说,走进别人的心灵也是走进自己的心灵,当你去打开别人心灵的时候,首先要清空自己。你不能毫无立场,必须有一些人类共同价值的观念。通往人心的道路是最艰难的道路,一个记者可能要付出生命才能得到别人的信任,但是你又必须在这个职业中恪尽职守。

第三,采访过程不可预期。采访过程既是有计划的,又是随机的。你可以预测到采访中可能出现的一些问题,有针对性地制定详细的问题大纲,在笔记本上密密麻麻地罗列各种问题。但是思想的碰撞产生的随机性和偶然性又是不可预期的。一个问题会带出另一个问题,在通向终点的道路上有无数的岔路口,何去何从、如何取舍恐怕是记者在采访提问中面临的第三个主要挑战。采访中的判断要有极高的效率,有价值的对话可能会淹没在语言的巨大洪流之中。有经验的记者、思维高度运转的记者、聪明的记者往往会抓住这些转瞬即逝的闪光点提出高质量的问题。

2. 采访提问的一般原则

第一,提问围绕核心问题展开,坚持目的统摄、价值统摄。记者提问是在充分准备的基础上展开的。在准备问题的过程中,除了要考虑问题的总量以外,更要筛选和提炼出关键问题和核心问题。在事物的矛盾关系中有主次之分,在因果关系中有内外因之分,事件发展过程中存在着量变—质变、直接—间接、对立—统一等逻辑关系。所谓关键和要害,就是事物内外部联系中决定事物性质和发展方向的本质关系。记者在采访中如果能抓住主要矛盾,提出的问题就会有分量。要害问题的选择是在目的意识和价值意识的指挥下完成的,每次采访的目的由选题自身的价值量决定。

第二，提问要满足受众的好奇心，具有受众意识、传播意识。这里所指的受众的好奇心，并不是指对受众的猎奇心理、低级趣味的满足，而是要求记者养成一种受众意识、传播意识。记者采访的过程实际上是代表广大受众去认识社会、监视环境和获取知识的过程，受众最关心的问题也应该是记者最关心的问题。如果一个记者的提问，仅限于自己狭小的兴趣范围或者少数群体的认知领域，那么这期选题、这期节目也很难在大众传播的竞争环境下得到认可。重大的新闻事件，如非典疫情、汶川地震、马航航班失联、温州动车事故、房地产限购等，以其对老百姓日常生活影响的大小、远近、强弱来判断其核心价值。越是和受众接近的信息就越能引起受众的关注，某国总统得了感冒、某位印度电影明星发生了法律纠纷等很难引起人们的广泛关注。就是同一事件，人们的关注点也不同。以马航航班失联的报道为例，人们普遍关注搜救情况的进展、各方掌握信息的价值、家属的情绪等信息，有少部分人关注搜寻马航过程中参与各国之间的搜救实力、地缘政治中的固有矛盾，甚至有人关注事件背后的阴谋论。但是，后者就不应该是记者提问的着眼点，因为它不是人们最关心的内容，也不是事件价值的核心。

第三，提问要以被访对象为出发点，遵循人道主义原则、道德宽容原则和法律底线原则。因为经济地位、政治地位、社会地位的不同，更因为在新闻事件中所处的位置不同，被访对象会以各种心态和压力水平接受访问。这些压力有的来自于外部，也有的来自于内部，有道德成分，也有法律成分和经济成分，有些被访对象甚至还面临着生命的威胁。面对异质的和多重身份叠加的被访对象，记者的提问要遵循基本的人道主义原则、道德宽容原则和法律底线原则。记者不是法官，没有权力在法律做出裁决之前对别人进行"媒体审判"，记者也不应有先天的优越感，站在道德的制高点上对被访对象妄下结论。比较合适的做法是，记者以平视的心态面对不同群体中的不同被访对象，对"人"本身给予尊重，而不是对加之于"人"之前的各种限定成分给予尊重，提问要有人情味。

第四，提问要保持中立立场。前面提到，提问时要有受众意识，要满足受众的好奇心和求知欲。这是不是就代表着记者所采取的立场就是大众的立场呢？记者是代表大众在发问，立场是一个价值判断问题。价值判断的准确性不仅仅取决于功利的结果，与行为准则、行为动机都有着非常密切的联系。记者的提问是在一个理性思考的结果之后的，是估计双方的、整体的功利结果的。同时，问题所预期判断，是建立在公共的行为准则之下的。问题所涉及的所有质疑都需要是一个理性思考的结果，这样就能形成一个适度的同时也是深度的参与。

3. 常用的提问方法

理论上讲，新闻采访提问的方法是多种多样的，提无常规，问无定法，因人而异，因事而异，但从新闻采访的实践出发，依然有些规律和常用的手段可供参考。例如，提问方法从提问的角度出发，可分为正面提问、侧面提问、反面提问、迂回提问等；从记者的主观态度出发，可分为求教式、启发式、温和式、激进式等；从心理策略上，可分为诱导式、激将式、错问式、反诘式等；从回答的预期上，又可分为开放式和闭合式等。这里选取四种具有代表性的方法进行介绍。

第一，开放式提问。所谓的开放式提问，是指访谈过程中采访者的问题没有明确细致的目标，对答案的预期是以模糊的状态呈现的。这种目的经常表现为一种被访对象的情感、态度或者体验。这种方法从形式上看起来很简单，有时仅仅是"您现在的感觉怎么样？""您对××事件有什么看法？"等。同时，也正是因为这种简单的形式，这类问题经常遭到受众的诟病。开放式提问的使用需要选择性地满足几个前提，即被访对象是舆论关注的焦点及相关事件具有高度的差异化特征。满足上述条件中的一点，一个开放式提问就具备成功的可能性。但是最重要的是，开放式提问适用于特殊的现场采访环境。很多体育新闻记者最喜欢使用开放式提问，比赛结束之后"感觉怎样"是提问频率非常高的问题。这种问题的指向性模糊，被访对象往往也用"感觉很好、很兴奋"等话语敷衍，这些对于当下的电视观众而言，显然是无法令之满意的。但这种问题依然常态地存在于电视采访中，这显然是有原因的。

2014年CBA总决赛的最后一分钟，北京队胜利已成定局。十几名记者们未等比赛结束就冲向赛场，围住了北京队的核心球员马布里。在这种情况下，除了拍照之外，记者们的问题很难引起马布里的注意，类似于"你在第二节的表现是教练的战术安排吗？"这样具有事先设计的问题都会失去意义。因为复杂的环境使被访对象无法回答这种问题，于是简单开放式提问的正向作用就显现了出来。当时，记者们的问题基本都是"你现在感受如何？"，此时的马布里没有回答任何问题，只是蹲下身子双手掩面哭泣起来。这样一个举动恰恰是对这个开放式提问的最好回答。开放式提问的使用是受到采访环境制约的。颁奖典礼之后的采访中，记者们的问题就转向了战略战术、对一年比赛的总结这类有的放矢的问题。

第二，闭合式提问。闭合式提问有着明确的、细致的目的性，通常以事实信息为目标。这类提问通常以舆论关注的热点事件为中心，而不是以焦点人物为中心，其提问的目的也是以事实信息为中心的，而不是以被访对象的态度、情感为目标的。闭合式的信息调查一般围绕焦点事件中受众的已知信息开展，是一种对事件细节的调查手段。这种类型提问成功与否的关键在于采访者是否能从复杂的新闻事件中找到最关键的信息点，通过这种点状信息在时空及主观意识层面的延伸，挖掘更多的新闻事实。例如，2014年2月15号《新闻调查——被延误的航班》中的采访：

记者：王志安　　嘉宾：主军强（新郑机场航站派出所所长）

记者：2月5号那天你在现场吗？

主军强：在现场。

记者：扔的是什么东西？

主军强：矿泉水瓶吧，后面是两个钉子，然后是胶水粘的，牌子一看没有损坏，也没追究那么多。

记者：那天的情况，你们在现场有制止吗？

主军强：对情绪比较激动的旅客会制止。

嘉宾：韩钰洁（南航河南分公司地面服务部）

韩：我听说是5号登机口那边应该是有我们员工被旅客打了。

记者：就是在登机口那边。

韩：对，就是在我们员工回来的时候，就开始哭了。小姑娘，在哭。然后就问她，怎么回事？她就告诉我们说是被旅客打了。

嘉宾：胡晓瑀（新郑机场地面调度服务部）

胡：因为那天航班比较多，正在进行紧张的航班保障工作，突然有一大群旅客就拥进来了。

记者：就从这个门？

胡：对，就从这个地方拥进来了。我们就一直跟旅客解释，然后劝解旅客。就在这个过程当中，有一名女乘客，可能情绪有点激动，就一杯饮料泼到我头上了。

记者：那你当时跟她比如说有什么不愉快吗？

胡：没有，当时我就坐在这个地方排班的。因为就莫名其妙，就是这样的。

记者：那你当时什么反应？

胡：我当时就懵了，反正当时感觉快哭了都，就是这样的。

嘉宾：薛晶晶（南航河南分公司地面服务部）

薛：那位旅客因为个子比较高，我们键盘就在这边放着，在那边当时是，旅客顺手就抓出去了。当时也是一时拦不住。

记者：他把那键盘拔出去以后呢？

薛：拽出去以后，就摔在咱们桌面的边沿上了。

记者：就里面这个沿儿是吧？

薛：就摔在这上面，当时在那个位置摔的。

记者：当时键盘一下子就摔坏了？

薛：他摔的时候，那个键盘的碎壳已经溅出来了。

记者：他当时，你觉得是非常用力呢？还是说……

薛：很用力，很气愤了已经。所以，我们也有点害怕了。

嘉宾：小刘（摔键盘旅客）

记者：你当时没觉得这个行为可能多多少少已经触犯法律了吗？有这个意识吗？

小刘：我事后知道了，其实自己也做得不对。确实挺后悔的，从我这个人来说，但是现在也没办法。既然已经做了，也必须自己面对。

《新闻调查》播出该期节目时，新郑机场事件已经发生多日，受众通过各种信息渠道了解了新闻事件的概况。街头巷尾的传言以及各种相互矛盾的信息流传甚广，于是记者的采访也从事件的细节入手，通过对多方当事人的采访，试图还原事件的真相。可以看到，提问围绕具体细节展开，如"扔的什么东西？""从哪里进门？"等，提问针对具体个人的行为，如"你在现场吗？""你是如何反应的？"等。这些有针对性的细节问题使受众更全面地了解了新闻事件，在真实充分的信息基础上，对事件的是非曲直做出自己的判断。

质询与追问是闭合式提问的一种，而且是其中目的性最强烈的一种。这类提问经常用选择性的提问。但是一个必须注意的问题是选择性的提问不能是孤立的，而必须是连续的。这种连续的选择性提问经常使用在具有调查性甚至是对抗性的提问中。同样，闭合式提问也受到采访环境的制约，新闻报道中一种调查或者对抗的显现需要一个理性的传播环境。采访者的提问是对受众思维的引导，经常体现为对被访对象的一种质询。受众通过这种经过采访主体加工的信息的整合可以得出自己对于某事件的看法。例如，2012年3月17日《新闻调查——苦涩熊胆》中的采访：

解说：每批记者的参观时间大约5分钟，整个参观时间大约2个小时，由于现场工作人员只解说，不解答，对于在网络上引发口水大战的"熊是否痛苦"的争论焦点，记者们在现场只能凭着自己的观察来揣摩熊的表现。

归真堂工作人员：我们整个的引流过程就完成了。

记者：这是一般的量还是说比平常多一些或者少一些？

归真堂工作人员：关于这个事情，等会儿可以到专家会上去问，好吧？好了，我们可以出去了。因为我们的接待能力有限，熊已经出现应急（反应），它一直坐立不安，因为我们人太多了，可以出去了，不好意思，我们还有那么多人在等候。

解说：参观过后，归真堂还安排了16名药学、中医学和动物学等方面的专家来回答记者们的提问，揣着无数疑问的记者们把专家座谈会变成了辩论会。

同期：能直接回答问题吗？

同期：不要浪费时间好吗？

同期：如果第二个问题不方便回答，我们问第三个问题好吗？

解说：关于引流胆汁时，黑熊痛与不痛的问题一再被记者提及。

张志鋆（归真堂董事）：刚刚专家也讲得很清楚，每天去挤牛奶，你说牛痛不痛？不知道。

记者：挤牛奶不用做手术，我们就是想知道怎么做得让它不痛？

张志鋆：本身就是无痛的。

记者：你怎么知道是无痛的呢？

张志鋆：那你怎么知道是痛的呢？

记者：这是常识。

可以看出，上述采访中的提问都具有明显的选择性特征，这种选择性使被访对象面临无法回避的问题，使受众获得最关键的信息，体现出一种采访的高效。同时，被访对象的答非所问与采访者的追问、质询构成了对抗，体现了强烈的冲突性，增强了新闻报道的可读性。

第三，诱导式提问。诱导式提问也是闭合式提问的一种形式。诱导式提问与质询式提问体现出交流状态上的差异。如果说质询式提问是一种激烈的论辩，那么诱导式提问就是和谐地聊天。需要说明的是，诱导式提问不是通过设置圈套、陷阱使被访对象说出采访者想要的话，更不是对被访对象话语的歪曲解读，这是有悖于新闻伦理的卑劣手段。诱导式提问的目标在于塑造一个自然的访谈环境，使被访对象能够自如地把自身的经历与情感娓娓道来，使受众在一种轻松的视听环境中了解信息，获得某种情感经历。诱导式提问主要应用于新闻人物的访谈，因为其获得信息的效率较低，而在突发新闻事件的采访中基本不使用。在针对新闻人物的访谈中，诱导式提问通常是一种采访策略，其提问与回答的过程经过剪辑之后，最关键的信息会呈现给电视受众。诱导式提问成功的关键在于对被访对象的背景信息的了解，以及对被访对象个人以及人品的理解。只有在充分地掌握这些信息的基础上，采访者才能做出有效的诱导，以下采访为例：

记者：那您平时自己照顾自己有困难吗？

老人a：做饭这些我都可以，就是我请了一个小时工给我打扫卫生。

记者：那你们俩自己照顾自己，万一有个头疼脑热的时候怎么办？

老人a：对，我也害怕要是赶夜里怎么办，那我就得打急救车。

记者：打什么？

老人a：急救车。急救车多少号来着？我又忘了。

记者：急救车是120。打120，为什么不打子女电话呢？

老人a：孩子们离这儿远。

记者：没有想过去养老机构是吗？

老人a：据说市里搞得好的咱们进不去，说一百年以后才能排上呢。觉得不要给儿女增加负担就想到养老院，但是从现在看，养老院费用太高了。

记者：您觉得这里住得怎么样？

老人b：我觉得还不错。刚来的时候孤单，现在不觉得了。

记者：您觉得养老院的费用低吗？

老人b：不低啊！便宜的那个不太好。

从上面的采访可以看出，记者的提问基于对老年人普遍状态的充分理解之上。记者提问之前对答案其实已经有了基本的判断，甚至受众也有基本的判断。这时，记者一步步地使老人自己把这些生活中的困难展现出来，这时，事实的力量就显现出来了。在第一组采访中，有一个问题是"打什么？"，这个简单的细节是该段落采访的价值核心，它最能触动受众的心灵。而老人的"急救车。急救车多少号来着？我又忘了"这个答案恰恰是在前面记者对生活细节的提问中看似不经意地被诱导出来的，自然而且真实。后面的问题同样也体现了记者对老年人心理特征的准确把握，针对性的提问使老人乐于表达。同时可以看到，这个段落的访谈经过了较大幅度的剪辑，那些不太重要的诱导信息被删去了。值得一提的是，诱导式提问还经常用于一些不善言谈的被访对象。

第四，组合式提问。组合式提问是一种开放式与闭合式结合的形式，因此既需要采访者做好充分的准备，具有明确的信息目标，同时也要求采访者在访谈过程中随时针对新的信息提出新的问题。可以说，组合式提问是有准备的问题与随机问题相结合的访谈实践。组合式提问是新闻采访技巧的综合体现。整体地审视一次电视新闻深度报道或者一期深度报道节目，其访谈的手段通常都是组合式的。尽管组合式提问是准备问题与随机问题的结合，但是显现其核心价值的却是随机性问题。例如，2013年1月13号《看见——兰考弃儿》中柴静的采访：

柴静：可能这些声音当中也有说，说您作为分管工作的领导，应该被处理，应该"下课"，您看到这样的声音会是什么反应？

县长：如果我被处理，我并没有啥可想的，因为啥，比起这七个孩子的生命，我这是微不足道的。我一想我就睡不着，被梦所惊醒。

柴静：什么样的梦？

县长：噩梦，梦见烧死这7个孩子的现场。我也是，有过孩童时代，很复杂，这些孩子家里的老人已经享受不到天伦之乐了。

柴静：你会自责吗？

县长：我一直都在自责，自责我在工作中有失误。

柴静在对县长的采访中,即是抓住了"梦"这个突发性的信息,并且及时地追问下去。对于采访者而言,抓住类似的信息是提出高质量、随机性信息的关键。在访谈过程中,被访对象经常有自己强烈想传达的信息,同时可能采访者并没有针对这些信息进行提问,于是被访对象就会在话语中释放相关的信号。上述访谈中,具有规定的问题是领导"下课",而被访对象主动提到了被"梦"惊醒,这就是一种表达欲望的信号的释放。值得特别注意的是,随机性的提问不能过度应用,采访者不能因此放弃对采访结构的设计。

## 练习题

1. 以《新闻调查——双城的创伤》为例,分析采访中情感性原则的运用。
2. 结合《新闻调查——哈尔滨天价医药费》节目,分析戏剧性原则在本期节目中的运用。
3. 分析《新闻调查——PM2.5迷雾》中背景资料的作用。
4. 综合运用本章知识,制定一份采访政协委员周星驰的问题大纲。
5. 寻找一个具有深度报道价值的选题,结合本章的学习内容,综合利用各种手段,拟定一份完整翔实的采访大纲、提问大纲,并带机完成节目的采访和拍摄,提交一期40分钟的电视深度报道节目。

## 拓展阅读书目

1. 书名:《电视深度报道教程》
   作者:季宗绍
   出版社:复旦大学出版社
   出版时间:2008年8月
2. 书名:《创造性的采访》(第三版)
   作者:[美]肯·梅茨勒
   译者:李丽颖
   出版社:中国人民大学出版社
   出版时间:2010年3月

# 第七章  电视新闻深度报道的主持人

**教学重点**：对电视新闻深度报道主持人进行全面深入的了解和认识，包括了解该类型节目主持人的素质与能力要求，把握主持人语言艺术魅力以及主持人情感把控艺术，了解该类型节目主持人的品牌影响力。通过对这四个方面的把握，使学生获得对电视新闻深度报道主持人的全面、系统的认知。

**教学难点**：循序渐进地培养、提升学生电视新闻深度报道所要求的素质与能力及主持艺术水平。

## 第一节  主持人的素质与能力

在节目传播过程中，最为活跃和显著的因素是主持人，他们在节目与观众之间起到了沟通的桥梁作用，同时还起到了驾驭节目进程的主导作用。对于电视新闻深度报道来说，主持人在传播中所处的位置和发挥的作用和其他类型的节目是一致的。不同之处在于，主持人是否有足够的"深度"能与节目的"深度"相匹配，即主持人是否有相应的素质与能力对新闻事实进行解释、分析，并引导受众对新闻事实的本质与意义进行全面、纵深的理解。可以说，电视新闻深度报道主持人对节目的质量有着重要的影响，甚至对节目的成功起着决定性的作用。

### 一、主持人的综合素质要求

1. 政治素质

电视新闻深度报道主持人服务于中国共产党领导下的中国特色社会主义电视事业，虽然主持人的传播有个性化特色，但是主持人工作的根本属性和"喉舌功能"不可动摇。他们通过大众传播渠道，担负着向社会与公众传播新闻信息、引导和坚持正确的舆论导向的重任。

电视新闻深度报道主持人的工作性质决定了他们必须有较高的政治理论水平，熟悉党的路线、方针、政策,具有较敏锐的政治洞察力以及较强的新闻判断力和分析力。他们面对错综复杂的事物,能够及时捕捉有报道价值的新闻线索;面对所选择的新闻题材,能够从思想、理论的高度,以敏锐的洞察力识别真伪,透过现象看本质,并在深刻剖析的基础上做出明确的判断,在传播先进文化、塑造美好心灵、倡导科学精神、弘扬社会正气等方面形成正确的舆论导向。

2. 文化素质

电视新闻深度报道对文化素质的要求强调的是主持人的知识结构的完善性。一个合格的主持人在其知识结构上至少应该包括四个方面的内容,即人文科学和自然科学的基础知识,天文、地理、生物、化学等包罗万象的百科知识,新闻传播专业知识以及所主持领域要求具备的专业知识。

在实际工作中,有些主持人会受到专家、观众的批评,被认为"文化底蕴不深""没有对话资格"等。这种情况的出现多半是由于主持人对节目涉及的某领域专业知识知之甚少。他们不仅无法对传播内容进行整合,与受众的期待相去深远,甚至连与嘉宾和观众对话的资格都难以保证,更不用说有深刻的见解了。

电视新闻深度报道主持人处于大众传播媒介的最前沿,每时每刻都有可能面临着社会各个方面的新变化、新情况,需要对许多新问题做出反应、分析和解释。加上现代传媒技术及现代社会的飞速发展,也要求主持人不断更新知识和技能,所以主持人必须有学习能力,这是主持人不断提升文化素质的关键所在。关于在工作实践中的学习提高,白岩松以《新闻周刊》为例谈道:"它逼迫我每天关注新闻,哪些东西是值得你说的,哪些东西是你必须提炼出来的,哪些东西要组合,哪些东西不重要,这是一个训练过程。另外一个训练是你要从新闻的大框架之中,比如说重新需要看一些带有实践性的传媒方面的书,而不是纯理论的,带有强烈实践性的,比如说关于现代媒介资本运营的一些案例。"[①]实践证明,一些在岗位上表现出色的主持人都具有较强的学习能力,他们在工作之余储备知识,完善人格,提升自己的修养与品味,只有这样才能在荧屏上展示出自己博学、自信的风采。

3. 职业素质

国家广播电视总局在2004年12月颁布的《中国广播电视播音员主持人职业道德准则》中要求,广播电视播音员主持人应保持谦虚谨慎的良好品格,自觉追求德艺双馨;在工作和生活中保持良好的仪表和文明举止,自觉自爱,树立良好形象;维护媒体公信力;规范使用语言文字,维护国家语言文字的纯洁。

电视新闻深度报道主持人在受众中具有很高的知名度和公信力,其社会影响力是巨大的。主持人的公众形象和栏目品牌形象息息相关,主持人的公信力和栏目的公信力密不可分。电视新闻深度报道主持人必须具有较高的职业素质,对自己的言行举止严格自律,自觉接受社会、公众和媒体的监督,保持节目上下、银幕内外形象的一致性。

电视新闻深度报道主持人要有强烈的社会责任感。主持人在传播中是"意见领袖"的角色,作为社会舆论的引领者,他们必须对社会的良性发展负责任。中央电视台《新闻调查》制片人张洁说过,主持人必须有足够的勇气来面对这个国家的发展、民族的发展中出

---

① 吴郁等:《电视节目主持人的综合素质研究》,中国广播电视出版社,2007年版,第37页。

现的诸多问题,而且必须铁肩担道义。

电视新闻深度报道主持人要树立敬业、创新的工作作风。爱岗敬业是一种一以贯之、清醒自觉的工作态度和行为习惯。在日复一日、年复一年的工作岗位上,主持人保持认真热情、严谨细致的工作作风,实事求是的工作态度,竭力为受众奉献更多的精品力作是其对爱岗敬业精神的最好诠释。随着主持人在节目创作中介入程度的深入,其创新精神和创新能力显得格外重要。

电视新闻深度报道主持人要有团队协作精神。创作团队系统协作要好于主持人个体单打独斗,主持人要与栏目创作群体成员精诚合作,摆正自己在团队中的位置,尊重他人的劳动,保持与团队良好的合作关系。

4. 身心素质

主持人工作在镜头前、聚光灯下,备受关注,但同时压力也是显著的。对于电视新闻深度报道主持人来说,这种压力表现在对政策导向的准确把握上,突发新闻时"连轴转"的工作强度上,直播时身心紧张等高负荷的体力、精力和智力的消耗中,不断进取的自我要求上,以及作为公众人物必须面对批评上。如此大的挑战和考验要求主持人不但有良好的身体素质,更要有良好的心理素质。

在心理素质方面,主持人要有足够的承受力。主持人不仅要能够承受来自领导的监督,而且要能够承受来自受众的批评,以及劳累和失败所带来的身体不适和思想煎熬。主持人要有足够的自制力。自制力体现在主持人能较好地控制自己的情绪上,面对紧张情绪能适度调整、放松。很多心理素质不太成熟的主持人由于过度紧张,常常表现出思维停滞、言辞不畅、手脚发抖、表情僵硬等状态,严重的还会出现大脑一片空白、张口结舌的情况,这使得在传播之前精心准备的劳动成果化为乌有。心理素质较好的主持人面对突发状况,一般能让自己尽快地冷静和镇定下来,迅速调整,从容面对。自制力还体现在主持人获得高知名度后,经得起名利诱惑,避免浮躁,继续真诚面对受众,深入面对新闻上。

## 二、主持人的核心能力要求

1. 信息能力

信息能力主要是指主持人对信息进行遴选、梳理、整合、反馈,在解读的过程中创造新闻附加值的能力。对于主持人来说,信息收集是否全面,梳理是否清晰,反馈是否及时、准确,关系到节目与受众的交流是否顺畅、融洽与深入。

社会生活是多方面的,单个客观事实往往有复杂的因果联系,受众信息的需求也是多层次的。不同的栏目和主持人在解读同一新闻事件、同一新闻人物时,其角度、立意、方式都不尽相同。主持人在节目策划阶段,如确立节目选题、构思节目内容构成时,需要识别、收集信息,梳理、加工信息;在主持过程中连线前方记者或专访新闻人物时,需要对现场信息进行甄别、筛选、组织;在点评议论时,需要对信息进行整合和深化。

面对海量新闻信息,如果主持人和他所在栏目团队的新闻敏感性不足,就不能对信息进行快速反应;如果没有高质量的思维品质,就不具备加工信息的能力。就思维品质而言,电视新闻深度报道主持人在处理信息时,要运用宏观思维和立体思维,从社会发展的全局出发,将新闻事件或新闻人物放在更加广阔的社会背景中进行透视,多方位、多层次、多角度地思考和探索,揭示其内在联系,真实地反映事物的整体面貌。宏观思维是相对微观思维而言的,立体思维是相对线性思维、平面思维而言的。如果主持人在处理信息时只从一个方面、一个局部、一种因果联系去思考问题、分析问题,做简单的肯定或否定,那么这样的思维方式必然使报道浅薄、单一。而宏观思维和立体思维要求主持人处理时间信息时,不仅关注现在,还要追溯过去,推测未来;处理地点信息时,不仅强调现场,还要注意地点波及的范围;处理新闻人物时,不仅瞄准当事人,还要涉及与之密切相关的人员;处理原因和经过时,不仅说明来龙去脉、前因后果,还要分析它的意义,预见未来的发展和影响。宏观思维和立体思维相互补充,密不可分。主持人只有拥有这样的思维方式和品质,才能把握全局,站在一定的思想高度,全景式地认识事物;才能在梳理、整合、深化信息中,抓住关系全局、影响全局的重大问题;才能深化报道的现实针对性和指导性。

在演播室主持过程中,主持人的信息能力表现为演播室采访、连线时对信息的接收、反馈的效率。信息接收效率的高低取决于主持人是否专注于倾听。专注于倾听即全身心投入到倾听的过程中。首先,主持人要自觉主动地排除采访中出现的各种干扰,如采访现场环境、噪声的干扰,面对不同的被访对象易波动的情绪干扰,提前设计好的采访思路模式干扰等,全神贯注地投入到倾听中去。其次,主持人思想要高度集中于对方的话语上,最大限度地注意并记忆每一条信息的内容。在交谈中,语音稍纵即逝,主持人如果没有足够的专注力,那么被访对象所传递出的大量信息不可能较长久、深刻地停留在主持人的脑海中,主持人也就不能根据实际情况随时调用接收到的信息,实现适时总结、承上启下的过渡,也不能实现交谈的针对性和灵活性。最后,主持人要思维敏捷,迅速捕捉到可深入探寻、内涵丰富的信息点。专注于倾听可以最大限度地调动理解力、思维的敏捷度,保证信息反馈的速度。除此以外,信息接收的丰富程度取决于主持人感知力的强度。主持人对信息的接收和理解与主持人的感觉和知觉的综合运用密不可分。视觉、听觉、触觉、嗅觉等感觉通道,为其了解外部世界提供了大量的信息,而知觉系统把接收的各种感觉元素加以整合,促进个体对信息接收和理解的准确性与完整性。对于主持人而言,有意识地培养和提高对信息的敏感度是提升信息接收能力的有效途径。

2. 策划能力

策划能力是指栏目内容与形式两方面的策划,如确立节目选题、构思节目内容、创造性地运用节目元素、设计表现手段等方面的能力。尽管从传播的流程来看,电视新闻深度报道主持人的工作处于传播末端,但这绝不意味着主持人的工作性质和工作状态是被动和消极的。相反,主持人是节目意图的传达者、实现者,又是引领受众接受节目的服务者,主持人只有主动地参与到节目的策划创作环节中,才能发挥更多的能动作用。白岩松曾经说:"我主张主持人只能做主持人的事,但是主持人的事该怎么做?你必须进入到节目的流程之中,你必须得有一定的编导思路,你的控制能力才能体现出来。什么叫最后一个环节你去做,那你都不知道这个节目总体要干什么,你怎么能做得好呢?所以要进入到策划、讨论等过程中。"[①]早在2005年白岩松做完《岩松看台湾》之后,他就萌生了"看日本"

---

[①] 吴郁等:《电视节目主持人的综合素质研究》,中国广播电视出版社,2007年版,第90页。

的念头。在 2006 年时机较为成熟时,这个大型采访报道活动进入准备阶段,栏目组邀请国内各界熟悉日本的专家学者提出意见和建议,以便确定专题内容、采访人物及其他细节。在整个策划阶段,白岩松都深度参与,所以在具体报道阶段,他对这次报道尺寸的拿捏就非常准确,在感性和理性之间找到结合点,既顾及中国受众的情感因素,又不失媒体的责任。最终,这次涉及日本政治、经济、生活、文化、时尚、娱乐等诸多方面的专题报道,主持人和他的团队一起交出了让媒体和受众满意的答卷。

3. 采访能力

采访能力包括演播室与前方记者的连线能力,围绕新闻事件对嘉宾的采访提问能力,对特定对象、特定场合的专访能力,以及针对复杂问题的调查采访能力。

电视新闻深度报道的主持人通常具有鲜明的记者特征。中央电视台《东方时空》栏目负责人曾经说过:"主持人如果离开编辑、记者这两根拐杖,是很难把节目主持起来的。因为他们对于如何与被访对象交流、怎样调节现场气氛没有实际感受,因此说起话来就不到位,就显得不真实,自然也就影响收视效果。"[①]电视新闻深度报道的主持人要接地气,要有一段时间的记者经历,要参与节目报道的策划、采访、编辑、评论的全过程,而不仅仅端坐于演播室播报。美国三大电视网在几十年里推出了沃尔特·克朗凯特、丹拉瑟、芭芭拉·沃尔特斯等一大批电视明星,他们无一不是记者出身。他们良好的新闻素养、出众的口才、出色的现场报道能力、娴熟的采访技巧,是很多"科班"主持人所望尘莫及的。

4. 议论能力

议论能力是指主持人以个人身份在节目中面向受众对新闻事实或社会现象做出实事求是、合情合理的分析议论的能力。它包括对新闻事件三言两语的点评能力,以及在专门的新闻评论栏目中把握全局的相对完整、集中的评论能力。

在电视新闻深度报道中,主持人与受众之间有观点的沟通、事理或情理方面的分析、理念的交流等,其中的议论因素是必不可少的。尤其是在资讯传播发达的今天,人们正步入信息资源共享的时代,独家新闻在很大程度上要靠机缘,因此新闻报道更加追求独家视角,在对新闻事件的解释、分析和引发的评论上下功夫。同时,主持人言论是主持人重要的创作空间,是主持人拥有的话语权。主持人"个性化"的解读视角、观点和表达方式,与受众之间形成了直接的、主动的、平等的、真诚的交流,这种交流使主持人的形象更为丰满、鲜明,更具影响力。

主持人在栏目中议论的篇幅虽然短小,但受众对其议论的能力和质量要求很高。议论是否深刻与独到,与主持人的导向与思路是否开阔、眼界与境界的高低息息相关。主持人的议论能力需要有坚实的思想理论基础和政策观念支撑,需要有相关政策法规的知识积累,需要有优秀的思维品质,需要符合主持人传播的语用特点。另外,在新闻评论节目中,有一个重要的角色——评论员,评论是新闻媒体的旗帜,国外重要的广播电视媒体都有自己的评论员,从某种程度上看,有无本台评论员是媒体是否成熟的标志。中央电视台评论部创始人、电视改革先行者孙玉胜早就提出"从名记者中培养名主持人,再由名主持人中培养本台评论员"的主张。目前,白岩松在《新闻1+1》栏目中就是以新闻评论员的身份出现的。

---

① 吴郁等:《电视节目主持人的综合素质研究》,中国广播电视出版社,2007年版,第48页。

## 第二节　主持人的语言艺术

美国CBS著名新闻栏目《60分钟》的总制片人唐·休伊特认为,电视是"看"的艺术,更是"听"的艺术。"电视的魅力不仅在于它有图像,还在于它有声音,我们不仅要关注图像,还要关注语言的质量。"①电视新闻深度报道主持人一般都有丰富的演播室主持、采访报道经验,在节目中不论是串联衔接,还是叙述议论、连线控场等主持能力的发挥都以扎实的语言功力为依托,即具有准确、得体、对象感强、富于感染力的语言功底。电视新闻深度报道主持人的语言魅力还不止于此,语言表达的角度、呈现的视野、达到的深度以及赋予的个性特色等都是受众在收视此类节目时关注的焦点。

### 一、语言表达的角度

1. 受众角度

主持人的职业角色不是官方发言人,也不是专家权威,主持人是与受众地位平等的传播者,所以,在语言表达上主持人要始终坚持受众视角。电视新闻深度报道主持人因为工作原因掌握了更多的信息与观点,在与受众交流时,应以诚相见,真心实意、平易近人地发表意见。主持人要熟悉受众的需求,关注重点、情感和期望,多从贴近生活实际、贴近群众脉搏、贴近政策举措的热点、焦点上,寻找那些直接可感的切入点,并在串联词与评述中适当流露自己的情感反应和真切体验。

例如,2014年2月27日中央电视台《新闻1+1——用法律规范营利性评奖》这期节目中,白岩松在节目一开始是这样进入主题的:

> 如果你去一家医院看病,结果在这家医院门口挂着特别大的牌子,这牌子上面写着:"全国十大百姓满意放心医院",你是不是觉得特别踏实?这还没进医院呢,就觉得病好了一半了。但是如果告诉你这个牌子是买的,几万块钱给买,而且只要交钱就能够买回来,是不是觉得特堵心?还没有进医院呢,小病都觉得又重了一些。前两天《焦点访谈》播放了这样的一期节目,一个评比大会,能发出去300多块这样的牌子,一下子营利小一千万,这里提出了一系列的问号。比如说,花钱买这种牌子的医院,我们应该怎么看待?尤其是很多退休的领导干部去为这样的评比来站台,究竟又该如何规范他们的走穴行为呢?今天我们一起来关注。

主持人站在受众的立场上,借百姓的心态,巧妙地说出了这一社会现象在生活中引发的担忧以及恶劣影响,并针对相关问题引发了一系列的思考。

又如,2014年2月25日中央电视台《焦点访谈——北京地铁:每天的春运》这期节目

---

① 吴郁:《当代广播电视播音主持》,复旦大学出版社,2010年版,第144页。

中,主持人在节目尾声这样评述:

> 地铁对于乘客来说意味着压力,包括挤车的压力,也包括生活的压力,但它同时也代表着未来,包括行驶的终点,也包括未来的目标。而乘客之于地铁,也如血液之于血脉,没有乘客的来来往往,也就没有了城市的活力,没有了地铁的价值,可见这是一个相互依存的系统,谁也离不了谁。现在这个系统的负担有点重,就更需要我们文明礼让、相互体谅,只有大家共同努力,我们才有美好未来。

针对北京地铁人满为患、拥挤不堪的现象,主持人没有高高在上、指手画脚地说教,而是结合绝大多数群众的情感和利益,理性又不失人情味地分析了其中的关系,用平易近人的口吻提出了自己的观点,这样的表述使新闻传播更亲切,更易引发共鸣。

2. 个性化角度

主持人的语言表达以个人身份发表,主持人关注的生活层面、熟悉的领域、眼界范围、性格特点等,透过语言,会形成与众不同的看问题的个性化视角。

例如,2014年2月18日《新闻1+1——一次投毒,两家悲剧,都该三思!》这期节目中,面对"复旦大学投毒案"一审判决结果,白岩松以他个性化的角度进行了解读:

> 发生在去年,并且一直广泛让大家关注的"复旦大学投毒案",今天上午在上海一审宣判,我们来看背后大屏幕上的两张照片,这是一审宣判之后两位老人在哭,一个是投毒者林森浩他的父亲在哭,一个是受害者黄洋的母亲在哭。没错,两位老人一定会哭,因为一个是已经失去儿子的母亲,一个是有可能即将失去儿子的父亲。透过这样一个母亲和一个父亲的这种眼泪,让人们能够感觉法庭上的一审当然会有宣判,但是没有赢家,这是两个非常值得同情的家庭。因为拉扯孩子不容易,又送到了名牌大学,离三十而立只有一两年的时间,但是一切都戛然而止,不只是生命,还有家庭的这种命运的有可能发生的美好的变化,这一切为什么会发生呢?
>
> ……
>
> 首先我觉得这当然是一个个案,它并不比社会当中熟人之间发生的伤害更多,但是由于它发生在大学校园里,被大家放大的程度要比社会上每天可能都会发生的熟人之间的伤害要大得多、多得多。但即便它是一个个例,依然有很多值得我们分析的地方。比如说我们来看看投毒人也就是林森浩,他的罪名是故意杀人罪,动机检方认为他是因为琐事与黄洋不合,林森浩说其实没那么不合了,但是因为愚人节想捉弄黄洋,把对别人的愤怒转移过来了。但是检方在陈述一个细节的时候,我觉得我们也要格外地去关注。
>
> 从4月1日投完毒,到11日最后是公安机关发现了这里的蛛丝马迹,查出了毒源之后,林森浩中间还作为室友去看过黄洋,而且还不露声色。整个十天多的时间,他也没有主动地去说出是他投的毒,其实也延缓了医生来救治黄洋这样一种进程,因此他那段时间起码在外人眼中看到的某种淡定还是挺出乎意料的。其实就在今天一审开庭之前,我的同事董倩专门采访了林森浩,我们想:透过这样的一个采访,能不能让我们触摸到,到底这一切为什么会发生呢?

主持人首先用两张照片的对比作为新闻的切入点,不管是被害人的父母,还是加害人的父母,此时此刻都是让人同情的,两个家庭都是让人惋惜的,这让人们再一次深入地思考"这一切为什么会发生?"。随着新闻信息的深入报道,主持人引导受众把它还原在社会大背景下来对待,既不夸大个案的影响,又深入探究了本案个体复杂的心理和人性特点。主持人的视角反映了他对新闻当事人及其家庭命运的关注,对复杂的人性的关注。

## 二、语言表达的视野

受众在收视新闻深度报道时,一个重要的诉求就是希望在节目中获得全方位的、关键性的信息,以利于开阔思路,深入思考。不管报道的是弘扬主流价值观的新闻事件,还是反映社会问题和弊端的负面报道;不管面对的新闻人物是社会精英、普通大众,还是边缘人物,主持人通过语言表达的最终目的,不是轻易地帮助受众思考和判断,而是为受众了解和判断事实提供充足的信息依据和参考。

主持人以媒介平台为依托,以语言为交流沟通工具,为受众呈现开阔的视野。在节目中,主持人引领受众的视线,把新闻及当事人还原在时空坐标中,这个体系包括时代背景、社会环境、家庭因素,甚至是性格特点、动机情绪等诸多要素,使受众全面、立体地了解新闻。另外,主持人通过语言表达反映了他所关注的领域和层面,如对弱势群体的关注、对人类命运和人生意义的探索等,引领受众用开放的胸怀感受世界。

例如,2013年12月4日《新闻1+1——撞倒了大妈,也撞倒了真相》这期节目中,主持人是这样说的:

> 这其实是一条不该成为新闻的新闻,因为在全世界,都不要说全世界,全中国每天在街上咣当这么撞一下的这个事儿估计少不了,但是这条新闻迅速被发酵,一来是人们近几年都在谈论把人撞倒了之后到底该扶不该扶,这直指我们每个人的道德和内心,因为背后有一个潜台词,现在的中国人怎么这样? 结果现在的中国人怎么这样,偏偏这回遇到了一个老外,这一下子就做了乘法了,这件不该成为新闻的新闻就迅速被放大,而且一夜之间还出现了这样的逆转。头一天人们在骂这个大妈,第二天在骂这个小伙子,现在集中在骂媒体。
>
> ……
>
> 今天这样的一个事情在提醒我们,很多事情真不能那么着急,不要着急愤怒,甚至有的时候也不要着急感动,等到真正的事实呈现在我们面前的时候,再去释放相关的情绪、义愤,包括评论,其实让这个社会保持一种更加让我们愉悦的环境,可能对我们更有好处。当然,说到这里的时候,我还想强调我喜欢这条新闻。其实一开始我非常不喜欢这条新闻,但是发生了这种变化之后,开始喜欢它。喜欢它什么呢? 它会提醒我们今后不那么着急立即产生反应,比如说一个调查就证明了这个结局,您再看到碰瓷或者讹诈新闻第一反应是什么,"认为是真的"的占43.01%,"认为是假的"的占5.71%,"认为不好说,需要再看看调查结果"的已经达到了51.28%,这就是这条新闻在大逆转事实的同时,也在提醒我们每一个人应该反省一下自己。
>
> 好了,说到这儿,最后针对这个事情还有几句话,其实不管是这位被撞的大姐,还是整个社会,包括我们每一个人,得理之后也可以适当地饶人,不能得理不饶人。当然,大姐不会,我说的这种得理要饶人是有前提的,该赔偿的必须赔偿,没有驾照法律

应该给予惩处，但是再去拔高，给予很多吐沫或者社会的口水，我们就把自己变成当代的"义和团"了。其实这个小伙子，外国的小伙子他也应该去反省，但是不应该被过度，因为他是一个外国人，就上升到了"八国联军一分子"这样的概念，有这样的留言。其实开放的中国需要心平气和地面对男人、女人，外国人、中国人，大人、小孩，平等就是一种进步。

某一摄影图片的提供者轻率地在网上爆出他看到的"真相"，引发了一场关于中国老人"故意讹诈"外国"好小伙"的轩然大波。主持人的话语给当时火热的新闻降一降温，也让那些急着发表观点的人冷静一下。面对当下中国特殊的社会现象，不负责任的图片及文字内容提供者、受委屈的大妈、有过失的外国小伙，以及参与热烈讨论的网民这几方，主持人都理性地区别面对，把握主要矛盾，并引领受众用更良好的心态面对生活。

## 三、语言表达的深度

主持人语言表达的深度常常表现为深刻的观点和独到的见解。主持人运用发散性思维、聚敛性思维等方法，从多维的、整体的、开放的、动态的角度观察和思考问题，运用逆向思维、批判思维联系新闻事件的相关对立面和类似面，通过分析比较，透过现象看本质，引发受众理性思考。

例如，2013年12月16日，《新闻1+1——"人肉搜索"：给个说法》这期节目中，一次"人肉搜索"导致一位18岁女孩自杀，面对公共视频怎么监管、网络到底如何治理的疑问，主持人随着报道的推进逐步进行深入解读：

今天我们这个节目的标题叫"'人肉搜索'：给个说法"，这个"法"其实是法律的法。因为谈论这件事情，如果用情绪或者用道德的话都不一定靠谱，应该回到法律的准则上来。我也专门问了一下法律专家，退一万步说，假如这个女孩偷一件衣服的事实成立，会得到什么样的法律处罚？法律专家告诉我有可能不立案，而只是教育。但是在现实生活当中，一经过"人肉搜索"，当所有人都知道她的时候，这已经变成了远远超过不立案、给予教育的法律处罚，变成了更大的一种处罚，而最后的结果大家都知道，是付出了生命的代价，这样的一个反差有多大。但是接下来话要说回来，刚才仅仅是做了假设。第二个谈"法"，我们要谈的是《刑事诉讼法》修改之后，从保障人权等因素的角度来说，现在已经强调的是疑罪从无，但是在这样的过程中，不管是开店的店主还是所有参与了搜索的人群，还有近些天依然在网上留言的人们，我发现绝大多数是抱着"疑罪从有"这样一种思路在做的。店主认为她就是小偷，参加搜索的人也认为她是小偷。而今天我还看到一个留言说"一个小偷，搜索她怎么了，该死"。你凭什么认定她就是小偷呢？现在公安局也没有明确的说法，说她就是一个盗窃者，在这个时候我们应该保有"疑罪从无"。我们都希望保障人权，但是平常有很多人在互联网上、在生活中呼吁保障人权呼吁得非常欢，一到了行动当中，反而成了破坏保障人权的实施者。这个时候，不知道所有参与这个过程的"人肉搜索"的网友们，会不会扪心自问，还是简单地一乐，反正她偷了东西。你凭什么说人家偷了东西？

……

非常具有讽刺意味的是,现在的网友又开始对店主进行"人肉搜索",其实这同样存在着让人非常不安,甚至可能让人担心的一种结果,因为这同样是另外一种越界。而且在这个过程中,非常让人想不明白的是,可能搜索小女孩的是他,一转脸搜索店主的也是他,再一转脸又为她点起蜡烛、为她哀悼的网友也是他。我们到底是谁?有的时候真该问问自己。

主持人主要通过法律的角度对事件进行解析,把事情本身因果联系该有的结果与事情和经过人肉搜索后的结局进行对比,让人们清醒地认识到方式、手段不同导致结果出现了巨大反差。同时,主持人的解读加深了人们对法制精神的理解,即法律尊重和保护每个公民的权利,每个公民都应该自我审视,加强自律,承担自身行为所导致的后果。

## 四、语言表达的个性

一个成熟的语言传播者必然有属于自己的语言表达的个性,这种个性和主持人自身的思维方式、价值观念、文化素养、审美情趣、个性特征等主观因素密切相关。语言表达的个性是在长期实践中磨炼出来的,是展现主持人个性魅力的重要方面,它包括多种类型,如细腻的、犀利的、幽默的、理性的等。每种个性最终得以体现,还是通过表达者用自己的思维方式思考问题、用自己熟悉和擅长的方式表达情感、用自己能驾驭的语言形式表达三方面呈现出来的。

例如,2013年12月20日,《新闻1+1——垃圾短信该彻底治治了》这期节目中,白岩松的语言个性十分鲜明:

最近一段时间,可能很多人在手机上都会接到这样的短信:"您好,您已被湖南卫视《爸爸去哪儿》抽中为幸运星,获得9.8万元及苹果电脑一台,请用电脑登录,验证码为×××。"你一看短信就知道是骗子。但是你可能觉得你不会受骗,给它删了,一千人当中只要俩人信了,人家就来财了。我今天为什么提到这样一个话题呢?不是因为这一条热门的垃圾短信,而是因为今天有一家媒体报道,据这家媒体从工信部了解的数据,一到九月份,我们的短信息业务量达到了6 970多亿条,也就是接近7 000亿条,而据估算,其中的垃圾短信占到20%。算一下,一到九月份,一共大约有1 400亿条垃圾短信。听到这个数字的时候,你肯定对那些黑心的商家,还有那些骗子感到非常的气愤,这不是天天骚扰我吗?且慢,在这篇报道当中还有这样一段话:这些垃圾短信为三大电信运营商带来大约几十亿的收入,而且是一至九月份,怎么着?这可都是"国"字头的电信运营商,难道是我们在生气,它们在生财吗?

……

今天在准备这个节目的时候,看到有一段媒体的报道,把我给看笑了,您看:"对于频繁被推送的垃圾短信,移动、电信、联通三大运营商的客服人员向记者表示,确实存在垃圾短信随意发送到客户手机的情况,除了客户举报、设置黑名单之外,再无其他更好的办法。中国电信海南分公司甚至还发短信给记者:'您若收到垃圾短信,建议您不用去理它。'"我为什么看到这儿笑了呢?好了,一方面您把钱挣了,另一方面还想到我们这儿来赚口碑,这简直太缺德了。靠这样的一种方式,靠我们不理它就把这个事给解决了,您钱赚了,可是我们的生气、添堵往哪儿去?还是要从本质上去进行改变。

白岩松在调侃中不失犀利,善用设问、反问,和受众之间的交流犹如和朋友之间的谈话,夹叙夹议,亲切畅快。

又如,2014年3月8日中央电视台《新闻周刊》,白岩松是这样开场的:

您好,观众朋友,欢迎打开《新闻周刊》。今天从早上到晚上,我碰到的几乎所有人都在跟我谈论马航失联飞机的事。大家的担心以及忧伤、牵挂,不仅仅因为飞机上有150多位中国人,更因为这架飞机上有200多位乘客。在生命的面前不分国籍,我想大家的这种担心、忧伤以及牵挂,反映了太多人内心中生命至上这样一种准则。说到生命至上,本周的中国正是"两会"期间,而就在本周,作为政协委员,我经历了两次默哀。一次是政协开幕,一次是人大开幕。毫无疑问,那两次静默的时光不仅会留在每个代表委员的记忆中,更留在中国政治的记忆当中。一方面,它体现了对生命的尊重和对暴徒的愤慨;另一方面,对生命的尊重不仅需要呐喊和思维的转变,更需要一定的仪式感,这样才能让生命至上的准则深入人心。当然,在这样的日子里有很多代表委员提醒,暴力分子或恐怖分子就是他们自己,不该用地域或族群去称谓,这样会让太多该地区、该族群的善良百姓受委屈,也只有这样才能更好地将暴恐分子孤立起来。好,接下来咱们共同走进本周《新闻周刊》。

这一段的表达风格依然延续了白岩松惯有的睿智这一特点,同时又体现了其在思维方式上善用发散思维和聚敛思维,既在有限的时间里用语言最大限度地为受众浓缩了信息,又把握住了新闻事件之间的联系和共同本质。

优秀的电视新闻深度报道主持人特别重视语言的运用,他们拒绝"假、大、空",用心专注世界,用情感悟人生,用富于创造型的语言与受众分享信息与观点。

## 第三节 主持人的情感把控艺术

电视新闻深度报道主持人担当了信息发布者与舆论引导者的角色,视角独特、个性鲜明、论说有力、成为此类节目有效传播的关键因素。其中,主持人能否恰如其分地拿捏情感态度,既是判断此类节目主持人是否成熟与优秀的标准之一,也是衡量此类节目能否较好地实现舆论引导功能的指标之一。

### 一、主持人恰当流露情感、态度的必要性

1. 新闻"以人为本"的理念必然伴随情感、态度的流露

新闻是对新近发生的事实的报道,客观性是新闻的显著特性。如果把新闻的客观性等同于新闻是冷冰冰、没有人情味的,那么这种认识是对新闻浅层的、表面化的理解,并没

有深入到新闻的内涵之中。新闻媒体及其从业人员在"以人为本"为核心的马克思主义新闻观的指引下,在新闻报道中,践行以党和人民的关切为关切、倾听心声、反映实情、传递温暖的报道思想,透过新闻事件关注个人及群体的生存状态及命运,尊重其人格与价值。

电视新闻深度报道主持人作为新闻作品创作的参与者和最后的传达者,在媒体搭建的传播平台上,以个人化的视角观察世界,以个性化的方式表达观点,这个过程不可避免地伴随着情感的体验和传递。主持人要走进基层,深入实际,倾听群众的呼声,了解群众的愿望,反映群众的疾苦,只有这样,他们和群众的情感才是融通的。这来自于实践生活的深沉的情感,在演播室被主持人自觉地转化为饱满的主持状态、朴实真挚的语言、求真务实的传播态度。真实自然的情感流露对于受众就像空气中的氧气对于每个人一样,让人浑然不觉,却又必不可少。

2. 媒体的舆论引导功能要求主持人应该有情感、态度的流露

在传媒行业迅速发展的今天,人们对世界的了解和认识,与他们所处的媒介环境息息相关。对于相当一部分受众来说,"媒介现实"就等同于"生活现实",因为这是他们获得信息、形成认识的重要途径。对于具有强大传播效应的媒体而言,它们在传递信息的同时,还肩负着引导舆论的职能。电视新闻深度报道因其倾向鲜明、导向明确、影响广泛的特点,是新闻类节目的旗帜,充分发挥了引导舆论的功能。

电视新闻深度报道以客观事实为依据,通过对事实的理性思考,发表议论,用事实、观点和见解来引导舆论。观点的表达必然伴随着较为鲜明的态度倾向的流露。一个以"用正确的舆论引导人"为指导思想的主持人,不管是在揭露和抨击丑恶现象的批评报道中,还是在褒扬先进、弘扬主旋律的正面报道中,必然表现出对个体生命及其享有权利的尊重。对弱势群体的同情与支持、对崇高行为的感动与敬意、对违背法律与道德的行为的痛心与谴责。这样的态度倾向蕴含在主持人的表情中、措辞上、语气里,潜移默化地引导受众向善、向美地生活。

3. 恰当的情感、态度的传达可以引发媒体与受众之间的心理互动

言论的传播重在触动受众的思想,并引起受众的理性思考。白岩松说:"人们只有感受到你的真情,他们才会被你的语言内容真正打动。"[1]电视新闻深度报道如果饱含真挚深邃的情感,往往给人以更加强烈的感染力、震撼力,能引发情感共鸣,实现报道信息的有效传播。摆在主持人面前的重要任务是如何通过有声语言蕴含的强大的情感力量引发受众与媒体之间的心理互动,更好地影响人、感召人。

一方面,主持人个性化的情感表达方式拉近了传授双方的心理距离。例如,敬一丹常常设身处地地感受被访对象的内心世界,情感表达春风化雨,说理评论润物无声;而白岩松则呈现出客观犀利、鲜明独到、深沉热烈的情感表达特点。主持人在受众心中不再是传播过程中的一个符号,而是一个生动活泼的个体,和受众对话,为受众表达,拉近了传授双方的心理距离。另一方面,主持人寓情于理,引发共鸣。主持人敬民、爱民、助民的人本情结,使他们深入生活,了解民情民意,站在媒体、受众和个人视域交汇点上看问题;在表达中,理性而不失热情,全面而不失深度,字句掷地有声,引发受众情感共鸣。

---

[1] 白岩松:《我们能走多远——关于主持人话题的胡思乱想》,载《现代传播》,1996(01)。

## 二、主持人恰当流露情感、态度的内在依据

1. 具有强烈的社会责任感

众所周知,主持人是新闻工作者,在媒体搭建的传播平台上,他们具有一定的话语权和广泛的影响力。虽然他们以个体形象出现,并有鲜明的个人风格,但实质上他们集媒体、受众、自我三重角色于一体,肩负着通达社情民意的重任与弘扬社会主义核心价值观的使命。是否具有强烈的社会责任感,既是衡量一个新闻节目主持人是否合格的关键要素,也是主持人能否恰当把握情感、态度的内在依据。

强烈的社会责任感使主持人不但能正视社会上存在的各种社会问题,而且有足够的勇气和热情为其解决呼吁与呐喊。主持人在评论中那些义正词严的批评、语重心长的劝诫、情真意切的倡导、务实诚恳的建议,无不来自强烈的社会责任感。

强烈的社会责任感使主持人跳出狭小的个人空间与自我情感表达,关注人民生活、社会进步、国家发展。在主持过程中,主持人以更加开阔的视角看世界,用一种大气、稳重的状态去表达深沉、真挚的情感。

强烈的社会责任感使主持人深入生活,用实事求是的态度做节目,肩负起舆论引导的重任。鉴于对工作性质、岗位职责、角色作用的深刻认识,主持人在工作中义不容辞地肩负起维护社会公平与正义、推动社会法制与道德建设、弘扬社会主旋律的舆论引导职责,其表达以事实为依据,态度鲜明,语气肯定。

2. 具有理性精神

"科学精神是中国当代人文精神的核心精神,它在哲学层面上体现为理性精神。"[①]电视新闻深度报道的客观性、严肃性、思辨性等特点,要求主持人情感、态度的流露以理性精神为内在依据。

主持人在节目中所流露的情感绝不是一己之情感,而是受众、媒体、主持人自身三方情感交汇、融合后的共通的情感。它也不是一时之情绪,而是主持人在明确了表达的主题、宣传的目的、引导的方向后做出的价值选择,是一种更为深沉的情感。在理智与意志的调控下,这种情感呈现出自然、健康、深刻、个性化的和谐状态。

主持人以理性精神为内在依据流露的情感、态度具有以下三方面的特点。首先是理性的反思。主持人透过新闻事件的来龙去脉和纷繁复杂的社会现象,反思行为主体存在的问题,并敢于质疑权威,发出对人类命运与人生意义的思考。其次是严谨、求是的态度。主持人在节目中不管是言谈话语还是情感、态度,都明确地传达出尊重道德与法制、推崇科学理念与科学精神、倡导探索与实践的生活态度。最后是人文关怀精神。主持人关注新闻事件中人的生存状态,维护和尊重每一个人的权利和尊严,尤其是弱势群体的权益,这无形中推动了整个社会的人的理性精神的进一步发展。

3. 具有丰富的生活阅历

"生活阅历是一个人在生活过程中所有经历的总称以及由经历获得的社会经验,生活

---

① 吴郁等:《电视节目主持人的综合素质研究》,中国广播电视出版社,2007年版,第42页。

阅历既与一个人的年龄有关,也与一个人生活内容的丰富性有关,更与其对生活的感悟有关。"①一个生活阅历丰富的人,对社会生活的方方面面有更深的体会,其文化见解也更为深刻,更容易赢得他人的信赖和尊重。丰富的生活阅历是电视新闻深度报道主持人稳重、成熟、可信的情感、态度表达的源头活水。

中央电视台著名的新闻深度报道主持人,像敬一丹、白岩松、张泉灵、张羽等都曾深入生活的一线去访问调查,"深有感触"是他们情感表达状态的突出特点。感觉到的东西,我们不能立刻理解它,只有理解了的东西我们才能更深刻地感觉它。同样,只有理解了的东西我们才能更深刻地表达它。这理解就来源于生活实践,它是对生活的体悟,是拿自我的人生经验对生活智慧的印证。基于理解基础上的情感表达,体现出"深""真""浓"的特点:"深"即富有生活积淀的深沉的思想情感;"真"即由衷而发的、真挚诚恳的情感状态;"浓"即浓厚的人文内涵,表现为对他人的尊重、理解、体恤与关怀。

## 三、主持人恰当流露情感、态度的外部特征

1. 保持积极的主持状态

主持人在演播室面对摄像机镜头进入模拟人际交流情景,即透过镜头要感知到节目受众的存在,保持一种积极、放松、有活力的交流状态,这是恰当流露情感、态度的前提。如果主持人在镜头前呈现出松懈的、呆板的、毫无热情的交流状态,那么传播效果必然大打折扣,甚至截然相反,情感、态度的恰当流露也不复存在。

保持积极的主持状态最根本的是要能保持持久的主持创作热情。但凡能在电视新闻深度报道主持岗位上崭露头角的主持人,无一不是热爱新闻主持工作并善于传播的人。但随着工作经验的积累、对工作模式的熟悉,主持人就会出现脱离实践、创作热情衰减、形成固定的腔调和语势等情况。情感、态度一旦失去了激情与诚意,无形中便拉开了主持人与受众的距离。克服这种状况的唯一途径就是主持人必须深入生活实地采访调查。只有这样,主持人才能更深刻地感受到新闻事件的新鲜感,才能感受到肩上的责任,才能持续不断地激发对新闻工作的热情,才能敏锐地把握情感、态度的分寸。

2. 准确把握情感基调

基调是指在表达中对情感色彩与分量的总体把握。能否准确把握基调,体现了主持人能否准确理解稿件、正确把握传播意图的传播功力。表达的主题与内容不同,主持人的情感基调就存在明显的差异,如表现"真、善、美"为主题的报道时,主持人的情感基调是昂扬的、热情的;与之截然相反,表现"假、恶、丑"为主题的报道时,主持人的情感基调是严肃的、批判的。即使是同一类别的报道,因所报道的主体不同、所报道事件的影响不同,基调的表达也有不同的区分度。

情感基调的把握离不开主持人准确的判断力。关于是非善恶的判断,对一个具有正确的人生观和价值观的人来说并非难事。但在较宽泛的、同类情感范畴内,主持人对基调分寸感的把握和判断,则体现了主持人的能力水平。像原北京卫视主持人元元在实践中

---

① 吴郁等:《电视节目主持人的综合素质研究》,中国广播电视出版社,2007年版,第47页。

分别针对"性质恶劣、后果严重""尚可批评教育""生活中的陋习和误区"三类不同的事件，总结出批评性质报道基调的三个"量级"，即"锋芒毕露型""语重心长型""轻松幽默型"，以防只图嘴上一时之快，失去了客观性与人情味。另外，情感基调的把握还离不开主持人的情感控制能力。基于个人意志作用下的自我调节意识是情感控制的关键。主持人在情绪激动时，应力争做到满而不溢，保持情感态度始终处于活跃而又理性的状态。

3. 掌握语言表达技巧

声音是时间的艺术，有声语言在传播中一个突出的特点就是"线性传播"。节目中的声音信息稍纵即逝，如果没有听清、听懂，不可倒回重听。因此，主持人在语言传播过程中，新闻信息点表达是否清晰、准确，有声语言蕴含的情感能量是否直接、迅速地感染到受众，与主持人是否掌握语言表达技巧有密切的关系。

语言表达技巧常常指停连、重音、语气、节奏的运用。这些技巧来源于生活，是对恰当地表达语义与情感的语言形式内在规律的提炼与总结。例如，停连的运用有助于语句内部结构和外部关系的显现；重音的运用可突出地表达具体的语句目的和情感色彩；语气的运用关系到情感色彩的丰富性和语气分量的分寸尺度；而节奏关系到语流的抑扬顿挫和轻重缓急，以及有声语言整体形式的循环往复。

明晰的语言表达能让受众毫不费力地听出语流中意义的主次、逻辑条理的层次、语篇的完整协调，以及思想感情的色彩和分量。主持人只有具备娴熟的语言表达技巧，才能用和谐、流畅的语言，表达真实、丰富、贴切、深刻的情感、态度，才能实现电视新闻深度报道激发情感、凝聚人心、弘扬主旋律的传播效果。

## 第四节 主持人的品牌影响力

享有社会美誉的栏目，与富于声望和水准的优秀主持人常常互为因果，相互依存，并依托于电视传媒的社会功能产生强大的社会影响力，对社会认知与判断以及社会行为进行有效引导，对大众的思想意识、生活方式、文化习俗、行为习惯等有着潜移默化的影响。

### 一、主持人品牌现象

主持人在其主持的固定栏目中一般呈现出稳定的声音形象或屏幕形象。这既包括主持人的声音、相貌、体态等外在的、感性的印象，也包括主持人的精神道德、价值观念、学识修养、文化品位、人文素养等深层次、内在的理性形象。主持人的形象就像是栏目的一张名片，人们说到某个栏目就会想到这个主持人，说到这个主持人就会想到这个栏目。同时，随着主持人节目多样化的深入发展，主持人"个性化""人格化"的传播特色日渐鲜明突出，优秀的主持人在受众中拥有越来越高的知名度，主持人已跻身于社会公众人物行列，成为社会名人，具有不可低估的影响力。例如，2004年8月，中央电视台对旗下著名主持人的品牌价值做出首次测评。《幸运52》的主持人李咏位居"最具价值主持人"第一位（品牌价值4亿元）。入选"最具价值主持人"的还有王小丫、崔永元和周涛，他们的身价均超过1亿元。① 到了2006年，由《蒙代尔》杂志发布的"中国最具价值主持人"排行榜显示，李咏的品牌价值更是达到了5亿，王小丫、窦文涛分别以3.4亿、3.2亿的品牌价值位居二、三位。其他入选的7位主持人是陈鲁豫（3亿）、汪涵（2.4亿）、许戈辉（2.3亿）、白岩松（2.1亿）、朱军（1.5亿）、袁鸣（1.2亿）和庞烨（1.1亿），10位主持人的总体品牌价值为25.2亿。②

品牌是长期持续给消费者带来利益的符号，包括物质利益和精神利益，也是拥有高知名度、高美誉度和忠诚度的符号。品牌主持人是栏目或频道品牌的核心竞争力，为栏目或频道增加附加值，能够引领节目长足发展。一些知名的、资深的电视新闻深度报道主持人以其优质的传播形象，在受众中具有广泛的影响力，已形成与栏目品牌价值相吻合的自身品牌价值，如敬一丹之于《焦点访谈》，白岩松、董倩之于《新闻1+1》，张羽、张泉灵之于《东方时空》，柴静、杨春之于《新闻调查》等。主持人与栏目相互依存，常有"一荣俱荣、一损俱损"的效果。

主持人品牌主要取决于其内涵的核心——公信力，主持人的公信力是指受众对主持人的认可、信赖和美誉。首先，它源自媒体的公信力，我国主持人供职的媒体代表社会公共价值，具有正确导向公众舆论的作用。其次，主持人的公信力还来自于他们自身的道德精神和价值趋向。美国哥伦比亚广播公司前新闻主播沃尔特·克朗凯特，曾担任哥伦比亚广播公司黄金时段节目《晚间新闻》主持人20年，此节目始终在美国电视新闻收视率中首屈一指。在他担任主持人的那个年代，美国经历了越战、自然灾害、核爆炸、社会巨变和太空飞行等一系列历史重大事件，观众亲切地称他为"沃尔特叔叔"，他每期节目的结束语——"That's the way it is"（事实就是如此）作为他的经典名言，也成了公信力的象征。不论是老年人还是年轻人，不论是保守派还是自由派，几乎都信服他的正直品格和新闻判断。他是如此深得信任，以至于在1972年的一次民意调查中，他获评"美国最值得信任的人"。"宁可不信任总统，也要相信沃尔特·克朗凯特"成了那个时代美国人的一种选择。在他的率领下，美国哥伦比亚广播公司居全美电视新闻收视率榜首长达21年。美国广播公司男主播查尔斯·吉布森评价，他曾经是并将永远是这个行业的黄金标准，他的客观、公正和新闻判断力都是伟大的榜样。

## 二、主持人品牌影响力的表现力

大众媒介的强势传播特质使主持人品牌品质和信誉最终聚合为社会影响力。社会影响力主要指"有声语言传播主体通过向受众提供与其社会生活密切相关的传播内容，形成自己的知名度与号召力，并作用于受众认知、情感和行为的过程与能力，它是有声语言传

---

① 刘琼：《从央视测评看主持人品牌价值的提升》，载《视听界》，2005(01)。
② 陈兵：《媒介品牌论：基于文化与商业契合的核心竞争力培育》，中国传媒大学出版社，2008年版，第213页。

播主体影响力在社会生活中的具体体现"①。

  一方面,电视新闻深度报道主持人通过确立问题来引导社会关注,使受众了解社会生活,监测社会环境的变化,对自己的生存状况进行把握,进而能够积极地适应社会的发展变化。例如,报道关注与人们日常生活密切相关的社会热点、焦点等方面的问题,像环境问题、就业问题、食品安全问题、贪污腐败问题等,主持人通过传递信息、展开讨论,有效地吸引了受众的注意力。例如,中央电视台《焦点访谈》于2013年12月7日在节目中澄清了在当时闹得沸沸扬扬的"外国小伙遭中国大妈讹诈"这一新闻事件。节目通过调查采访还原事实真相,主持人敬一丹在调查结尾这样总结:

  现在看,对于当事双方人来说,克制情绪,冷静处理,纠纷是可以妥善解决的。这件事更告诉人们,现在信息传播这么快、这么广,每个信息发布者都有一份社会责任。拍照片的、发消息的人,如果只是为了吸引眼球、赚点稿费就不细究事实,那就是主观臆断;一些图片社和媒体,如果为了经济效益、轰动效应就不加核实,那就是误导公众。这都是不负责任的以讹传讹。"有图没真相"的事发生不止一次两次了,这样的图片拍起来很方便,发起来很迅速,用起来也很容易,但它每传播一次,就会让我们的社会多一次伤害。而我们每一个人,都有可能是被伤害的。

  主持人通过表达观点、提供方法,对受众的认知和行为产生影响,有效地疏导社会关系,引导社会舆论,提升社会凝聚力。

  另一方面,电视新闻深度报道主持人在传播过程中协调人与人之间的关系,协调各种复杂的社会关系。如果纯用理念、单讲道理是不够的,主持人情感的流露与表达作用于受众的情感,进而影响人的观念、态度、行为,是主持人社会影响力表现的另一个重要方面。例如,《焦点访谈》的主持人敬一丹,设身处地地感受被访对象的内心世界,她的人文关怀精神在她真挚、深沉的情感表达中自然而然地流露无遗,她的这种主持风格也深受广大受众的认可和喜爱。受众在观察到、体会到主持人的尊重、平等、关爱后,会产生一种亲近感和信任感,使主持人更容易走到受众心里,对受众产生深度影响。主持人这种对爱、对真情、对生命的推崇和坚持,也会净化受众的心灵,影响到他们此后的言行。

  主持人的品牌影响力还表现在文化影响力上。文化影响力是指"有声语言传播主体以符号表达及其所承载的深层内涵来影响受众的文化心理、文化选择和文化表现的过程与能力,是有声语言传播主体影响力在文化生活领域的具体体现"②。它主要表现为主持人通过自己的言行对受众进行文化引导和文化示范,起到文化塑造的作用。受众通过接触有声语言传播行为与有声语言作品,从中汲取文化知识,补充或塑造自己的社会观念形态,规范和调整自己的生活方式。可以说,受众选择接收主持人品牌的文化影响力时,实际上是进行了一种文化选择和价值选择。

  例如,2014年2月5日,《新闻1+1——过年的烦恼》这期节目中,面对过年发红包给人们带来了压力这一现象,主持人是这样表达自己的意见的:

  过年、回家,带来温馨,带来感动,也带来别样的力量。其实面对给红包这件事,

---

①② 张政法:《主体的影响力——广播电视有声语言传播主体研究》,中国传媒大学出版社,2014年版,第105页、第122页。

我个人的态度是坚决支持给,但是另一方面,希望能够多降点价,为什么这么说呢?想起自己小的时候,虽然那个时候经济条件非常糟糕,得到的钱也很少,但是自己会用纸去叠一个纸钱包,等着过年的时候发了这个红包之后,当然红包里很少的钱,放在里头谋划给自己在未来几个月买几本书,或者怎么怎么样,因此,红包是自己非常难忘的童年记忆。我相信对于现在的很多孩子来说,发红包也是很重要的过年的记忆和快乐。但是另一方面不得不承认,现在的红包有点价格涨得太猛了,五百、一千、甚至两千,相当多的人谁给得起?最后还变成了一种攀比,人家给你自己的孩子多少钱,你反过来转身要给人翻倍。如果按这样的结论下去,终究有一天红包这条路非走到尽头不可。

春节发红包是一种传统风俗习惯,主持人通过表达自己的选择以及提出合理化的建议,引导受众调整认知与行为方式,通过理性的行为进行选择,只有这样,传统习俗才能得以继承和发展。

又如,2014年2月7日,《焦点访谈——春节,你过得怎么样》这期节目中,主持人在春节过后,对这一传统节日进行了回顾和总结:

> 这让我们觉得为它付出再多也值得。出了家门就像出了加油站,不管走多远都会记得亲人的嘱咐,都会记得咱们的家风。千家万户的家风合在一起不就是民风吗?家风是咱们民族文化具体生动的表现,不管表述如何,咱们中国人盼的还不都是"家睦人和、国泰民安"吗?

主持人既表达了中国人对传统节日——春节的浓浓情感,又强化了传统文化中被人们逐渐淡漠的精髓之一——"家风"。重提"家风",意在重塑家风观念,使传统文化在继承中发扬光大。

《新闻调查》制片人张洁曾说过:"在一个电视主持人的早期,他的魅力来源于新闻的魅力,他不断地以最快的、最近距离的方式来给大家报道一个又一个的现场,这个时候他的生命源于新的生命。由于他长期地报道新闻,而且是不同类型、不同内容的新闻事件,在这个过程当中,他的一些观念也好,价值也好,审美也好,也会传播出去,这样年复一年、日复一日的几十年的传播,这种东西使他的新闻变得真实可信,那个时候他就成为公众的一种价值观念的代表,到那个时候,他就变成一个有魅力的新闻主持人,他在处理任何新闻的时候,都会为新闻带来他的魅力,那个时候就是他在引领新闻。"①

## 三、主持人品牌影响力的维护

从电视传播激烈竞争的现状和未来看,主持人品牌对于电视传播有着极其重要的意义。它不仅能最大限度地提高节目的收视率和影响力,更在盈利平台上成为广告主认知的金字招牌,为频道带来充沛的客户资源和财富收益。主持人品牌需要个人与媒体共同投资和维护。

首先,主持人要对自身持续进行"投资"。电视新闻深度报道主持人要自觉学习、充

---

① 吴郁等:《电视节目主持人的综合素质研究》,中国广播电视出版社,2007年版,第77页。

电，不断更新自己的知识结构，同时坚持深入社会、深入生活观察和思考，汲取生活阅历的营养，这是主持人对人生和社会有深入感悟的前提。当一个主持人能游刃有余地使用专业技能，表现出主持特色，完全胜任工作岗位后，要谨防对工作模式与内容产生懈怠。如果主持人认为只凭经验和技巧就能轻松应对，往往导致其对工作失去真诚与热情，这是主持人职业停滞甚至是枯竭的前奏。另外，主持人具有品牌效应后，往往会面临更多的压力、诱惑、失败等考验，主持人品牌会不会质量不保甚至异化，要看主持人的价值观定力的大小。2003年5月中央电视台《新闻频道》试播时，白岩松参与到新栏目的创建中，他因工作实力强、工作经验丰富，被任命为《时空连线》《新闻会客厅》《中国新闻》3个栏目的制片人兼主持人，同时还兼《央视论坛》本台评论员。但在2003年8月，白岩松十分清醒和明智地主动辞去三个栏目制片人的职位，3个栏目各自由优秀的编导升任制片人。后来白岩松谈到这样的选择和决定时，说做了制片人，做主持人的思路就要为此改变。所谓屁股决定脑袋，常常怕空播，怕节目被"枪毙"，作为主持人，其提问与评论就会越来越平庸。辞去制片人，并非辞掉责任，而是卸掉一种诱惑。重新回到主持人角色，独立思考再度归来，这对主持人来说十分重要。

其次，从媒体对品牌主持人的投资角度看，媒体要为有潜质的主持人提供发挥潜质的平台，制定职业发展规划。例如，美国电视台对主持人品牌的打造是循序渐进的，主持人只有形成了自己的品牌，才会受到欢迎。为了快速推出重量级的新闻节目主持人，在激烈的电视竞争中处于主动，美国三大电视网实行主持人明星制。他们给予主持人好莱坞明星天价般的年薪，抬高新闻节目主持人的身价，赋予主持人统揽新闻运作的极大权力。又如凤凰卫视在主持人选拔、培养、使用及管理方面的制度也值得借鉴，主持人的工作合约、社会活动经理人合约等形式取得很好的效果。所谓经理人合约，即设立专职的主持人经理人，有关主持人的形象设计、活动推广、公益活动、承接广告等，都从凤凰卫视的社会形象和利益出发，统一选择、判断和安排，从而较好地实现了媒体与品牌主持人的互利和双赢。媒体在使用和管理主持人品牌时，切忌过度包装，即为包装而包装，做"明星化"炒作，主持人的能力和内涵与包装却名不副实。同时，媒体切忌过度使用，即滥用主持人的品牌资源，把主持人当万金油到处涂抹。例如，媒体不顾主持人的风格类型，一味利用其品牌效应，可能让一个主持人同时主持多档不同类型的节目，造成主持人超负荷运转，身心疲惫，无暇充电提升，个人风格特色日渐模糊，甚至主持人品牌面临贬值的危险。

## 练习题

1. 电视新闻深度报道主持人应具备哪些方面的综合素质及业务能力？
2. 电视新闻深度报道主持人的语言艺术特色表现在哪些方面？
3. 电视新闻深度报道主持人在主持过程中应如何把控情感、态度的分寸？
4. 电视新闻深度报道主持人的品牌影响力表现在哪些方面？

## 拓展阅读书目

1. 书名:《主体的影响力——广播电视有声语言传播主体研究》
   作者:张政法
   出版社:中国传媒大学出版社
   出版时间:2014 年 1 月
2. 书名:《记者型主持人角色论》
   作者:张龙
   出版社:中国广播电视出版社
   出版时间:2009 年 7 月

# 第八章 电视新闻深度报道栏目的经营与策划

**教学重点**：理解电视新闻深度报道的经营的必要性及可行性，熟悉电视新闻深度报道的策划，理解"媒介事件"。

**教学难点**：理解传播策划在电视新闻深度报道的经营中是如何实施的，掌握电视新闻深度报道策划的手段及具体的应用。

当前中国的大众媒体正处于市场经济的激烈竞争当中，除了基本的讯息产品的有效生产与三大任务——印刷（制作）、发行（出版）、广告——的合理分配以外，努力开拓新的媒介产品和经营策略成为每个大众媒体取得竞争领先优势的关键。大众媒体既要显现作为国家事业单位的功能性，又要争夺受众注意力的经济性，深度开发电视新闻深度报道成为权宜二者的有效途径。其经营与策划需要解决两个矛盾：一个是讯息类产品和按摩类产品①的合理分配问题，另一个是大众媒体社会性与经济性的有效协调问题，而电视新闻深度报道能够合理、有效地解决这两个问题。

## 第一节 深度报道栏目的经营

### 一、深度报道栏目经营的必要性

国内电视新闻的品牌化趋势日趋明显，在中央电视台20世纪70年代末80年代初的《新闻联播》和90年代的《东方时空》《焦点访谈》等早早率先走出第一步之后，当前几乎所有的省级电视频道都有自己的新闻品牌栏目。20世纪末，在经历了"事业单位企业化管理"的改革之后，大众媒体开始融入市场经济的激烈竞争当中，因此，经营问题成为当前各

---

① 讯息类产品意在通过了解讯息以提高自我的受众，注重的是时新性、接近性、突出性、重要性之类的新闻价值要素；按摩类产品意在通过接受按摩来恢复自己的受众，在意的是人情味、戏剧性、怪异性、情感性之类的新闻价值要素。

大媒体的第一要务。媒介经济是注意力经济，电视新闻品牌化的主要目的是在当前电视媒体竞争日益加剧的情况下能够引起广泛关注，使受众对新闻栏目从认知到接受都能够取得良好的传播效果，聚合大量持续而稳定的注意力。无论哪一个大众媒体，只要能够获得注意力，就可以获得极大的经济效益。

需要充分注意的是，电视栏目同质化泛滥的趋势明显，并且已经开始蔓延到一些电视新闻的竞争中，各大媒体都渴望自己塑造的新闻栏目能够在吸引受众注意力的竞争中保持领先。然而，在品牌意识早已深入电视创作者与受众的同时，很多新闻栏目的品牌从定位到卖点都呈现千篇一律的趋势，主要表现为一旦有某个新闻栏目出现创新，获得成功，其他媒体都会在已有的物质条件与文化环境的基础上盲目跟风。如何回归新闻本身，给予受众应知、欲知、未知的信息才是电视新闻的核心竞争力。深度报道作为新闻专业主义的象征，可以成功避开同质化竞争的不利环境。当前，深度报道是电视新闻的重要形式，很多专题型的电视新闻都保留有深度报道的某种形式和内容。

深度报道类新闻栏目不单单告诉人们发生了什么新闻事件，更重要的是挖掘新闻事实背后的深层次原因、背景，解决"是什么""为什么"等内容。国内影响比较大的深度报道类新闻栏目有中央电视台的《焦点访谈》《新闻调查》《新闻会客厅》，北京电视台的《今日话题》，上海东方卫视的《深度105》，广东电视台的《社会纵横》，国外著名的深度报道类新闻栏目有美国哥伦比亚广播台的《60分钟》和《面对全国》，全国广播公司的《日界线》，美国有线新闻网的《传媒论坛》，美国广播公司的《20/20》。

以中央电视台专栏《新闻调查》为例，栏目以记者的调查行为作为表现手段，以探寻事实真相为基本内容，以制作真正的调查性报道为追求目标，崇尚客观、理性和平衡、深入的媒体精神，时长45分钟，每周1期。栏目创办之初就提出要做中国的《60分钟》，并确立了把《新闻调查》做成调查类节目的共识，提出用调查的方式做深度新闻节目的设想。栏目发展经历了三个时期，节目定位分别为"重大新闻事件背景调查全面深入，国计民生改革热点话题难点、疑点解惑，大时代背景下的新闻故事一波三折""探寻事实真相""做真正的调查性报道"。该栏目不仅得到了观众、专家的好评，也受到相关政府部门的重视和表扬，同时促进了一些问题的解决。面对竞争日益激烈的媒体环境，《新闻调查》一如既往地关注并研究中国社会的重大问题，展开深入调查，探寻事实真相。

在地方电视台中，如新疆电视台专栏《记者调查》、安徽电视台专栏《第一调查》也是采用记者调查的方式探究新闻事实真相，分别是新疆、安徽地区影响力较大的新闻栏目。其中，《记者调查》是新疆卫视一套2005年2月20日推出的一档时长45分的调查性专题节目，《第一调查》是安徽电视台2003年7月28日开播的一档时长80分的大型直播民生新闻栏目。

## 二、深度报道栏目经营的可行性

一般来说，深度报道属于电视专题片的范畴。根据电视专题片的定义，电视专题片的题材来源于社会生活，作品主题受创作者及其所处时代的影响很大。电视专题片的制作受到创作者主体性的较多影响，具有较多传播策划的属性。在真实的社会生活的基础上，通过创作者——同时也是策划者——的精心构思与反复凝练，生产出的电视产品既能够满足广大电视受众喜闻乐见的一般性需求，还能够在诸多同质化竞争的电视栏目中脱颖而出。

在市场经济中，深度报道总是以电视栏目的样式呈现，而作为商品的电视栏目是大众媒体一切经营活动的核心。电视媒体经营的三大业务——制作、出版、广告离开收视率都将无法运转，尤其是电视媒体主要收入来源的广告业务，更是和受众的注意力密切相关。能够聚合大量注意力的电视节目是电视媒体经营的主要目的，也是电视媒体盈利模式的起点。电视媒体在同质化竞争的"红海"中，电视栏目的日常性经营固然重要，而找到适合自身"蓝海"的创新性经营更是重中之重，深度报道恰恰是合理选择之一。

经营与策划是电视产品生产范畴里战略与战术的两个方面，分别负责电视产品中策略与创意的生产环节。电视栏目的经营应该处于传播端的位置，应该和电视媒体的定位保持一致。电视栏目的策划应该注重接收端的需求，和电视受众的兴趣紧密结合。品牌传播和营销传播是当前电视栏目经营问题的核心，深度报道如何按照具体情况具体分析的原则执行品牌与营销的策略，将通过传播策划的手段来完成。

## 第二节 深度报道栏目的策划

### 一、深度报道栏目的策划概述

1. 策划概念

策划语出《后汉书·隗器传》，"是以功名终申，策画复得"①。"策画"为古语，与策划相通，皆是打算、计谋、安排之意，如上策、下策、出谋划策和筹划经营等，后来专指各项事业或活动决策前的谋划、构思和设计活动。哪里有竞争，哪里就需要策划。市场竞争越复杂、激烈，策划就越重要。

经营和策划在我国历史悠久，然而把经营和策划引入电视栏目的生产中只有短短近二十年的时间，还需要更长的时间使其逐步走向规范和成熟。在当前电视媒体的激烈竞争的态势下，电视栏目如果不经营和策划自身的传播形式与内容，可以很难长久地发展。

---

① [南朝宋]范晔：《后汉书》（第二册），中华书局，1965年版，第529页。

2. 深度报道策划的意义

深度报道的策划是指电视媒体在准确把握电视栏目传播规律的前提下，秉承着双重效益、整体联动、行业协作、发挥优势、勇于创新的观念，为了向现在及潜在受众推广和销售电视媒体的信息资源，以实现其经营目标，提出、完善和确定最佳电视栏目传播策略和计划的思维和活动过程。

大众媒体是特殊的经济实体，它的经营和策划具有一般经济实体的一般性以及它自身的特殊性。我国大众媒体的属性被定位为"事业单位，企业化管理"[①]，大众媒体的这种事业与企业双重属性的特殊性主要从它生产的产品属性中体现出来。

新闻信息是由新闻机构主动地向受众提供的。专业新闻机构提供新闻信息是一种常规的社会服务性质的业务。在市场经济社会中，专业新闻机构要求受众为这一服务支付相应费用，但无须坐等受众向它提出对某种新闻的需求后，再实时或及时予以满足。

宣传信息是由宣传者和广告主动地向受众提供的。其中，政府宣传对应政治（公益）广告，企业宣传对应商业广告。专业新闻机构所运作的媒介向宣传者和广告主提供他们发布信息的空间（如报纸、杂志版面）、时间（如广播、电视时间）、时-空（如在互联网上，呈现在一定页面的一定位置，并停留一定时间）。宣传者和广告主要为使用这些空间、时间、时-空支付费用，以求受众接触，进而知晓他们的宣传信息和广告信息。

新闻信息属于讯息类产品的范畴，一般呈现消息的形式，注重真实性与客观性，与经营、策划的主体性和意识性难以兼容。况且，我国大众媒体的属性决定了国内大众媒体的新闻生产主要被垄断在中央级的媒体组织，如新华社、人民日报、中央电视台等当中。宣传信息同属于讯息类产品的范畴，它们当中的主体性更强，可以注入的经营、策划内容和理念更多。

电视媒体经营的产品除了讯息类产品之外，还有一类是按摩类产品，而且后者在当前各级媒体，尤其是省级电视媒体当中发展最迅猛，竞争最激烈。这主要是由于新闻信息主要被中央级各类媒体所垄断，而宣传信息又主要以政治宣传与商业宣传的广告形式出现。在中央级媒体发展按摩类产品被重重限制的情况下，大力发展按摩类产品成为各个省级媒体的必经之路与成功之道。比如，湖南卫视诸多娱乐性的综艺栏目、安徽卫视诸多播放电视剧的集成栏目等，都是在按摩类产品的基础上经营、策划出来的，并逐渐呈现同质化竞争的态势。

在每个省份都有上星频道的条件下，省级电视媒体具备了可以与中央级媒体竞争，而地市级电视媒体又无法与之匹敌的制度优先与技术优势。新闻信息是大众媒体存在的基础，所有电视媒体都不可能舍弃新闻信息的生产。但是在生产严肃、客观的新闻信息无法与中央级媒体匹敌的情况下，省级电视媒体纷纷实施新闻信息按摩化。中央电视台为了保持对省级电视台的领先优势，省级电视台为了保持对中央电视台的差异化优势，都在力促新闻信息生产的多样化，深度报道的形式呼之欲出。

在按摩类产品中，娱乐信息（主要是综艺节目和电视剧）为电视受众提供放松自我的服务，在当前大众文化迅速扩张的环境下，具备较好的收视效果和广告收益；知识信息（主

---

① 屠忠俊：《新闻事业管理》，武汉大学出版社，2001年版，第17页。

要是益智节目和纪录片)为电视受众提供提高自我的服务,这种娱乐性与教育性并存的形式也在当前取得了较好的传播效果,如《百家讲坛》等。在讯息类产品中,新闻信息主要承担环境监测与舆论导向的功能,不直接产生经济效益;广告信息兼顾社会效益,较多注重经济效益①。深度报道作为一种新的电视栏目形式,同样可以兼顾讯息与按摩两种功能。

3. 深度报道策划的分类

根据大众媒体生产产品的分类,电视新闻深度报道的传播策划分为对应的各类研究对象以及相应的研究内容。按照讯息类产品和按摩类产品的划分,深度报道的传播策划内容也包含这二者。

新闻信息虽然注重真实性与客观性,但实际上,作为以这种特殊服务为自身功能(亦即自身存在依据,或赖以取得维持自身生存与发展的条件的手段)的组织,它还致力于主动创造受众对新闻的新需求,以做大服务业务。在进行服务之前或之中,它无意于操纵或引导受众在接受服务、知晓新闻信息后实际采取或可能采取的行动。

在遵循新闻的真实性、客观性的根本属性的基础上,针对新闻信息的经营与策划,首先需要把握和扩大新闻事件的重要性和刺激性(例如,"媒介事件"就是利用震撼心灵、影响人类的新闻大事件来传达策划者的主观意图,在下文中将举例说明),然后找到经营与策划目的与新闻事件属性的契合点,最后按照传播策划的要求设计方法,形成方案并最终实施。

广告信息与新闻信息不同,虽然同样基于真实、客观信息的基础之上,但是前者操纵或引导接触、知晓这些经过宣传者和广告主带有特定意向性操作后发布的信息的受众采取符合宣传者和广告主意愿的行为(如购买商品,转变观念、态度、立场等)。广告信息是电视栏目经营、策划实施的后续传播与核心问题。

广告信息的传统分类方法借用的是最简单的二分逻辑:商业广告和政治(公益)广告。这种分类方法简单明了,但是缺乏弹性,不能准确地反映当前电视栏目的发展与创新。比如,湖南卫视的招牌节目《快乐大本营》,包含了商业性广告信息(该节目大多数主题都附属了类似电影推广等软广告元素)、经营性广告信息(湖南卫视旗下的诸多相关人物参演)、按摩性广告信息(提供给大众有关社会交往的认知与私人情感的慰藉)等。当前的电视栏目的经营与策划已经超越了或者说杂糅了之前诸多的传播手段,很难进行严格、有效的区隔。深度报道作为电视栏目之一,为了获得最终的经济效益,逐渐呈现新闻广告化与广告新闻化的趋势。

(1) 商业性深度报道策划。商业性电视栏目的主要目的是尽可能地推广与销售自己的产品与服务,获得最大的商业利润和经济效益。大众传媒销售的是一种特殊的产品与服务,与其他种类的实体经济生产的有形产品和金融服务产业的无形产品都不同,媒介产品提供的是有形产品与无形产品的混合体。成形的报纸、杂志都有有形的物质载体,广播电视的无线电波与有线信号理论上也是物质的,尽管人类不能直接感知它们。这些物质载体承载的媒体信息是无形的,它们为人们的生产、生活、学习等提供既重要又必要的服务。商业性电视栏目就是为了方便人们购买产品、选择服务提供经济、可靠的信息服务。

---

① 广告信息分为商业广告和政治(公益)广告两类,这里主要讨论前者,而把后者置于宣传信息范畴。

从严格意义上说,深度报道不属于完全商业性的电视栏目。但是随着电视新闻的不断发展,在更广泛的范围内,类似娱乐信息、体育信息的深度报道,如新电影推介(中央电视台的《影视同期声》栏目)等相关深度报道,都带有或多或少的商业性。在"事业单位,企业化管理"的原则指导下,大众媒体之间的竞争变得越来越激烈,如何吸引受众更多的注意力成为每个媒体生存与发展的必要条件。于是,一些有前瞻性、实力较强的大众媒体开始自我宣传。比如,当前发展最快的就是省级报纸与电视台,它们已经脱颖而出,不仅有一套自身的长远定位与发展规划,而且已经开始了行之有效的传播策划工作。

几乎所有的大众媒体都有宣传自己的片花,尽管只能在自己的媒体上播放,但是其中传达的推广媒体自身、宣传媒介产品的内容,与其他商业性宣传信息是一致的。几乎所有的省级媒体都有自己的定位,"快乐中国""故事中国""情感中国"等一系列的概念区隔,标志了不同媒体营销策略的独特卖点,具有浓重的商业性。

(2)公共性深度报道策划。与商业性电视栏目不同,公共性电视栏目更多地注重社会效益。中国公共性深度报道的电视栏目比例最高,主要功能是在法制约束与道德规范下更好地宣传社会主义法制,协助社会主义精神文明建设,捍卫社会主义的"公序良俗"①。公共性深度报道可以继续二分为政治性和社会性两种,前者注重宣传党和政府的路线、方针、政策,作为彰显党和政府特殊功能性的事业单位,大众媒体的政治性深度报道,如《焦点访谈》,既要教化人民,又要代表人民。后者着重反映人民群众社会交往中产生的一些社会问题,引导人们找出合理、有效的解决方法,如《东方时空》等。

政治性深度报道注重政治宣传,是各级媒体作为党和政府沟通人民群众的纽带作用的体现,需要不折不扣地贯彻执行。这里没有太多策划者主体性与能动性的发挥空间,主要涉及的问题就是如何采用更好的手段来进行宣传,以及如何处理中央精神与地方精神的关系。社会性深度报道是大众媒体推广自己、拉近与受众距离的关键,是电视栏目传播策划的重点。

当前很多大众媒体,尤其是实力强、灵活性大的省级媒体,为了增强自身媒体品牌的知名度和美誉度,纷纷投入大量人力、物力,策划了一批丰富多彩的社会性深度报道栏目。目前,国内一些省级电视台创办了一系列关注民生、服务大众的帮忙类节目,如四川电视台文化旅游频道的《帮忙》、河北电视台经济频道的《楠楠帮你办》、河南电视台民生频道的《小莉帮忙》等,并在当地取得不错的成绩。这类节目通过记者参与民生急事、难事、烦心事,引导社会各界志愿者为群众排忧解难,使新闻贴近生活,贴近百姓,拉近与观众的距离,体现了媒体的人文关怀,扩大了自身的影响力和公信力。

然而,这类公共性深度报道以帮忙为名,或多或少地会涉及人民群众生活的私人领域,甚至还会干涉法律手段的有效实施。在此,需要警醒的是,公共性深度报道本身就是为了捍卫"公序良俗",因此它的内容应该非常谨慎,不能超越大众媒体与"公序良俗"的界限。

(3)按摩性深度报道策划。媒体的按摩产品一般专指媒体制作或播放的影视节目、娱乐节目和益智节目等,专门为辛苦劳作一天的人们提供放松自我、提高自我的按摩功

---

① 焦富民:《论公序良俗》,载《江海学刊》,2003(04)。

能。但是,当前的大众媒体为了在激烈的市场竞争中谋取生存与发展,已经开始将深度报道的经营与策划深入到各类按摩产品当中,使之包含了很多宣传信息。

影视节目,尤其是注重卖座的商业电影和肥皂剧,是纯粹的按摩产品。继中央电视台电影频道开创之后,很多省级乃至地市级媒体都开办了电影频道,以及相关的深入解析、赏析、分析电影的电视栏目,如中央电视台电影频道的《流金岁月》、深圳卫视的《看电影》等,以求电影与电视传播效果的完美结合。目前,这种"家庭影院"模式可以兼顾经典电影重播与最新电影抢播两种受众诉求,取得了较好的传播效果。因此,这些电视栏目都有很多企业冠名和赞助,再加上贯穿电影播放当中的广告插播,实现了 IAP 与 ICP 的双赢①。

娱乐节目中的广告信息就更多了。几乎所有文体明星到场做嘉宾的娱乐节目都是一场明星个人秀,文体明星作为公众人物出现在大众媒体上本是无可厚非的,如何使得文体明星频繁暴露在大众媒体上而不让观众厌烦,深入挖掘其商业价值就是相关深度报道的初衷。在"注意力经济"的时代背景下,曝光越多的明星越值钱,他们不仅为自己赢得了更多的关注和广告价值,而且为他们所出席的各类娱乐节目增添了收视率。在这个收视率就是大众媒体生命的时代,联合明星的人气和媒体的实力一起娱乐观众,是大众媒体提供按摩与增加效益的有效形式。

益智节目在娱乐大众之外,还要给他们补充一定的社会知识。这类社会知识都是媒体精心设计、巧妙布置的,其间的广告信息也是若隐若现的。《老梁观世界》是辽宁卫视热播的立足深度报道的电视新闻评论栏目,从 2013 年 6 月到 7 月播出的 6 期节目,即《打车软件的困局》《冷冻人是科学还是玄学》《把脉钱荒百姓别慌》《太空授课科普昂贵的手势》《机器人也有禁区》《尴尬的师德》都直接关联社会知识,通过主持人介绍新闻现场与二手资料,深入分析社会事件的前因后果,加上主持人自身的评书式主持风格,寓教于乐,使观众获得极大的视觉享受。

## 二、媒介事件

大众媒体的经营性项目一般需要借助"大事件"来彰显自身的影响力。这些可以吸引大量注意力的"大事件"被专门称为媒介事件。下面将以国内各大媒体成功策划的媒介事件为例,简单介绍一下媒介事件的基本原理,以及在电视新闻深度报道经营与策划中的运用。

1. 媒介事件的定义

媒介事件,依照通常的理解,专指历史学家布尔斯廷所说的"假事件",即有意安排的、非自然的人为事件,记者招待会、公益活动、揭幕剪彩等都属于此类。这样的媒介事件,都经过人为的安排,专供媒介报道之用。我国学者李彬在《传播学引论》(增补版)中指出,所有经过大众媒介传播的事件统称为媒介事件,不管它是人为制造的假事件,还是自然发生的真事件。

---

① 这里是借用的概念。ISP(Internet Server Provider,Internet 服务提供商)原指为用户提供 Internet 接入和(或)Internet 信息服务的公司和机构。前者又称为 IAP(Internet Access Provider,Internet 接入提供商),后者又称为 ICP(Internet Content Provider,Internet 内容提供商)。

美国学者丹尼尔·戴杨和伊莱休·卡茨在其著作《媒介事件》中对该概念进行了重新定义,认为媒介事件是一种特殊的电视事件,是指那些令国人乃至世人屏息驻足的电视直播事件——主要是国家级的。

媒介事件是一种特殊的电视事件,它不是一般的电视节目、电视新闻。媒介事件表现出对空间、时间以及一国、数国乃至全世界的"征服",是国家级或世界级的大众传播的盛大节日。它打破了人们生活和一般报道的常规,所有的报道都从预定的节目安排中转向重大事件,并用一种极为戏剧化的方式表明将要发生事件的重要性。

这些事件是人为策划出的"电视仪式"或"节日电视",甚至是"文艺表演"。媒介事件有三种主要的表现形式,也称脚本,即竞赛、加冕和征服。这些脚本决定着每一类事件内人物角色的分配以及扮演的方式。竞赛表现的是对抗、角逐,过程惊心动魄、悬念迭起,如世界杯足球比赛、美国总统竞选等;加冕多是游行、集会、发表演说,完全是仪式的形式,如文莱王储的豪华婚礼、奥斯卡颁奖典礼等;征服即人类创造伟大奇迹的电视直播,通过事件对已知极限的超越来展现超凡魅力,如三峡截流、鸟巢封顶等。媒介事件是对那些具有公众性、公开性、公益性和公共性的重大事件,运用各种媒介进行全方位、立体式的报道,向观众讲述它的象征意义,引导观众按规定的思路进行意义的解读。媒介事件的本质是事件本身对人类社会产生了重大影响和推动作用,而媒介事件的生成则需要依赖大众媒介进行深入持久的宣传。最终,这些事件使集体的心声凝聚在社会,唤起人们对社会及其合法权威的忠诚。

2. 媒介事件的兼容问题

电视新闻深度报道在传播策划中可以利用媒介事件的超凡凝聚力和影响力,使得受众群体心理亢奋、情绪激动,人的个性在群体心理的感染下趋于弱化,深度报道在激发人们共同价值观的同时潜移默化地传递了其品牌理念。媒介事件作为一种公共关系的重要手段,在具体运用阶段,需要考察媒介事件和电视新闻深度报道经营与策划的兼容问题。

首先是电视新闻深度报道如何解决媒介事件和新闻事件的对立。新闻事件大多以冲突为主题,媒介事件则往往或纠正冲突,或恢复秩序,或偶尔推行变革,这些事件是具有历史意义的。媒介事件通常是经过提前策划、宣布和广告宣传,在一定意义上,大众是被"邀请"来参与"仪式"和"表演"的。很多时候,事件的发生是媒体与策划者之间的"串通"行为,即使媒体是被邀请或主动要求参与到事件之中,也可以通过策划"意识"来策划事件。媒体报道媒介事件的具体操作是运用新闻报道的方式,即以肯定性词语描述客观事实,直接向受众传达主观的、策划的"意识"。

其次是受众在接受媒介事件过程中的心理。受众接受电视栏目的各类信息是一个"闲暇活动—被殖民化活动—产消活动"[①]的矛盾展开过程。接触媒介是社会公众的一种"闲暇活动"方式,他们本无意接触宣传性的信息。宣传信息闯入传播媒介,侵占了受众的闲暇时间,使受众闲暇时间被"殖民化"。受众反抗这种"殖民化"的意愿,既是电视栏目传播活动的制约力量,又是电视栏目传播活动的推动力量。只有在受众由传播活动的客体转变为传播活动的主体之一的时候,也就是说,社会公众成为电视栏目传播活动的参与者

---

① 屠忠俊:《广告文化矛盾运动》,载《华中理工大学学报》(社会科学版),1998(01)。

或"产消者"的时候,电视栏目的品牌才会被主动接受。媒介事件就是主动邀请受众参与"仪式"和"表演",在受众的积极配合下直接支配了受众的"闲暇活动",并通过媒体报道潜移默化地传达了媒介事件中人为策划过的理念。受众接受宣传的矛盾展开过程和媒介事件对受众心理的影响十分契合,它们都是在市场经济体制下作用于公众生活领域的。

3. 媒介事件的具体运用

随着传播策划理论的普及和延伸,电视媒体逐渐意识到在公众之间建立起良好的认知度、美誉度及和谐度非常重要。于是,借用媒介事件对受众进行公关是一个比较新颖的思路,而且在国内已经有一些成功的先例。如果要盘点成功的媒介事件,那么应该首推2008年的北京奥运会的系列报道。

第一,参与播出的频道多。中央电视台为北京奥运会开辟了7个频道,即中央一套、二套、奥运频道、七套、一个高清频道和两个付费频道;在奥运会期间,中央电视台又增加了两个频道——中央三套和十二套进行比赛转播,利用公用信号达2 794小时,播出时间4 000小时以上。同时,中央电视台还拿下了奥运会新媒体版权,开辟了网络和手机电视两种传播渠道,为新媒体报道投入了50个持证记者的名额,占总数的1/11。这次奥运报道中央电视台将新媒体与传统媒体成功结合,为观众提供了海量的信息,也实现了中央电视台"通过多渠道的方式来实现奥运传播的最大化"的战略目标。

第二,投入报道人数众多,实现综合制作。关于北京奥运会,中央电视台共获得500多个采访证,投入了5 000人左右的制作队伍,完全覆盖了35个比赛场馆。中央电视台在8个项目上实现第一现场的单边综合制作。这8个项目,包括了中国的热门项目,如乒乓球、羽毛球、排球、篮球、跳水、体操,还有全世界高度关注的田径、游泳。此外,中央电视台还启用了9架直升机航拍开、闭幕式。

第三,奥运报道栏目设置少而精。在奥运会期间,中央电视台二套进行了不间断的24小时奥运报道。奥运频道除了直播中国队参加的赛事,还在早间推出2小时的新闻栏目《早安,奥林匹克》,并在晚间10:30~12:00邀请体育明星和观众,设置故事性、互动性栏目《荣誉殿堂》,并在晚间18:00设置《奥运新闻》,这是一档注重信息量、覆盖全面的奥运新闻报道。中央一套除了保留《朝闻天下》《新闻30分》和《新闻联播》三档节目外,其余全部时间都用于转播赛事。晚间10:30~12:00设置的《全景奥运》栏目,汇总全天奥运资讯,进行适当深度报道,反映和营造奥运气氛。另外,中央电视台在一套、二套和奥运频道设置奥运快讯,每档5~10分钟,全天进行滚动播出。新闻频道定位为奥运资讯频道,《一起来看奥运》紧跟热点赛事,进行综合全面的报道。

在北京奥运会上,中国体育代表团取得了令世人瞩目的成绩。伴随着中国奥运军团不断创造新纪录的历程,在新闻传播领域,作为记录者和见证者的中国新闻媒体,凭借多方面实现深度报道的历史性创新和突破,在同场竞技的中外"媒体奥运会"上也赢得了一块公认的奖牌。

(1) 政府与媒体的新关系建构。以往只有少数实力雄厚、在国际传播舞台上占据霸权地位的媒介机构,负责树立中国的国际形象。这一次参加北京奥运会报道的40 000多名记者,分别来自200多个国家和地区的1 800多家新闻机构,这无论是对于奥运会还是对于中国来说,都是规模最大的一次。对中国抱有不同认知度的各国媒体记者必然会以更加多元的思维方式、价值观念和心理定势去立体地观察、解读和报道中国。事实上,境外媒体记者对北京奥运会的关注不仅仅局限于赛事,他们对中国的文化遗产、政治制度、外交政策、经济发展以及自然环境的关注都要高于奥运会本身。

在中国政府和媒体的传统关系框架下,中国政府和媒体的关系一直是焦点。关于"框架",美国社会学家戈夫曼在《框架分析》一书中将其定义为人们用来认识和解释社会生活经验的一种认知结构,它能够使它的使用者定位、感知、确定和命名那些看似无穷多的具体事实。

进入2008年,中国政府在应对一系列重大和突发事件的过程中,在处理媒体关系上交出的是不同的答卷,获得的是截然不同的经验。国际社会对汶川地震中中国政府的公开透明给予了高度评价,这份看似意外的收获为中国政府在奥运期间处理与媒体的关系提供了一个基本框架,即"真诚服务"+"坦诚面对"+"客观透明"+"多元表达"。

依循这样的关系框架,北京奥运会期间,政府对待媒体的态度被解读为展示了一个全新的姿态。北京奥林匹克运动会组织委员会媒体运行部90%的成员来自新闻单位,不仅仅为申请采访的媒体提供服务,而且经常提前、主动地向媒体提供新闻亮点,提供权威信息的服务区。

新关系的框架确立使得媒体处理与政府工作间的复杂关系变得相对简单,这奠定了多元化深度报道的可行性。中央电视台30秒延时直播的惯例被打破,实行不延时直播赛事实况;外国电视广播公司获准在北京包括天安门广场等敏感区域进行新闻直播报道;100多种原版境外新闻类和体育类报刊获准在国内报刊亭零售……

透明坦诚的态度、一系列开放的政策得到了来自世界各国的记者们的包容和理解。百闻不如一见,记者们多角度、零距离地亲身感受,他们看到了一个开放的、真实的中国。境外媒体日益重视从中国主流渠道获取各种消息的印证,并且改变了以往只抽取中国主流媒体报道中的事实层面信息建构自己的报道框架,而摒弃其中价值层面信息的做法,对观点等价值性信息的接受和引用大幅增加。例如,刘翔因伤退赛后,中央电视台体育频道关于"体育精神重于金牌"的系列深度报道,当天即被法国新闻社、新加坡海峡时报、澳大利亚年代报、悉尼先驱晨报等海外媒体转引106频次。《英国卫报》头版刊登记者安迪布尔的评论——《奥运会:必须用开放的心态看待脱胎换骨的北京》。

2008年8月1日,时任国家主席胡锦涛在接受来自世界各大洲25家外国媒体的联合采访时郑重承诺,中国对外开放的大门始终是敞开的。无论在北京奥运会期间还是之后,中国都一如既往地欢迎外国记者来华采访,一如既往地为外国记者在华工作提供方便。

2008年10月17日,时任总理温家宝签署国务院537号令《中华人民共和国外国常驻新闻机构和外国记者采访条例》,延续了北京奥运会期间的相关规定,开放透明的新闻运行体制成为中国的一项长期政策。

(2)深度报道:回归节日氛围,回归大奥运。萨马兰奇先生曾说过,电视和体育是天作之合。从传播学的角度可以说,奥运的历史实际上是由电视传播者来撰写的。因为真正的体育舞台,已经不在运动场上,而是在转播平台上。

公共事件的电视播出必须经受双重挑战,不仅表现事件,而且向观众提供节日体验的功能性替代。北京奥运会使全球40亿观众通过收看电视直播享受了"在场"的感觉。在奥运会期间,正常的播出被终止并被抢占,并且这种干扰具有垄断性——所有的频道都把平时计划好的节目撤掉以满足重大事件的播出,留下的也许只有为数不多的几家电视台可以自行其是。事件被做了很好的广告宣传和排练,这样观众就知道在哪一天有什么样的期待,事件的时间表都被公开宣布,目的是营造一种打算进行节日体验的感觉。观众被告知哪些事件是重要的,它传递着国家的某种核心价值。

作为中国唯一一家电视持权转播商,中央电视台垄断了全部赛事资源,并投入9个高清频道转播奥运赛事,新闻频道被改造成为奥运资讯频道,全天滚动播出各项赛事的最新动态,为观众提供海量奥运信息。高清信号使"更高、更快、更强"的奥运会更好看,宏大的场面、耀眼的球星和跌宕起伏的情节所营造出的浓郁的节日氛围,使电视成为观众享受奥运的首选媒介。调查显示,在北京奥运会期间民众接触的媒体中,电视的接触率最高,达91.6％;其次是报纸和网络,分别为27.8％和23.2％。

在2008北京奥运会期间,除了电视外,民众通过各种媒体来了解奥运信息的时间均有明显增长,其中电视由奥运会前的61.9分钟增加到175.7分钟,增加了近2倍,这有力地显示出奥运的号召力和奥运电视转播的传播影响力。

奥林匹克是一种比体育更为宽泛的理念,国际奥林匹克委员会在2001年选择北京时,最看重的是北京举办奥运会将给(13亿人口、具有悠久东方文化传统的)当地留下一笔宝贵的(精神)遗产。电视媒体以直播铺陈节日庆典的氛围,平面媒体和网络则用文字、照片、调查等形式或追逐节日里的明星,或为节日作注解和补充。中国媒体自觉地承担起了记录、见证乃至促进这一文明进程的职责,不只要金牌,也不只要体育,更想要的是人的协调发展和社会的平衡增长。北京奥运会的系列深度报道既是对成长中的"鸟巢一代"的写照,也是新闻媒体对奥运中、奥运后自身定位的反省。

(3)深度报道:如何才能留住观众。媒介事件给媒介组织提供试验深度报道的新形式,以及进行技术实验的机会。媒介事件也为电视台展示其记者和制片人的才能提供一个橱窗,由此吸引广告人和观众在恢复常态后支持他们的常规节目。

在"媒体的奥运会"中,各家媒体都使出了浑身解数,在报道的质量和规模上展开竞技。作为东道主的持权转播商,中央电视台在北京奥运会上获得了众多建立单边注入点的机会。

"单边注入点采访是一种现场实时的采访手段,记者可以在比赛现场对刚比赛完的运动员、教练员和其他的新闻人物进行实时采访。记者能够代表观众最近距离地接近运动员,提出观众最想问的问题。"[①]中央电视台大规模利用单边综合制作系统、单边点、单边报道采访组,大量增加本台记者在赛场内外的单边报道,由此既增强了深度报道的现场感,使报道生动而自然,也强化了直播节目中深度报道的表现力。

媒介事件的画面,与深度解析相比,所含的深度分量大大超出了人们在晚间新闻里所习惯的那种平衡。在晚间新闻里,解说远比画面重要。而此次奥运会报道提供的全都是

---

① 王大中、杜志红、陈鹏:《体育传播——运动、媒介与社会》,中国传媒大学出版社,2006年版,第55页。

高清信号,为了避免高清信号和标清信号转换时产生的时间差,大多数持权电视转播商都采用高清信号播出赛事,从而为观众提供信号清晰、画面鲜艳、镜头专业的审美享受,从符号关系上建构起核心事件的仪式语境,强化观众对新闻信息的深入理解。

在北京奥运会期间,中央电视台和新华社都进行了数次航拍,获得了大量奥运场馆、北京名胜、现代景观的影像,清晰地展现了北京作为奥运举办城市的风貌和奥运场馆的壮观气势。与此同时,各家媒体都加大了对照片的甄选和使用。

2008年8月8日,格鲁吉亚与俄罗斯的战火同北京奥运会开幕式的焰火同时点燃,中央电视台对其进行了详细分析;8月10日,女子10米气枪的颁奖仪式上,获得银牌的俄罗斯选手帕捷琳娜和获得铜牌的格鲁吉亚选手萨卢克瓦泽在领奖台上相互拥抱、互相祝贺,随之而来的是关于体育精神的深入探讨,使人们对奥林匹克的内涵又多了几分领悟。

画面和解说平衡关系的破坏并不意味着解说就可以退而求其次。深入解说既要把优先权让给竞赛内部的交流活动,又要提供关于竞赛的速成课程和关于竞赛组织要素的即席专家鉴定。于是,解说席上出现了越来越多的退役运动员,他们集专家、教练、主持人于一体,昔日体操名将马艳红被誉为"本届奥运会最出彩的央视体育解说员",这源于她在解说体操比赛的同时,也进行了一场体操知识的普及,并给出自己对场上运动员的评分判断,结果往往八九不离十,赛事深度解说的专业性首次得到了尊重。

雅典奥运会之后,中央电视台体育频道的采编队伍从200人扩展到800人,对各个参赛项目,尤其是中国代表团优势项目运动队,实行专项记者长期深入跟踪拍摄的制度,几年来积累了大量珍贵的素材,这使中央电视台能够在直播激动人心的夺金过程、比赛过程和颁奖仪式之后,第一时间在奥运频道深度讲述"金牌背后的故事",以"蒙太奇"的手法,将运动员在不同时间、空间的活动和历程以生动的画面展现出来,让观众在为金牌激动的同时,能够深入了解运动员的艰辛努力、拼搏精神和爱国情怀,收获超越"金牌"本身的精神激励。

媒介事件不仅要求观众满意,而且要求受众积极参与以求全面理解。观众参与在自身娱乐中发生着变化,即从使用性生产到交换性生产。在网络还不普及的时代,绝大多数观众是以聚集的方式收看的,观众参与者知道有人跟他们一起,在全国各地收看这一演出。神话信仰的核心在于集体参与的感觉以及对超出个人潜力的关怀和力量的分享。

在北京奥运会期间,新媒体得以正式亮相,拥有了和传统媒体一起转播、参与奥运会的权利。与电视的一家独大不同,新媒体呈现出百花齐放、百家争鸣的热闹景象。网络、手机等交互式媒体的普及使这种参与感更为真实,分享更为及时、便利,参与的个体更为广泛。各家新媒体都挖空心思,不仅运用网友已经熟练使用的博客、播客、相册、论坛等多种产品搭建多元的互动平台,还在奥运期间开展各种活动,如中央电视台国际频道发起的"我的奥运我来说——网络解说员选拔"活动等,来增强观众的参与感。

受众同时扮演着viewer(观众)、listener(听众)、reader(读者)、attendee(参与者)、user(用户)等多重角色,与媒介形成多渠道、高频率的接触。媒介集团利用其规模优势,将可能扮演不同角色的受众最大限度地收归旗下,提高受众对整个媒介集团的美誉度和忠诚度,从而争夺其他传媒集团的受众群体,扩大自己的市场份额。

调查发现,近70%的受众同时使用传统媒体和新媒体,他们在传统媒体和新媒体使用习惯方面逐渐重合。网络意见和传统媒体意见相互背离的态势亦有所改变,二者开始呈现出相互重合、合二为一的趋势。网络意见与传统媒体意见经历了从"各自为政"到相互协调、良性互动的阶段,由传统媒体联合新媒体共同引导舆论的新格局已经形成。

中央电视台国际频道利用自身便于调查观众意见的优势,推出互动专版,再由中央电视台奥运报道组转载。在奥运期间,它策划报道了21期民意调查,其中,78.9%的网友认为"张琳的银牌意义非凡",82.4%网友能接受"男子110米栏金牌无缘中国,鸟巢不会冷",84.0%的网友会"继续关注田径比赛",50.3%的网友表示"奥运会后将更多地参与体育锻炼"。民调评出"最受敬佩的非金牌运动员"等都创造了很高的转载率。

(4) 深度报道:多种报道形式集合的创新。深度报道往往是紧密联系的一系列新闻报道,为了给观众留下深刻的印象必须围绕着一个中心、一个关键词展开,这样栏目就具有了整体感和统一性。中央电视台此次的赛事新闻报道中就梳理了不同的关键词对相关的赛事进行细化和报道,给观众留下了深刻的印象。例如,《早安,奥林匹克》有一组提炼的关键词就是"有一种力量叫坚持",围绕着一种坚持的力量和精神进行报道,其中包括《佩雷斯:坚持到了北京了无遗憾》《考文垂终于站上最高领奖台》《张秀云:决不让黑暗掩盖未来》《张美兰:没有中国对手感到孤独》和《吉田沙保里:永远坚持胜利》。还有一组以"胜负之后"为关键词的新闻也给观众留下了较深的印象,这组新闻包括《接着干,我们接着干》《四年不容易,心始终打开》《一枚奖牌我已满足》和《喜悦要与家人分享》。这一组新闻从表面上来看没有什么相互联系,但通过"胜负之后"这个关键词的解读,加上导语和演播室主持人串联,观众在记住这几个词的基础上,也记住了新闻事件。

"当代社会是一个'媒介化'的世界,尤其是互联网的出现使得信息极大丰富,从而使得信息不再稀缺,而人们的注意力成了稀缺的资源。"①在这种背景下,中央电视台的奥运报道在制作上也进行了一些创新和突破来吸引观众的注意力。例如,以前大多数新闻报道中细节和声音总是与整体合在一起,而中央电视台的北京奥运会报道中有的将细节、重点和声音与新闻整体分开,单独提出来,放在最前列,用最简短、震撼和深入人心的东西引起观众对新闻整体内容的兴趣。例如,刘翔退赛的画面只有十几秒,却是一个非常重要的新闻,《全景奥运》把该画面提出来放在开场白里,成为一档新闻的开端,属于把最重要的新闻画面放在整档新闻的前面;将博尔特百米夺金、菲尔普斯六枚金牌的新闻画面不加包装和音乐,保留现场声音和演播室的解说作为报道的开头,属于将刚刚结束的重要新闻、最鲜活的东西放在最前面;而在《奥运金牌——献给母亲最好的礼物》中,举重选手曹磊所说的将金牌献给去世的母亲这样感人至深的话被提出来放在最前面,属于将最震撼人心的声音提前。这种导入新闻的方式能够吸引观众并激起观众对新闻内容的知晓欲望,虽然这些声音画面不属于常规新闻中的导语,但它们发挥了导语的部分作用,即"使读者愿意读下去和必要时制造适当的气氛"②。

为了便于观众收看,与常规的体育专题报道不同,北京奥运会的专题报道采用了分段

---

① 杜婕:《奥运传播中的机遇与风险分析》,载《武汉体育学院学报》,2007(02)。
② 鲁威人:《体育新闻报道》,中国传媒大学出版社,2005年版,第137页。

进行深入报道的方式。第一种形式为新闻和背景分开进行报道。比如,《艳归来》从陈艳青夺冠的新闻讲起,然后讲她退役当体育局局长的背景,再讲她前两次退役的故事。第二种形式是按照事件发生的先后顺序找重要的节点断开进行报道。例如,《中国男子体操八年后王者归来》分别讲述了中国体操队从悉尼的辉煌到雅典的低谷再到北京夺冠的历程。第三种形式为在新闻事件的过程中,寻找重要的节点,保持组合式新闻报道的节奏和悬念。例如,《早安,奥林匹克》中《四年,终于等到胜利的那一刻》,分两部分讲述了中国选手殷剑在帆板比赛的过程中一波三折的经历,保持了专题新闻报道的节奏。

报道评论化、节目预告的现场化用现场采访记者的眼睛去发现赛场上有看点、有趣味、有意义的事件,一方面更易吸引观众的注意力,另一方面也能体现记者的素质和专业水准。例如,记者用独特的视角对《三次试举七次脱手,哥伦比亚名将为手伤所困》这一新闻事件进行了解读,刻画了运动员渴望荣誉,却又被伤困扰的矛盾心理和痛苦,给人留下了深刻的印象。此外,中央电视台北京奥运会报道的记者连线有一些小变化,记者除了表达现场最鲜活的东西外,还要对赛事做出自己的解读,并进行评论,这要求记者具有较高的水平和专业水准,能够给出不同的看法和独到的见解。例如,跳水队员郭晶晶夺冠后,专项记者杨烁所做的评述就不仅是作为一个记者,而且是作为一个朋友的身份来进行评论和解读的,给人一种不同的感觉。而《早安,奥林匹克》的最后一个板块采取记者现场连线的形式进行节目推介,将以往节目预告的板上打字的方法,改成了现场报道的方式,更生动、更具有专业水平的推介,易于加深受众的印象。

4. 媒介事件的注意事项

电视栏目为了吸引注意力,提升自身的品牌价值,需要借助媒介事件。媒介事件的策划往往与产品市场中的知名品牌、社会生活中的轰动事件联系在一起。前面列举的中央电视台策划的"北京奥运会"系列报道赢得了经济效益和社会效益;借助奥运会电视直播的良机,中央电视台与蒙牛集团相互冠名;在奥运会的大市场里,中央电视台体育频道与蒙牛集团共同策划《城市之间》栏目,使得二者的品牌可以走遍全球。然而,电视栏目在借助知名品牌与轰动事件推广与宣传自己的时候,需要注意"公序良俗"的约束。

薛宝钗的《临江仙·柳絮》中有云,好风凭借力,送我上青天。媒介事件为深度报道的经营与策划提供了无比广阔的空间。借助媒介事件,品牌可以自由地发散思维,激发创意,使传播策划更上一个台阶,为大众媒体的腾飞插上有力的翅膀。但是,对媒介事件的利用不能肆意妄为,如今的公众已经不再是巴纳姆时期"被愚弄"的对象,不考虑公众的心理必将遭遇失败。"如2004年9月6日晚,中央电视台4套《今日关注》栏目在关于俄罗斯北奥塞梯别斯兰市人质危机的报道中,播出滚动信息,对人质危机死亡人数进行有奖竞猜。"[①]此举引起受众的极大愤慨,对这种借助媒介事件乱做广告的行为予以强烈谴责,其后果可想而知。

可见,媒介事件对电视新闻深度报道经营策划的影响值得我们拿来借鉴,但是媒介事件不是万能的药方,只有科学、合理地利用它才能获得成功。

---

① 陈先红、孙利昌:《媒介事件对电视广告创意的影响》,载《南京邮电学院学报》(社会科学版),2005(02)。

在当前各级媒体竞争激烈的背景下，各级媒体在兼顾社会效益的基础上，十分重视经济效益的获得。"事业单位，企业化管理"的属性，决定了各级媒体都是处于媒介市场的经济实体。因此，媒体的经营变得异常重要。由于电视媒体的特殊性，只有获得较多的广告收入，才有较好的经济基础，才能在当前与未来的市场竞争中处于不败之地。为了获得广告收入，策划并经营一批好的电视栏目才是获得较高收视率的根本。但是，一切围绕收视率的同时，不要忘记社会主义"公序良俗"的制约。因此，在各种各样的电视栏目方兴未艾的当下，如何处理好电视媒体的经济效益与社会效益是当务之急。

## 第三节　电视新闻深度报道栏目经营与策划的实现条件

### 一、电视新闻的管理改革

在现阶段，中国必须坚持稳定压倒一切的方针，舆论导向是党和国家的前途和命运所系的工作。在传播全球化的技术条件和信息环境下，舆论态势是多元取向的多种媒体综合作用的结果。要使正确的舆论导向成为决定舆论态势的主导力量，必须有高质量的强势新闻媒体在正确路线的指引下，采用切实可行的、坚定又灵活的策略从事舆论导向工作。这类新闻媒体的出售活动基本上由讯息内容的出售和宣传空间（时间、时空）的提供组成，一方面为受众提供充分的、"提高自己"的讯息，另一方面为党和政府提供充分的宣传手段。为此，这类新闻媒体必须受到国家的大力扶持，以保证在市场经济条件下的媒介竞争中得以生存和发展。在这类新闻媒体的运作中，为党和政府提供充分的宣传手段占绝对支配地位，它们向受众提供的讯息内容，应基本上接近公共物品和共有资源的性质。由于外部效应的存在，私人对公共物品和共有资源的消费和生产的决策是无效率的，只有代表公共利益的政府才能对这两类物品的消费和生产进行有利于多数人的最大利益的控制和安排。因此，这类新闻媒体应该始终坚持国有制，并被国家当作"文化公益事业"来经营和扶持。

并非所有的现时的国有制新闻媒体都要办成上述的"文化公益事业"型的媒体。大多数的国有制新闻媒体的实际运作是四种出售活动并举，它们是国有制的文化事业或文化产业。那些由提供宣传手段和提供讯息服务的出售活动占较大比重的新闻媒体应保持事业性质，但这类事业单位应实行企业化管理，高度重视广告空间（时间、时-空）的经营，力求不断壮大自身的经济实力。那些由发布广告和提供按摩服务占决定性比重的新闻媒体，应逐步转制为企业单位，在市场经济的风浪中接受竞争的洗礼。这样的媒介企业单位，应该在发展社会主义文化、建设社会主义精神文明的历史进程中找到自己的定位，恪守中国特色社会主义和体现中华民族文化传统的"公序良俗"的价值底线。

在社会变革中出现的民营科技企业的创业人员和技术人员、受聘于外资企业的管理技术人员、个体户、私营企业主、中介组织的从业人员、自由职业人员等社会阶层,都是中国特色社会主义事业的建设者。这些社会阶层的成员组成的社会利益集团当然具有表达自己意见的愿望。这些社会阶层的成员中有相当一部分构成现阶段中国的中间阶层。"所谓中间阶层,是指以从事脑力劳动为主,靠工资及薪金谋生,具有谋取一份较高收入、较好工作环境及条件的职业就业能力及相应的家庭消费能力,有一定的闲暇生活质量,对其劳动、工作对象拥有一定的支配权,具有公民、公德意识及相应修养的社会地位分层群体。"[1]中间阶层对大众传播媒介的四种出售活动也有自己独特的要求。上述愿望和要求为中国产生新型的非完全国有制的大众传播媒体提供了可能性。这种非完全国有制的大众传播媒体将允许私营企业主和个体投资人拥有出资者所有权,将以中间阶层分子作为经理人和业务主管。这类媒体在运作中可灵活运用四种出售方式,只是其所谓的"宣传",一般并不具备舆论导向的功能,而只属于意见表达的性质。

中国的基本经济制度是公有制为主体、多种所有制经济共同发展的制度,毫不动摇地鼓励、支持和引导非公有制经济发展是党的既定方针。在媒体经济中谨慎地、适量地允许非国有制的大众传播媒体的出现、存在,既是经济改革在媒体经济领域中的体现,又是积极稳妥地推进政治体制改革的一个可以探索的途径。在中华民族的优秀文化传统中成长,在日益完善和健全的社会主义法制体系中工作的非完全国有制大众传播媒体的出资者、经理人和业务主管应该是可以正确运作四种出售活动,为实现全面建设小康社会的奋斗目标做出贡献的。他们所表达的意见倾向也应该是中国现代社会舆论的正常结构成分,由他们自行表达或由作为社会公益事业的核心主流媒体代为表达,会给党和政府调控社会发展带来更大的主动性和机动余地。

## 二、深度报道栏目经营与策划的人才培养

按照法约尔的标准,一个合格的经营管理人才应在身体条件、智力条件、精神条件、教育条件、知识条件、阅历与经验等方面符合要求。电视新闻深度报道经营与策划是经营管理与传播策划二者的耦合,培养的是战略性与战术性相结合的人才。总体来讲,一个从事电视栏目深度报道经营策划的人,需要具备经济学、管理学、营销学的基础知识储备,精通社会调查、广告创意、媒体制作的技术,熟悉公共关系学、社会心理学、消费行为学的原理。作为一个实践性较强的门类,电视新闻深度报道经营与策划的人才在一线从事专业的工作是关键一环。大众媒体的经营项目是不断壮大自身、获取经济效益的重要途径,注重培养从事这些经营项目的人才也同样重要。因此,在高校对即将从事电视新闻深度报道经营与策划的人才进行知识积累和理论教育的同时,大众媒体也应该开设相关专门机构对这些人才进行岗前培训、拓展训练、心理辅导等一系列实践性的预备教育,给予这些人才充分的锻炼机会。

---

[1] 张宛丽、李炜、高鸽:《现阶段中国社会新中间阶层的构成特征》,载《江苏社会科学》,2004(06)。

## 练习题

1. 栏目分析训练。选择3个你喜欢的电视新闻深度报道节目,从经营者的角度分析哪些栏目已经形成了自己的品牌,它们应用了哪些传播策划的手段,并从受众的角度分析这些品牌栏目各自的特点是什么。结合本章所学的知识写出分析报告。

2. 文案写作训练。设计一个新的深度报道,并写出该栏目的传播策划方案。要求:设计出该电视栏目的具体内容,并在此基础上找到适合栏目内容的宣传手段与盈利模式。

3. 我国电视媒体在节目策划的过程中都存在哪些问题?如何避免这些问题的出现?

## 拓展阅读书目

1. 书名:《媒介事件》
   作者:[美]丹尼尔·戴扬、伊莱休·卡茨
   出版社:北京广播学院出版社
   译者:麻争旗
   出版时间:2000年1月

2. 书名:《现代传媒业经营管理》
   作者:屠忠俊
   出版社:华中科技大学出版社
   出版时间:2007年11月

# 第九章 电视新闻深度报道的解释与批判

**教学重点**：理解解释学与批判学方法是人文学科与社会科学的重要研究方法，掌握解释学与批判学两种方法。

**教学难点**：掌握解释学方法与批判学方法二者的异同，掌握解释学方法如何应用在解释性报道当中以及批判学方法如何应用在调查性报道当中。

## 第一节 深度报道的解释学方法

### 一、解释学方法概述

20世纪80年代后期，国内人文学科及社会科学学术界曾有过一次大量引入西方研究方法的热潮。当时引入的新的研究方法主要是源自自然科学的被称为"老三论"的系统论、控制论和信息论的系统论方法、控制论方法和信息论方法。"老三论"又衍生出后来的"新三论"，于是就有了所谓耗散结构论方法、协同论方法和突变论方法。这些方法的引入一方面为人文学科及社会科学的研究者提供了实际贯彻马克思主义的辩证唯物主义哲学原则的可操作性手段，另一方面又激发了他们使用上述带有普适性的横断学科的话语体系和研究思路，以此改善本专业学科的学术兴趣。

深度报道是一门应用性很强的传统人文学科，这主要体现在深度报道要围绕新闻信息的存在进行一种独特的概念化解释，同时，深度报道还是一门20世纪90年代末期才逐渐出现并普及的应用性很强的新兴电视新闻形式，是20世纪中叶之后在西方发达国家兴起的一种新的电视形态和新闻形态。国内哲学与社会科学研究方法的研究都曾卷入了20世纪80年代后期引入的新的研究方法的热潮。在"老三论"与"新三论"中，尤以信息论方法对哲学与社会科学研究方法的研究影响最为深入。

哲学与社会科学研究方法使用信息论的话语体系和研究思路，以此改善、改造新近引入的深度报道的基本论点是信息乃至深度报道的本质规定，这源于深度报道是一种有关信息传播活动的研究，而该传播活动又是传播者与受众之间的信息传递活动。从这些基本论点出发，把信息论的方法与深度报道的基本论题结合起来，不仅可以改造国内的哲学与社会科学研究方法，而且还能够构造深度报道研究的整体框架。

"老三论"和"新三论"的元理论都是自然科学领域中的带横断学科性质的理论，作为其话语体系的支撑结构的一些基本概念，也都有着严密的自然科学性质的学术规定。这些基本概念被引入哲学与社会科学研究方法中后，尽管被赋予了新的内容，但其原有的自然科学性质的学术规定不能被扭曲，也不能望文生义地去解释，以致人言人殊，失去基本的规定性。

信息论中的"信息"，作为一个科学概念，是由美国通信技术科学家香农于1948年首先提出的。他在《通信的数学理论》这篇信息论的奠基论文中提出，信息是不定性减少的量，这个量可用公式 $H=\sum -p_i \log p_i$ 来计算。信息的概念进入哲学与社会科学研究方法中后，不管怎么引申，其"使认识的不确定性减少"的基本规定性是不能失去的。也就是说，在获取信息后，人们的认识应由比较不确定的状态进入比较确定的状态。信息量越大，认识状态的不确定性就减少得越多。

如果把认识过程理解为对某一存在的"知晓状态"，而且根据卡西尔的判断，即新闻是一种符号化的存在，那么可以说，有关新闻的信息传播，受众对该存在由不知到知，由知之甚少到知之甚多，不定性逐渐减少。但是，认识过程是存在于生活世界的"认知状态"和"评价状态"，现实情况是，新闻传播往往会浸于众多媒介的信息传播活动之中，受众的"不定性"不但没有减少，反而会增多。现代社会中的"信息爆炸"不但没有使现代社会中人们认识的不确定性极大减少，反而引发人们的"信息焦虑"和"信息疲劳"，使认识的不确定性增加。这就使人们有理由怀疑，所谓的新闻传播，传播的不是香农最初意义上的"信息"，而是其他内容。从解释学的观点来说，传播媒介最终送达给受众的新闻确实不是"信息"，而是"意义"。

如果众多媒介最终送达给受众的是"意义"，而"意义"又是只有经受众解释后方能产生并发挥作用的，那么，研究深度报道就有了一个新的切入点，即对新闻传播过程中的解释机制进行研究，为了进行这样的研究，就必须把解释学方法引入深度报道。为了研究解释学方法的应用，需要解决如下三个问题：解释学的研究方法为何引入深度报道研究（可行性），解释学的基本规定性如何引入深度报道研究（必要性），解释学的方法在深度报道研究中都有哪些层次的应用（操作性）。

解释学源出希腊文，原义是对阿波罗神庙的神谕的释读解说。按照历史的顺序，解释学有过下列两种用法：①《圣经》的解释语言学方法论，即关于理解语言的科学，也是人文学科的方法论基础之一；② 关于"存在"及"理论存在"的现象学，主要运用于新闻解释，如神话解释学、象征解释学等。"如果要从中国的传统学术中寻找解释学的对照物，那么，大体可以说，《圣经》解释阶段的解释学相当于训诂学，而到了现象学阶段的解释学，则相当于心性义理之学。"①而本书提出的"在深度报道研究中运用解释学方法"，主要是就"关于理解语言的科学"，即人文学科的方法论基础层次上的解释学而言，同时也要兼顾并从新

---

① 屠忠俊：《必须重视解释学方法在传播学研究中的运用》，载《当代传播》，1999(05)。

闻的符号化存在问题入手。以上两个层次上的解释学,实际上是关于解释符号文本以获得意义的操作程序及一般方法的学科。

马克思主义认为,精神生产受到物质存在的制约,物质在这里表现为振动着的空气层、声音,简言之,即语言。语言和意识具有长久的历史;语言是一种实践的,既为别人存在因而也为我自身存在的、现实的意识。西方马克思主义理论家路易·阿尔都塞认为,意识形态总是一种实践活动,他甚至说:"一种意识形态总是存在于一种机制、它的实践和诸种实践之中。这种存在是物质性的。"①因此,可以认为深度报道就是一种以众多媒介为物质载体(符号化)的意识活动,而这种针对新闻存在的意识活动必须具有强烈的实践性,后者在深度报道中主要表现为新闻创意和新闻解释的创造性。在解释学看来,作为符号化存在的新闻,对其传播的信息的解释应该是完全开放的,这样不仅可以大大降低信息的不定性,并强化传播者的解释意图,而且还可以扩大对新闻存在的开发广度和深度。最终,新闻解释视域的开阔必将提高产生创意的概率和效率。

当前,哲学与社会科学研究方法主要有实证主义和批判理论两大体系。实证主义强调"价值中立",关键性操作是要求研究概念指标的测量及测量数据的处理,就是所谓的"定量处理",定量处理主要牵涉到数学手段的应用。批判理论主要以法兰克福学派为代表,以对现代社会,特别是对当代资本主义社会进行多学科综合性研究与批判著称于世。实证主义是法兰克福学派的主要批判对象之一,认为其"价值中立"仅是方法中立,是一种肯定辩证法,缺乏对本质问题——人的关心。解释学的方法同样强调价值中立,但是又受到实证主义和批判理论的双重影响。实证方法是社会科学的方法,批判方法是人文学科的方法,而解释方法基本上是一种人文学科的方法,但在注意理论表述的结构性、注重实际运用的程序性等方面与社会科学方法更为接近。由于深度报道同样具备媒介载体的社会性与新闻解释的主体性,解释学这种双重属性在深度报道中的应用可以扬长避短,允分发挥实证与批判两大研究方法的优势。

## 二、解释学方法在深度报道研究中的具体应用

按照解释学的研究体系,关于解释学方法在深度报道研究中应用的可行性、必要性、操作性论证,解释学的方法大致可以分为技术性解释学、本体论解释学和文本解释学三个层次的应用。

1. 技术性解释学

技术性解释学的代表人物主要包括施莱尔马赫和狄尔泰。前者的解释学包括语法解释和心理解释两部分:语法解释是"客观的"解释,置文本作者于不顾,致力于根据某种新闻上共通的语言特性来分析文本的意义;而心理解释则要求通过解释者与作者在心理上的同质性,用直观的方法从总体上把握作者,创造性地重建作者的无意识的创造活动。后者提出"意义"的概念:人文世界是一个由意识到自己目标的人创造的精神世界,又是一个随着人对世界的意识而改变的历史世界,根本不同于机械运作的自然世界。对于自然世

---

① [法]路易·阿尔都塞:《保卫马克思》,顾良译,商务印书馆,1984年版,第203页。

界,人们可以解说其因果关系;而对于人文世界,人们只能解释其意义内涵。

深度报道中作为解释对象的新闻是一种符号化的存在,因此新闻不仅指严格意义上的文本,而且指具体的历史世界和作为整体的人文世界的实在。技术性解释学开拓了深度报道研究的视域,提出了解释新闻存在的可行性,即新闻作为历史世界的存在,可以立足于当下的时空对其进行创造性的重新解释;新闻作为人文世界的存在,在其原始意义的基础上,必须围绕"意义"进行新闻乃至跨新闻的改造。比如,作为只有两百多年历史的美国,早已广泛地从世界各个新闻区域进行跨新闻的解释创造,美国各大商业电视网都相继推出了电视新闻深度报道节目。到目前为止,美国著名的且有代表性的电视新闻深度报道节目主要有《现在请看》《60分钟》《夜线》《20/20》以及《麦克尼尔和莱赫尔新闻小时》等。

《新闻调查》是迄今为止我国电视新闻屏幕上呈现的最具有深度的新闻专栏,自1996年5月17日节目开播以来在国内引起了巨大反响,选题多为关乎国计民生的重大社会热点问题。节目以美国哥伦比亚广播公司的王牌节目《60分钟》为原形,以记者调查采访的形式,探寻被遮蔽的真相,追求理性,抽丝剥茧地把事实原貌呈现在公众面前,给不同的意见提供表达的空间。栏目以调查性报道为其终极追求目标与核心竞争力。《60分钟》的一句话被《新闻调查》的摄制组奉为座右铭:通过记者的调查,揭露某一社会集团或组织企图掩盖的、损害公众利益的隐私。大胆新颖的选材、针砭时弊的报道、理性客观的点评将新闻的事实(信息)与评论(意义)结合起来,起到了良好的信息传播和舆论监督效果。《新闻调查》开创了中国电视新闻深度报道类节目的新纪元,多期节目在社会上引起广泛反响,是我国中央级媒体中最具代表性的电视新闻深度报道栏目。

① 悬念的设置。《新闻调查》的片头擅长运用悬念的设置来吸引观众的眼球,一方面是出于节目精彩程度本身的考虑,希望观众从开篇就能对整期节目保持兴奋与期待的状态;另一方面深度报道的事件题材本身多带有很大程度的悬念性质。《新闻调查》节目组常常利用侦探模式,围绕悬念展开调查,通过疑问的提出、事实的求证、问题的解决来构建每个深度报道。通常来说,悬念可以由解释手法造成,也可以由事实本身的未知因素形成。而设置悬念的方式又可以分为信息的延宕或信息的压制。信息的延宕是指解释过程中应当透露信息的地方不透露,刻意将信息保留到后面才解开谜底;信息的压制则是指出于某种主观原因或者客观原因,解释过程中某一个信息始终未揭晓。信息的延宕或信息的压制会造成"断点","断点"通常被理解为解释过程中的某种空缺或省略。信息的延宕带来"暂时断点",这一断点在后文中会得到填补,这种悬念一般是由解释造成的;而信息的压制则带来"永久断点",即信息永不为人知,表现为信息的空缺,这可能由解释造成,也可能由事实本身的未知造成。《新闻调查》惯用倒叙等解释时空的重构来改变解释的节奏,通过限制性的镜头视角来营造强烈的紧张氛围与悬疑色彩。经过巧妙的安排,随着故事的推进,一个一个谜底被揭开,从而增强情节的感染力,催化受众融入新闻事件的语境和场景,起到很好的激发受众知情兴趣和引导舆论的作用。

② 凸显现场调查和实证。凸显现场调查和实证,即用调查的手段、客观纪实的方式来反映新闻事件深层次的本质的东西。对《新闻调查》的定位更多强调客观纪实,用记录的方式来做调查,要求保持事件的原态性,对新闻事件进行跟踪纪实。电视新闻深度报道

首要坚持的原则应当是新闻真实性。所谓新闻真实性,指的就是新闻报道中的每一个具体事实必须合乎客观实际,即表现在新闻报道中的时间、地点、人物、事情、原因和经过都经得起核对。《新闻调查》的节目场景全部设置在事发当地,通过记者实地走访拍摄向观众展现事件真实的背景和遗留的证据,并进行多方面、多角度的采访以确保信息的可靠性。所选择的被访对象大都是事件的当事人或目击者,以数位受访者的讲述来梳理新闻的脉络,从而最大限度地还原事实的真相。

③ 严密的逻辑推演。为了揭示对公众具有重要意义的事件真相,《新闻调查》在节目中一直秉承着严密的逻辑推演。在报道公共事件的过程中,从描述问题本身的现状,预测事件给公共利益带来的影响,到调查问题产生的根本原因,再到寻求解决问题的办法途径,形成一个完整的链接。例如,关于"苹果的另一面"的报道,在针对苹果公司下游加工企业违犯行业规范的调查报道中,采取了多点并进的解释方法,记者兵分几路对三家企业所造成的自然环境、劳工权益和生产安全等多方面的问题进行调查取证,每个层次的结尾都由出镜记者来串场总结,从而引出下一个调查点,环环相扣,逐步将事件调查进展的完整框架搭建起来。

2. 本体论解释学

本体论解释学的代表人物是海德格尔与伽达默尔。前者在《存在与时间》中提出意义"先有""先见"与"先行"的共同境域。问"是什么"必须先行进入"是"中,即与所问"什么"共同在世而是其所是,"也就是使问者获得该问的处身性、问题的取向性,以及解决问题的方向性和目的性"①。以钓鱼岛为例,人们对其"是"一座小岛的问题没有什么兴趣,有价值的是围绕钓鱼岛曾经发生的诸多真实事件和突发事件,而在中国传统新闻和当前媒介新闻的视域中,突发事件的影响力更大,吸引力更强,创造力更多。后者认为,解释学就是哲学本身:理解是历史性的,指的是理解者所处的不同于理解对象的特定历史环境、历史条件和历史地位决定着他对文本的理解,而有效历史指的是只有被主观个体理解了的历史才是对其有效的历史,不存在集体的历史,因为理解是个人行为,只存在当下的历史,因为过去的历史总要放在当下来理解。

深度报道的发展主要表现为对已有新闻存在的实践操作,即对新闻存在进行立足于共同境域的当下解释来体现实践性,并在共同境域中对当下解释进行符号化创造来体现操作性。本体论解释学在现象学以及其后存在主义哲学的基础上,将作为人类存在的"意义"推到本体论的高度,为解释新闻存在强调了必要性,即必须对新闻存在做出符合共同境域的当下解释,并且这种当下解释应该从新闻的多元价值取向中选择最适宜操作的。比如,新闻资源较为贫乏的地方电视台,围绕类似民生新闻、社会新闻等地域性强的新闻存在,或者通过按摩式的新闻形式,紧密围绕"情"(爱情、亲情、友情)这个人类共同的主题,很多都获得了巨大的成功,如《南京零距离》《阿六头说新闻》等。

《1/7》是立足于上海市、辐射面积覆盖长三角地区的地方性深度报道节目,是上海文广新闻传媒集团旗下的上海电视台新闻综合频道,于 2004 年 1 月推出的 60 分钟大型电视新闻周刊,由上海电视台曾经的王牌栏目《新闻观察》扩版改创而成。节目分为三个板

---

① 张志扬:《解释学分类及其他》,载《现代哲学》,2009(01)。

块,即热点调查、社会故事和新闻人物,以聚焦时代进程之中的重大事件、展示情节精彩而充满矛盾的社会故事、采访对话热点新闻人物为主旨。每个板块节目以出镜记者领衔串联,而记者则兼具播音员和主持人等多重身份,参与实地调查采访,彰显新闻现场的独有魅力。栏目自筹备之初,就确立了打造具有全国影响力的电视新闻深度报道栏目品牌的目标,也以其独特的报道风格和丰富而又扎实的新闻内容赢得了广大观众的青睐,收视率节节攀升。摄制组多次进入重大新闻现场进行调查,报道题材覆盖全国,作为地方性的深度报道节目有着全国范围的影响力。《1/7》主要有以下三个特点:

第一,民生的视角。解释视角就是指叙述者观察和叙述故事的角度。"事件无论何时被描述,总是要从一定的'视觉'范围内描述出来。要挑选一个观察点,即看事情的一定方式、一定角度,无论所涉及的是'真实'的历史真实,还是虚构的事件。"①《1/7》秉持着新闻工作"贴近生活、贴近群众、贴近实际"的"三贴近"原则,以人为本,从与民众平行的视角来对公共事件进行叙述。它常常从当事人的角度出发,通过展现事件对民众生活切身造成的影响,来检释新闻背后的意义与价值,真实而富有人情味。它也使得民生、民意与民权的诉求在节目中得到体现,从而督促某些潜伏已久的、尖锐的矛盾在短时间内受到社会民众与政府相关职能部门的关注与重视,令其尽快得到改善或解决。

第二,二元对立模式凸显对比——冲突与矛盾。二元对立模式是列维·施特劳斯所提出的,在他看来,所有的神话故事都充满了二元对立的关系,"神话思维总是从对立的意识出发,朝着对立的解决前进"②。对于公共事件的电视新闻深度报道,题材所隐含的矛盾冲突以及通过调查解开真相、维护公众利益的过程本身就符合二元对立模式。是与非、美与丑、善与恶、得与失、公利与私利、揭露与隐瞒、真相与谎言、正义与邪恶等这种突出鲜明的对立和源于真实生活的戏剧冲突,是《1/7》在报道公共事件中常见的解释手法。例如,在"虐童案"中,将医生的说辞和作为嫌疑人的父亲的辩白拼接在一起,形成强烈的矛盾和反差,激发观众的好奇心与对谁是谁非的辨别欲,使得经过调查取证最终得到的真相更加震撼人心。二元对立的关系可以集中展现公共事件中的基本矛盾,这也是观众视线的焦点所在。正是这样的冲突和对比推动了新闻事件的发展,掀起了转折和高潮,可以使如果平铺直叙会显得平淡无奇的深度报道变得跌宕起伏、引人入胜。

第三,情感因素突出。《1/7》作为地方电视台的新闻周刊类节目,在有关公共事件的电视新闻深度报道当中突出个人命运,在对"硬新闻"的采访调查中凸显人文关怀,在解释过程中放大情感要素已经成为了一种惯常的手段,让受众在一个个细节感人、情节跌宕的故事背后了解到事实的真相和新闻事件本身所蕴含的价值和启迪。《1/7》侧重于讲述新闻人物的情感境遇和人生经历,其中的公共事件报道也倾向于事件本身对当事人生活状态的影响。为了吸引观众更多的感情投入与内心共鸣,情感作为一种感染受众的"卖点"在节目中被突出和放大了。例如,2011年9月11日《1/7——失控的实验》中,东北农业大学在一次重大教学实验安全事故中造成多名师生感染布鲁氏菌病,节目集中采访了患病学生及其家属,还原实验当天事故发生的经过,描述布鲁氏菌病给他们的健康与前程带

---

① 曾庆香:《新闻叙事学》,中国广播电视出版社,2005年版,第126页。
② 胡亚敏:《叙事学》,华中师范大学出版社,2004年版,第181页。

来的损害以及没有和学校达成满意的赔偿协议之时家长对子女未来的担忧。整期报道没有对这场事故进行高调尖锐的问责与质疑，而是利用朴素平实的镜头语言，无声地唤醒了埋藏在观众心底的人文关怀，以及对那些被人们忽略的个体生命的悲悯与怜惜，由此使得公众开始注意到缺乏督导的教学实验所带来的巨大安全隐患，从而在全国各所高校大范围里掀起了加强监管、规范教学实验程序的热潮。《1/7》侧重情感因素与人性关怀，一方面是"以人为本"的思想理念的体现，从生活的角度切入调查，关心民生，维护受众切身的利益，用朴实的情怀贴近群众，赢得受众的内心共鸣与支持；另一方面是为了隐匿锋芒，在重大敏感的新闻事件之中突出情感要素，将聚焦范围锁定到个体在社会变革的浪潮中求生存的态势，从民生视角来报道重大公共事件，能够使节目内容更容易通过严格的新闻审查而得以顺利播出。作为地方深度报道栏目，相对于中央级媒体在报道中措辞犀利的新闻评论，《1/7》则展现了更加委婉温和的舆论监督方式与批判力量。

3. 文本解释学

文本解释学的主要代表人物是保罗·利科尔（以下简称"利科尔"），他把文本定义为任何由书写所固定下来的任何话语，并进一步规定只有在文本不被限制在抄录先前的谈话，而是直接以书写字母的形式铭记话语的意义时，本文才真正是文本。① 因此，文本具有两重属性：文本具有自己的世界，可对其进行符号分析和结构分析；文本作为话语，具有从一个生活领域到另一个生活领域的体验意义。利科尔把文本看作被叙述的言语，把一切新闻产品都统一成叙述的统一形态。他把叙述分为言语叙述和非言语叙述。非言语叙述包括了影、音、画等类艺术样式。言语叙述又可以划分为两种：一种叙述试图使自身达到"真理"的程度，被称为历史叙述；另一种叙述则是杜撰性和创造性的，被称为虚构叙述，如戏剧、小说等类文学样式。利科尔的这些观点使得解释学实现了从本体论的抽象存在扩展到文本解释的具体操作，并使解释学在实际运用中与历史学、新闻学、美学等发生了相互渗透的关系。通过这些渗透关系，解释学方法成为一种具有普遍意义和特殊属性的深度报道研究方法。

例如，《社会能见度》是凤凰卫视一档著名的调查性报道节目，一直以犀利的视角和独特的节目形式呈现关乎国计民生的关键话题与时事热点见长。它的节目宗旨是追根溯源，呈透明地带；抽丝剥茧，现社会流弊。它擅长捕捉公众关注的核心话题，进行多角度分析，分析客观而尖锐。凤凰卫视中文台开播的时候，卫星电视的发展在技术上已经比较成熟；资讯台开播的时候，互联网的发展也开始普及。而中国改革开放之后又迅速融入了全球化时代，全球化、卫星电视、互联网也是凤凰卫视的新闻运营所处的时代，这决定了凤凰卫视的新闻报道要与国内外的大事同步。《社会能见度》作为默多克传媒集团旗下一档针对中国转型期社会状况的深度报道节目，追踪报道了大量当下引起舆论波动的热点事件，并探讨社会、政治、经济、民生方面的焦点话题。它突破了凤凰卫视以往以财经新闻为重心的节目框架，将目光从财经专题延伸至国计民生的更大范围；积极触碰灰色地带，围绕关系国计民生的重要主题进行了深层挖掘；选材大胆，观点犀利，广受海内外华人的关注。它是中国香港媒体针对内地的深度报道中最具有代表性的节目，具有以下四个特点：

---

① [法]保罗·利科尔：《解释学与人文科学》，陶远华等译，河北人民出版社，1987年版，第148页。

第一,解释者中主持人的中心地位。比起大多数电视台深度报道中摄影棚主持人与多位现场记者的视频互动,例行主持人中心制的《社会能见度》的节目形式更加别具一格。它由主持人兼出镜记者曾子墨作为主导,进行一系列采访考察,在节目中为观众串起一条追踪主线。出镜记者作为节目的外在标志,既是调查主体,同时也是一个节目的结构元素,是调查行为的实施者和调查过程的表现者。而曾子墨本人和《社会能见度》经过长期的包装融合,已经被打造成了合二为一的栏目品牌。众所周知,凤凰卫视历来以"名人加工厂"著称,一方面,它会依据个人特色打造节目,发挥主持人或记者的特长,使节目更加个性化;另一方面,它会对名人资源进行充分挖掘和再利用,借知名主持人和记者推出新的品牌栏目,降低制作风险并使新节目快速成长起来。《社会能见度》的出镜记者兼主持人曾子墨正是以跨专业的高学历、多样的就业经验以及采访中犀利的提问方式,塑造了一位庄重、知性、具有社会责任感的成功女记者形象,成为每期节目的中心解释者之一,通过提问和互动来串联节目内容的方方面面。而在节目之外的诸如出书立传、交流讲座、接受杂志专访等活动将曾子墨的知名度进一步提升,从而增加了《社会能见度》的关注度。在一个构成单一的节目中,观众收看节目的唯一动力只能来自节目内容本身,这就要求节目具有持久的吸引力,而这一点,其实很难做到。一种可能的情况是节目质量的起伏会带来收视的起伏。而当一个节目由名人和节目内容两部分构成时,很大一部分观众可能会因为对名人的关注而收看节目。"因为名人以一种常态的方式出现,在节目质量发生起伏时会起到一定的弥补作用,从而保证节目的长期稳定收视。"①凤凰卫视这种不遗余力地打造"名人品牌"的做法虽然对节目本身起到了大力宣传的作用,但是主持人在外作为记者、演讲人、作家等多重身份的重叠,对内独自把握采访情绪基调的流程设置,即直接以一种"伸张正义的名人"姿态进行采访活动,很容易让受众产生先入为主的偏见,给调查性报道的解释过程蒙上强烈的个人主观色彩,一定程度上也间接地弱化了栏目自身的媒体公信力。

第二,解释内容中网络资源的运用。《社会能见度》擅长利用互联网上的资源来补充和完善相关深度报道的解释内容,主要表现为以下三点。① 利用互联网上的热点话题寻找报道素材。例如,在天涯、猫扑等知名论坛上寻找点击率前几位的帖子,对相关事件进行实地寻访调查。多期关于公共事件的节目都符合当下时兴的"网络媒体爆出热点,电视媒体跟进报道"的舆论形成机制。② 对互联网上的"舆论领袖"或爆料人进行采访。例如,"郭美美调查"中,摄制组对最早开始在微博上质疑郭美美财富来源的网友姜鹏勇进行大篇幅的采访,通过姜鹏勇的口述来串联整个事件的前因后果。③ 通过搜集与报道相关的网络视频和图片来补充事件的细节和背景。例如,"乐山尘肺病调查"中多次展示了向社会求助的尘肺病患者发布到各大论坛的照片,以及播放数个志愿者用DV拍摄的尘肺病人描述发病症状的视频。互联网资源的开辟对于深度报道栏目是一个有力的辅助,可以获取主流媒体通过常规的调查渠道难以挖掘的新闻资料,从情节和细节上对报道进行补充和完善。但与此同时,网络资源也是一把双刃剑。电视新闻深度报道首要坚持的原则应当是新闻的真实性。如今铺天盖地的文字消息和影音资料真假难辨,谣言与真相并

---

① 默多克、刘长乐:《东西论剑——东西方传媒大亨的对话》,北京出版社,2006年版,第172页。

存。而作为具有信息发布权威性的传统媒体，能够去伪存真，在其中挑选有用的信息，对从事电视新闻深度报道的记者自身的新闻业务和职业责任感是巨大的考验。

第三，紧凑的节奏和蒙太奇剪辑。鼓点配乐以及旁白较快的语速使得整期节目显得节奏紧凑，而对人物采访的素材通过筛选编辑，去掉了受访者与出镜记者之间部分无意义的交流和停顿，让节目分类设置的关键问题可以在访问中一一得到答案，令节目带有被压缩精简后的充实与凝练。事件发生的现场外景、事件相关部门和人物的追踪、摄影棚人物专访、电话采访以及表格数据和文字等已经整合过的资料在节目的剪辑中会以一种碎片化拼图式的方式呈现给观众。五部分内容被剪辑成零散的片段重新拼接相互穿插，使得故事情节跌宕起伏，富有张力，线索脉络清晰，从而充分调动观众的求知欲和紧张感。这种蒙太奇"形散神不散"的散文式剪辑，也是《社会能见度》在诸多电视新闻深度报道类节目中脱颖而出的特色之一。

第四，黑屏字幕与特写镜头的力量。《社会能见度》在多期负面题材的调查性报道中，用黑屏字幕代替旁白来呈现事件后续的发展或结果。黑屏字幕在感官上给人造成一种严肃、凝重的氛围，通常出现在片头和片尾。前者让观众迅速地从外部事务中冷静收心，逐渐融入新闻报道的语境中；后者在报道过程结束之余，用无声的文字，为引领观众进行回味与思考创造了一个沉静、庄重的空间。此外，特写镜头也是《社会能见度》在公共事件报道解释中的显著特色。特写镜头在视觉符号的传递中容易突出个体情感，体现丰富的信息和内涵，从而调动起观众情感参与的积极性。镜头前的真实较语言无异于更具有震撼力，一些现场拍摄到的特写画面，尤其是重大事故当中的惨状，具有强烈的视觉冲击力，其所产生的感染力不言而喻。然而，凤凰卫视作为私营的商业电视台，出于经济利益的考虑，在节目的录制中，有时候会刻意添加吸引受众眼球的元素，除了报道内容设置悬念与戏剧冲突，一些暴力惊险的镜头也会刻意保留。赖特为描述媒介的各种影响，将"提供娱乐"作为媒介的第四功能，即为个人提供娱乐、规避及放松的方法，减轻社会紧张感。在《社会能见度》关于特大事故的报道中，时常播放一些不加后期处理的血腥、暴力的画面，如在涉及暴力冲突的突发性安全事件报道中播放械斗录像带以及在医院采访受伤群众时揭开纱布对伤口拍摄特写镜头。这在某种程度上起到了刺激受众感官、满足受众猎奇心理的作用，但这种毫不避嫌的做法从媒介伦理的角度评价具有相当大的争议。同时，节目惯用哀婉煽情的配乐和空镜头来烘托气氛，间接向观众强调了节目自身对于该事件的看法和立场。

## 三、电视媒介环境下的解释学

如果说利科尔为解释学方法的操纵性赋予了价值理性，那么埃里克·麦克卢汉（以下简称"麦克卢尔"）则为解释学方法的操作性赋予了工具理性。后者曾经讲述了一个富有宗教意味的故事："麦克卢汉用部落新闻（口头新闻）、脱离部落新闻（表音字母和印刷）、重返部落新闻(电子媒介)来代替伊甸园、人的堕落和重返天堂。"①前文讲过,现代社会处于"信息爆炸"的状态,人类认识世界的主要工具就是电视媒介。麦克卢汉有关"媒介即讯息"的著名判断,开创了媒介环境学的先河,提出"有效的媒介研究不仅要处理媒介的内容,而且要对付媒介本身及其发挥作用的这个新闻环境"②。

由此可见,麦克卢汉与利科尔在文本解释学层面上具有一定的逻辑耦合性:文本内容应该突破单一的文本形式(利科尔)——媒介内容受制于媒介形式(麦克卢汉),形式的多样化应该服从于受众的个人体验(利科尔)——不同的媒介形式形成不同的新闻环境(麦克卢汉),并解释出诸多意义不同的内容(利科尔)——相同的内容在不同的媒介新闻环境中具有不同的解释和意义(麦克卢汉)。二者都强调内容和意义的重要性,但是操作性偏向各不相同:利科尔认为个人体验和叙述方式具有决定性,麦克卢汉则更进一步说,这种决定性主要是由不同的媒介形式及其新闻环境所形成的媒介产品来决定的,用利科尔的话来说,就是叙述方式比个人体验更加具有决定性。比如,近期热播的《非诚勿扰》《我们约会吧》等电视节目,其产品内容是相亲,产品形式是电视媒介,社会环境是当前诸多大龄未婚男女青年的集体焦虑以及广大受众对他人隐私的窥探欲望。和相亲有关的电视节目曾经在20世纪90年代初以征婚栏目、征婚广告的形式出现,但是到了最近几年采用真人秀的电视节目形式,才最终取得了轰动效应。这就是个人体验和叙述方式的决定性作用,尤其是叙述方式,或者说媒介新闻环境的决定意义。

按照解释学方法的基本逻辑与深度报道的特殊规律,符号化的新闻存在主要诉诸电视媒介的传播,重点在于信息的"意义"解释而非信息本身。对于新闻存在的"意义"的解释主要诉诸三个层次,分别解决新闻存在解释的多元开放、价值取向以及产品形式。由此可见,解释学方法在深度报道研究中大有可为,并基本规定了从新闻存在到新闻产品的逻辑步骤,这必将为当前及以后的深度报道研究开拓思路,确认方向。

## 第二节　深度报道的批判学方法

### 一、批判学方法概述

深度报道这一概念起源于西方新闻界,其中调查性报道是最重要的一种报道形式。调查性报道与前文基于解释学的解释性报道有所不同:后者从现实情况出发进行因果解

---

① [美]丹尼尔·杰·切特罗姆:《传播媒介和美国人的思想:从莫尔斯到麦克卢汉》,曹静生等译,中国广播电视出版社,1991年版,第188页。
② [加]埃里克·麦克卢汉、弗兰克·秦格龙:《麦克卢汉精粹》,何道宽译,南京大学出版社,2000年版,第237页。

释,坚持价值中立、客观公正的新闻专业主义;前者从现实的不合理性出发,探究不合理的原因,找出未来合理性的可能性。批判学的研究方法就是立足于对解释学的重要补充,在对现实进行因果解释的基础上对现实进行批判,由此找出现实不合理的深层原因。

法兰克福学派被公认为批判学最重要的代表,以对文化工业的批判最为著名。当时主要的电视媒介是报纸和广播,主要包括媒介批判与文化批判两个部分。媒介批判的研究主要从经济基础来说明大众传播的性质,着重指出了媒介工业如何受制于资本主义经济体制的各种权力,从媒介所有权、经济结构探讨各种媒介现象。文化批判指出,电视媒介按照工业化生产的产品必将带有大众文化的色彩,单一性抹杀了艺术性,"娱乐至死"与消费主义成为电视媒介的主流价值观,接受这些文化产品的观众将变成单向度的人。

1. 媒介批判

法兰克福学派认为,美国的大众传播媒介(主要是电影和广播)具有资本化和商品化的显著特征。在1947年出版的《启蒙辩证法:哲学断片》一书中,西奥多·阿道尔诺与马克斯·霍克海默毫不留情地指出:"广播系统是一种私人的企业……电影院是为极权的康采恩①进行营业的,无线电广播中所宣传的商品,也都是为文化康采恩服务的文化用品。"②也就是说,美国大众传媒纯粹是为资本服务的,在资本的驱使之下,也正是借助资本的魔力,大众传播媒介演变成了发达资本主义社会的国家机器和利润之源。法兰克福学派的成员对此满怀忧虑,他们指出:"最重要的广播事业依赖于发电工业,或者电影事业依赖于银行,这都说明了这整个领域都是与经济紧紧联系在一起的,同时这整个领域中的各个部门又是相互有联系的。一切部门都是紧密相连的,因此精神的集中可以消除各个公司和技术部门的分界线。文化工业的完全统一,会形成政治上内聚的统一性。"③就本质而言,和经济"沆瀣一气"的媒介只是一个商品生产部门,因为只有这样,媒介才能持续不断地售出其内容,以满足无限膨胀的资本需求,也才能最终博得资本的青睐,生存下去。如此,媒介自然也就褪尽了神圣的独立光芒,沦为资本的"妓女",甚至成为"帮凶"。

法兰克福学派还认为,美国的大众传播媒介就是意识形态本身。这一看法包含两层含义:第一层是大众传播媒介是意识形态的工具,作为国家的话筒传达统治阶级的意志,对大众进行思想灌输;第二层是大众传播媒介作为一种科学技术手段,本身就是意识形态。作为发达工业社会的美国,其大众传播媒介具有非暴力的霸权性质,大众传播媒介是根据效果来考虑,并按照所预期的效果,以及决策者的意识形态目标来制作的。很显然,这里的大众传播媒介扮演的是傀儡的角色,是把政治和经济统治延伸到文化领域的工具。从某种意义上讲,这一工具所代表的其实是整个国家的权力。为此,"大众传播媒介的专家们传播着必要的价值标准,他们提供了效率、意志、人格、愿望和冒险等方面的完整的训

---

① 康采恩是德语 Konzern 的音译,原意为多种企业集团。这是一种规模庞大而复杂的资本主义垄断组织形式。
② [德]马克斯·霍克海默、西奥多·阿道尔诺:《启蒙辩证法:哲学断片》,渠敬东、曹卫东译,上海世纪出版集团,2012年版,第133页。
③ 同上,第108页。

练"①,他们的任务是把权威声音植入人们的日常生活,企图操纵和控制大众。大众原本有其思想的丰富性和多样性,但经过传播媒介一番"润物细无声"的侵蚀之后,便也失去了往日思想的自由,因为"每一个自发地收听公共广播节目的公众,都会受到麦克风,以及各式各样的电台设备中传播出来的有才干的人、竞赛者和选拔出来的专业人员的控制和受他们的影响"②。所以,法兰克福学派的批判是一针见血的,既然已经部分或彻底丧失了自由选择的空间以及自我决断的能力,已经脱离了作为人的主体性,大众也就不再是具有批判思维和对抗行为的富于生命力的大众了,他们只能在不知不觉中按统治阶级的意愿来行动。

2. 文化批判

法兰克福学派认为,大众文化呈现商品化趋势,具有商品拜物教特性。发达工业社会的大众文化并不是艺术品,从一开始,它们就是作为在市场上销售的商品而被生产出来的,它们和商业紧密地结合在一起,文化产品的生产和接受为价值规律所统摄,被纳入到市场交换的轨道,具有共同的商品特性。因此,法兰克福学派模仿马克思对商品拜物教的分析过程——从商品的消费追溯到商品的生产,并在对生产过程的分析中,发现商品拜物教的秘密,也从大众文化的消费上溯到大众文化的生产过程,从而也发现了大众文化的商品拜物教特性。商品拜物教被马克思用来意指商品从其人类起源中分离,成为神秘的、不透明的、异己的对象,而不是社会关系的透明的具体化。大众文化具有标准化的生产方式,是现代科学技术迅猛发展的产物。大众文化的传播载体如报纸、杂志、书籍、广播、电影、电视、录音和录像等,无一不是人类科学技术进步的标志,尤其是在当代社会,微电子技术、卫星传播技术、光纤通信技术和光储存技术的出现,更加使得大众文化的推行依赖于技术的先行。可以说,没有现代科技手段,也就不可能大规模地复制、传播大众文化产品,也就不可能产生文化工业。文化工业所表现出的这种技术理性,剥夺了艺术所应有的个性化因素。像生产工业产品的零件一样,大众文化也走向流水线的模式,大批量复制出的文化产品必然是标准化的。比如,近期千篇一律的偶像剧的流行,实际上是伪个性化的张扬,文化产品的消费方式也变成标准化的结果。

法兰克福学派还认为,在某种意义上,大众文化发挥的是意识形态的功能,大众文化通过麻醉人的心灵,实质上是在强制推行资本主义秩序。批判理论的观点告诉人们,现代工业社会通过不计其数的大众文化机构及其整齐划一的产品,把一些过时的、不符合真正需要的东西当作自然的、令人艳羡的东西强加给个人。在这种"反启蒙"的意识桎梏面前,大众是无能为力的。因为文化工业一方面具有现代文化虚假解放的特性和反民主的性质,与独裁主义潜在地联系在一起;另一方面向大众提供的是一种虚假的需求,从表面上把大众款待得服服帖帖,实际上大众被完全地欺骗了。虚假的需求是指那些在个人的压抑中由特殊的社会利益强加给个人的需求,如休闲、娱乐、消费等。虚假的需求具有一定的社会内容和功能,是由个人控制不了的外部力量决定的,它的满足与否受外界支配。人

---

① 潘知常、林玮:《大众传媒与大众文化》,上海人民出版社,2002年版,第108页。
② [德]马克斯·霍克海默、西奥多·阿道尔诺:《启蒙辩证法:哲学断片》,渠敬东、曹卫东译,上海世纪出版集团,2012年版,第141页。

是有真实的需求的,如创造的需求、个人价值实现的需求、独立的需求、主宰自我命运的需求等,但在法兰克福学派看来,真实的需求的表达只能由个人在能自由做出回答时完成。可惜的是,在现代工业社会,文化工业通过强烈刺激人们的物质欲望,俘获了大众的心灵和意识,真实的需求被虚假的需求无限度地遮掩。大众由于其主体地位的失落,沦为文化工业的客体,成了单向度的人,变得麻木、冷漠而驯服,附庸于资本与权力的大众文化则趁机灌输资本主义的固有秩序。

## 二、批判学方法在深度报道研究中的具体应用

消费主义指的是一种价值观念和生活方式,它不仅在于满足需要,而且在于不断追求难于彻底满足的欲望。换句话说,人们所消费的不是商品和服务的使用价值,而是它们的符号象征意义。消费主义代表了一种意义的空虚状态以及不断膨胀的欲望和消费激情。这种迎合工业化社会和后现代社会的价值观,在全球化和市场化的进程中也浸入了中国传统社会,自20世纪80年代开始,我国经济高速增长和社会结构急剧转型,使中国社会向消费时代大踏步地迈进。

1. 消费主义与电视媒介的内在联系

消费主义在媒体上的特征表现为追求商业利润的最大化,以肤浅的娱乐节目替代严肃的新闻,以感官享受替代理性思考,以迎合受众的消费口味替代引导受众的公共意识。大众传媒的消费主义特征在我国早已明显,譬如前几年火爆一时的选秀节目几乎占据了中国电视荧屏的半壁江山,《超级女声》《加油,好男儿》《快乐男声》等真人秀节目刮起了一阵全民娱乐狂潮;以《还珠格格》《康熙微服私访记》等为代表的清宫戏,以《大长今》为代表的韩剧等电视连续剧的热播也激起了受众的强烈追捧,创造了一个又一个的收视新高;不少传统纸质媒体也呈现出报风低下的倾向,试图走媚俗化的路线,与新媒体争夺受众的注意力。由于媒体成为追逐经济利润的载体,新闻也开始逐渐变成迎合受众的商品,其制作过程中便会受到来自市场回报率、受众满意度、商业运作逻辑等各个方面因素的影响,大众传媒的社会责任意识和舆论监督功能面临着严重挑战。

美国哈钦斯委员会在其提交的著名报告《一个自由而负责的新闻界》中确定了媒体的社会责任论,认为自由是伴随着义务的,报刊应对社会承担责任,并以社会责任作为报刊业务政策的基础,这种观点得到了新闻界的广泛认可。而消费主义则有悖于大众传媒的社会责任职能,瓦解了传媒的公共性和公益性本质,一味追求利润至上,使"新闻的真实性和客观性遭到了扭曲、破坏,媒介功能发生转移,甚至变异,沦为'私器',媒介的社会责任也逐渐淡化,导致媒介在极力宣扬消费主义价值观念和行为方式的同时催生出许多不稳定的因素和力量"[①]。与此同时,大众传媒的舆论监督功能也受到消费主义的影响。媒体的舆论监督功能通过新闻媒介独立地表达具有一定倾向的议论、意见及看法,从而对社会权力、公共政策等进行评价与监督。然而,消费主义的关注焦点却是如何以最小的成本和风险收获最大的利润价值,媒体对社会权力和公共政策的监督具有较大的风险性,制作周

---

① 李平根:《新闻专业主义对媒介消费主义的让位——表现与原由》,载《东南传播》,2007(05)。

期也较长,不符合消费主义价值观对大众传媒的要求。

消费时代下的媒体从业人员很难坚守"守门人"的角色,虚假新闻、浮夸新闻、眼球新闻等偏离现实写照的手段不断翻新,只要能招揽读者,娱乐大众,媒体从业人员就不惜一次次地冲击新闻职业道德的底线,有违新闻规律的报道现象比比皆是。如果说媒体从业人员为了新闻的可读性而添加合理想象以求获得读者青睐的行为尚值得同情的话,那么他们肆意编造虚假新闻的行为则完全丧失了新闻职业道德,是绝对不能原谅的。以近几年电视新闻深度报道为例,"纸馅包子""退役冠军摆摊为生""史上最恶毒的后妈虐童""功夫巨星洪金宝去世"等众多假新闻的问世不仅污染了受众视听,损毁了媒体从业人员的形象,更是对新闻专业主义的严重践踏,是消费主义对大众传媒负面影响的极端表现。

消费主义导致媒体减少了对公共事物和公共领域的关注,增加了对名人、丑闻、消费、娱乐等方面报道的比重,削弱了媒体的公益性质,使媒体在商业逻辑支配下变得越来越媚俗,而这种趋势正在消解媒体的权威性和公信力,也使受众变得对媒体越来越缺乏信任感。媒体的权威性和公信力是需要靠媒体用正确的舆论导向及时准确报道新闻事实真相、揭露社会的阴暗面和不公正,以及呼吁倡导社会制度完善等一系列长期的传媒理念和行为建构起来的,同时还包括媒体的自律性、媒体的形象定位、媒体的社会影响力等各个层面的要素。媒体的权威性和公信力并不总是与该媒体的订阅率、收视率或点击率成正比关系,有的媒体尽管拥有庞大的受众群,却未必得到受众的信赖,只是被用来消遣的工具而已。在消费主义支配下的大众传媒,面临着媒体社会责任意识和舆论监督功能衰减、媒体从业人员的新闻职业道德滑坡的境遇,其权威性和公信力也逐渐丧失。由此分析可以看出消费主义价值观与大众传媒的内在逻辑性,即在消费社会中,大众传媒充当着消费主义价值观的重要构筑力量;而消费主义价值观给大众传媒带来市场效益和经济利润的同时,也对大众传媒造成了不少负面影响,从而削弱了大众传媒自身的品质和对社会的公信力。

2. 深度报道的批判精神

深度报道对批判有着更加明确的指向,主要体现在新闻从业者的独立精神与怀疑精神上。首先,批判是规定特定社会秩序条件下人与人之间关系的一种理想化的品质;其次,批判是一种独立判断,其作为评价社会制度的一种价值标准,被看作是社会制度的首要价值。深度报道的主体意志不是为现实服务的意志,指的是深度报道从业者及操作深度报道的媒体的主观意志。在新闻专业主义和新闻职业操守的力量作用下,深度报道主题的选定、题材的取舍、新闻价值的确认等各方面基本能够符合主体意志的正当性,如深度报道记者正义感的伸张、新闻媒体社会责任感的展现等。深度报道兼具挖掘被遮蔽的真相和深度整合信息两项主要功能,这都可以在某种程度上缓解社会价值取向的过度分散化,有助于培养形成社会的核心价值观。首先,调查性深度报道对少数权势黑暗的揭露,不仅符合社会弱势群体的利益,也符合社会绝大多数人的利益。因为在某种意义上,社会上绝大多数人都是弱势群体。例如,"孙志刚案"中由于没有随身带身份证而被收容所人员毒打致死的孙志刚,实际上代表了中国绝大多数的普通老百姓。这类调查性报道所披露的社会问题,可以在社会舆论中获得高度共鸣,形成集中意见,潜移默化地影响和塑造人们共同的价值取向。

在西方新闻界,人们对纯客观报道局限性的质疑和反思,催生了深度报道这种新的报道方式。但深度报道并非对新闻客观性的颠覆,它反而进一步充实和发展了新闻客观性的理念,因为人们发现,纯客观报道未必能够达到"客观",借助深度报道的解释、分析、预测等方式却能使报道更加客观。一直以来,西方媒体的新闻从业者都把新闻的客观性内化为自己的职业意识和职业精神,不仅严格恪守记录、还原事物真实面目的原则,还把基于怀疑精神的深度挖掘和解释分析作为重要操作手段来维护新闻报道的客观性。由于新闻历史的背景不同,我国新闻界深度报道的客观性意识一开始是比较淡漠的,尤其是20世纪80年代中后期的深度报道作品中,处处充满着浓重的主观感情色彩。随着我国新闻事业的发展和新闻职业化程度的提高,深度报道的客观性日益受到新闻界的重视,西方新闻界对客观性的研究和实践逐渐被我国新闻从业者主动借鉴和自觉遵循。

以消费主义为代表的煽情主义、黄色新闻等娱乐化现象在电视媒介已经成为赢得点击率的主要手段,媒体受众秉承追求"幸福""快乐"的天性,本能地只关注个人利益,忽视公共利益。公共利益和个人利益的区别是复杂细微的,公共利益具有两个特点,即不可分性和公共性。有许多个人(可以说他们构成了一个共同体)要求或多或少的公共利益,但是如果他们都想拥有它,那么每个人就必须享有同样的一份。公共利益所具有的数量不能像私人利益那样划分,不能由个人按照他们的偏爱多要一点或少要一点。然而消费主义价值观下的大众传媒恰恰是依靠市场逻辑行事,暗合了功利主义,对公共利益的关注边缘化,这正是深度报道所极力摒弃和反对的倾向和态度。

严肃的深度报道拒绝追求感官享受,坚守社会道德准则,挖掘被遮蔽的真相,监督社会不良行为,同时解疑释惑,弘扬真善美,不为名利所左右。作为一种社会产业,大众传媒的市场行为本无可厚非,但如果媒体只按照市场规律进行运作而置社会责任与公共利益于不顾的话,就会有悖社会规范和媒体属性。从价值取向上看,深度报道最贴近大众传媒的本质属性,它蕴含着超越权力和成本、担当社会责任的独特个性,既是最朴素的原始理念,也是历经传媒沉浮变革所沉淀下来的价值核心。批判精神在深度报道中得到体现和贯彻,抵抗和驱逐着大众传媒的消费主义价值观。在深度报道中,深度报道主体的权利也并非可以无限制地行使,这就是确立深度报道怀疑精神、批判消费主义价值观的基石所在。由于批判的价值内涵明确了深度报道的价值取向,因此对受众权利的行使存在规范性的尺度。譬如,为了刺激而挖掘名人隐私,为了制造噱头而夸大其词,为了满足一个群体的利益而损害另一个群体利益或社会公共利益等行为,在深度报道的实际操作中都是被限制的。深度报道作为"公正基础上的客观报道"的批判价值判断,要求其在具体操作中做到均衡考量社会各方利益,批判的价值判断只有在人际和谐的环境中才可能找到。

## 三、尼尔·波兹曼的重要贡献

媒介环境学由尼尔·波兹曼创建。该理论学派从麦克卢汉的"媒介即讯息"出发,研究媒介在社会中的作用。媒介环境学是20世纪30年代在北美萌芽,在70年代形成发展起来的一个传播学派。经过三代学者的努力,它已成为与经验学派和批判学派鼎力的第三学派,探究媒介与人类社会文化的关系。作为媒介研究领域之一,媒介环境学的独特性表现在将研究重点放在研究传播技术本质或内在的符号和物质结构如何对文化导致深远的微观及宏观影响上。尼尔·波兹曼作为媒介环境学第二代领军人物,对电视媒介进行了深入的批判性研究。他认为,电视媒介的娱乐本性使得非娱乐性的信息不得不在"声像"上包装自己,最终导致这些信息在内涵上缩水。换句话说,信息越来越具有作秀的成分。另外,由于电视传媒仅仅是单向沟通,无法与受众进行有意义的交流,它也就没办法实行教育的职责(因为他认为交流是学习的重要组成部分),最终导致"娱乐至死"的局面。

1. 同质化竞争带来的娱乐化倾向

我国正处在转轨与转型的特殊时期,从社会制度到各种经济成分都经历着一场深刻的变革,许多人对此还无所适从,从而产生紧张和压抑感,而娱乐特别是电视娱乐,因为有着声画并茂的优势和没有文化水平限制的原因,最易营造轻松愉快的休闲氛围。这本来也无可厚非,关键是一些综艺甚至话语类节目的低俗化倾向很快抬头,这些节目的实质内容苍白匮乏,形式上却搞得热闹时尚。更应当警觉的是,时下一些新闻节目也贴上了"贴近性""平民化""通俗化"的标签,在娱乐化的路上渐行渐远。此处无意一味排斥新闻娱乐化,新闻的表达方式幽默些、内容软一些、包装花俏些,都无可厚非。问题是现在不少新闻节目已经偏离了趣味性与娱乐化的界限,尤其是以批判性立足的深度报道,其严肃性的应有之义被高度"毁容",泛娱乐化的倾向已到了必须正视并加以治理的时候了。

娱乐已成为时下的一种时尚,许多媒体也紧跟潮流,争相模仿。比如,在新闻传播内容上竭力挖掘"娱乐"元素,名人趣事、花边新闻、灾害事件、暴力事件等成为不可或缺的主要题材。2003年,"影星张国荣跳楼原因是为情还是为病?""柯受良到底死在名模香闺还是片场?""谢霆锋驾车肇事时张柏芝是否在车内?""高枫之死是否缘于艾滋病?"等,成了媒体津津乐道并刨根问底的重要内容,就连足球豪门皇马来华时贝克汉姆的发型是长发飘逸还是短发潇洒,也让两位电视台主持人"深度"辩论了20分钟之久。与此同时,SARS病毒正在逼近蔓延的信息却被忽略,地震灾害的真正惨状被隐匿,矿难发生的原因被回避,有的只是领导如何亲临现场指挥,灾民得到救助时如何感激涕零等。即便是面对"两会"这样重要的深度报道内容,不少记者也是按娱乐新闻的套路来做,"两会"主题挖得不深不透,却将代表、委员中的一些艺人明星当作绝对重点来追,靠一些极富娱乐色彩的花絮来敷衍。2004年9月6日晚,中央电视台某频道更是在关于俄罗斯北奥塞梯别斯兰市中学人质危机的深度报道中,以手机短信方式玩起了竞猜死亡人数的游戏。

这几年电视新闻深度报道不仅总量上大幅减少,表达方式上也被一再软化。鲁豫说新闻获得成功后,电视新闻"说"风盛行,主持人坐着说、站着说、躺着说有之,边走边唱、边唱边说、边演边说也有之,有的还与摄像对着说,可谓五花八门,不一而足。原来主持人播报台上只有稿纸,现在有了茶杯、动物玩具,主持人手中有了绒毛笔、折扇,甚至有了"惊堂木",衣着也呈现娱乐化态势,唐装、内衣、长衫马褂等,在一个气象节目中,主持人干脆插上了一对天使翅膀。著名的深度报道节目《南京零距离》红了个光头孟非,全国就掀起了光头主持热。在淡去了俊男靓女型后,艺人秀、变性人秀也频频亮相,江苏卫视的深度报道节目《1860黄金眼》2004年元旦推出的迎新特别节目"资讯版"中,还由曾"全裸写真"的女模特汤加丽担任主播。要知道这样的装束、这样的道具、这样的播报形态和这样的主持人,都出现在以严肃和正统著称的新闻节目里,这样的创新理念实在有点"如入无人之境"的味道。

新闻毕竟要为人们提供决策参考的信息,尤其是深度报道,其重大性、严肃性、针砭性理应成为电视新闻的主要诉求。人们可以在主持形态、表达方式上作些探索,这也是很有必要的,过去新闻播报时那种正襟危坐、居高临下的"全国一张脸现象"毕竟让人生厌,问题是不能矫枉过正,把严肃的新闻播得太离谱,这只会削弱新闻的可信度和损害媒体本身的形象。事实上,落落大方的新闻播报方式依然有着广泛的适应性。海霞面露微笑但又端庄的播报博得观众青睐,中央电视台4套新闻主持人那种快节奏的威严和大气同样受到欢迎。2004年1月1日,杭州电视台西湖明珠频道办了一档方言节目《阿六头说新闻》,获得不俗的收视率,其表达方式上的探索也获得不少同人的赞许。可是,现在全国方言类的新闻节目一下子冒出了很多,这也引起了一些专家和业者的担忧,过多、过滥就难免对"推普"工作带来影响。去年,浙江广电局专门出台了防止方言节目蔓延的限制性规定,就起到了很好的调控作用。

2. 记者角色偏差带来的娱乐化倾向

新闻泛娱乐化的危害还在于电视媒介自身的娱乐本质,使得记者与主持人的角色逐渐混淆,记者的客观属性与主持人的表演属性相互结合,许多严肃认真、富有责任感的记者反而会变得无所适从而被归入不受欢迎的"另类"。比如,在对某部电视剧的深度报道中,许多记者对电视剧主题和演员们的创作体会不感兴趣,提的都是"男、女主演有否擦出火花""床戏有否假戏真做"这样的问题。为了体现深度报道的深入性,连珠炮般的发问竟都是"你想恋爱吗?""想结婚了吗?""想生宝宝了吗?""喜欢双胞胎吗?"这样非常"小儿科"的问题,但这却使新闻"表演"的收视率较高,从而折射出深度报道整体指导思想上的偏颇。

记者是公正的化身,崇尚客观,伸张正义,抑恶扬善,所以深得老百姓信任,记者靠手中的笔和镜头去发现新闻。但是,近年来在镜头前充分表演的"记者主持人"身价倍增,屡屡成了记者们竞相模仿的对象,成为舆论的焦点。体育记者李响当年采访国足主教练米卢时很有一套,总有独家新闻,可后来他们俩一道成了记者们关注的新闻焦点。中央电视台的一些名嘴们在频频神侃别人的时候,忽然也成了被侃对象,舆论先是拿崔永元的抑郁症说事,再曝朱军台下讥讽老艺术家"这傻×很配合",又传王小丫嫁了个大学校长,近日连黄健翔的离婚也与超女张靓颖的介入牵上了线。相信这些"新闻"多半是空穴来风,但也提醒人们,电视人还得专心于做电视,"记者主持人"要先把握好自己,否则一不小心就成了被说对象和舆论焦点。至于那些欲挖嫖娼新闻自己先当嫖客、想揭文物盗窃疑案自己先掘古坟的例子,则完全是法制观念淡薄、以身试法了。

记者的采访活动不能被过度娱乐化的少数人需求所感召,这样就是对受众需求全面性的不尊重,过分满足了部分人的信息需求,就会损害广大受众的利益。曾经有一位名主持人面对镜头说过,有许多受众反映想看看她的全身画面,请摄像师把镜头拉开。如此自恋的画面在电视上照播不误,这不能不说是泛娱乐化结下的怪果。有些电视台的新闻主播频频参与娱乐性晚会的主持,或者台里也直接安排以娱乐的方式与受众"零距离接触",这样的策划创意是把"双刃剑",人们只念及娱乐可以提高主持人的知名度,但其作为正统新闻发言人的神秘感和公信力也就在嘻嘻哈哈、打打闹闹中消弭了。

3. 对娱乐化的批判

诚然,市场经济时代,电视的产业属性不容忽视,在兼顾社会效益的同时,经济效益也不容忽视。但市场这只"无形的手"时下确实过度地按压着媒体决策者的神经,加上盛行的大众文化又刚好被市场这只"无形的手"握住,这样,泛新闻娱乐化理论上的"诱因"已经建立,媒体一不小心就会违背社会责任。

当前,人们正生活在一个大众文化凯歌高奏的时代,它的盛行给以人文精神为价值目标的精英文化和体现官方意识形态的主流文化以强势冲击。大众文化的主要特征就是消费性和娱乐性,就是在强化娱乐中实现人们对这一文化种类的价值认可。股票套牢、房价居高不下、下岗、婚外恋等外在压力因素,总使人们感到压力加重,身心疲惫,而电视高技术媒介营造的传播直感性,使得公众的文化水平界限被打破,它虽无法承载和诠释社会较深的思想,但其声画并茂、形神兼备的娱乐特征,用来娱乐大众已是绰绰有余。像超级女声选拔这样的"全民运动",也只有电视这样的媒介才能发动。

电视媒介"吃皇粮"的时代早已成为历史,随着社会主义市场经济体制的逐步建立和完善,媒体也被推进了市场。好几万一集的电视剧要买,几百人的薪俸要给,巨额的电子设备要添等,加上现在电视台数量多,竞争激烈,报纸、网络等媒介也要来分一杯羹,媒体当家人的焦虑是可想而知的。浙江电视台《风雅钱塘》《亚妮专访》这样的高品位深度访谈栏目最近也选择退出荧屏,恐怕也是考虑收视率因素。中国的电视媒体收入结构比较单一,80%是广告收入,要靠收视率体现价值。现在各媒介盛行的"节目末位淘汰制",以经济指标为主体的"岗位责任制"等,一定会使中层干部和一线员工倍感压力。抓收听率、收视率本没错,人们需要避免的只是不要置公众利益于不顾,一味追求媒体集团的私利。传媒经济是注意力经济,泛娱乐化所反映的问题就是某些媒体为了赢得受众而一味地迁就和放纵,使新闻节目缺了应有的深度、广度和高度,由追求通俗最终走向了庸俗、低俗、恶俗。

人们可以批评从业人员在新闻泛娱乐化的实践中降格以求,频频触及道德底线,但人们也必须正视这样一个事实,即某些媒体的领导者在新闻娱乐化这条道上走得有点找不着"北"了:他们或面对激烈竞争的局面张皇失措,看着收视收听的红灯频闪回天乏术,只能对下属一味施压,不顾政治标准、公益标准和职业操守,唯收视率马首是瞻,能多挤奶的就是好牛;或新挂帅印,急于做强、做大、建功立业,不顾新闻规律和行业特点,屡有惊人之举,设高指标,出"大手笔",搞大动作,其结果只能是劳民伤财,让下属放弃坚守的底线,在泛娱乐化这个泥沼中东捞西摸。有一次,杭州一名男性爬上了一个巨型广告牌顶部扬言要自杀,引来了许多围观者,当地电视台派出了十多拨记者,从各个角度拍摄,直到这名很可能只是以自杀相要挟的"自杀者"果真失足身亡。当天,好几家电视台的新闻里都播出了多角度拍摄的坠地实况,还有的做成了慢镜头,让坠地者一次次地飘然而下。这种丧失人文关怀和悲悯心的行为体现了领导者的冷漠和对新闻娱乐化效果的畸形追求。

政府主管部门对媒体的监管作用在现阶段尤为重要,现在看遗憾还是有的:一是领导活动、会议和政绩成就等一些指令性报道的任务分派过多,压得媒体喘不过气来,主题报道、深度报道等却无暇顾及;二是对一些事故、批评报道干预封杀过多,有时出了一起不算大的事件,所属媒体集体失语,任凭小道消息满天飞,主渠道的媒体却默不作声,就是让报道也是通稿一篇一个声。按这样的"规矩"处理突发事件,新闻的时效性、公众的知情权和媒体的个性无法得到保障。正经的突发事件不让报道,记者也就只能在娱乐性上动脑子。例如,杭州宝马出租车集体出走河南,本来只是一般的一起承包司机与所在公司利益上的纠纷,就连外地媒体也在纷纷报道和评论,而杭州当地媒体只能选择沉默。这些新闻监管失当的行为也促使新闻媒体在硬新闻面前顾左右而言他,有意规避或不主动触及,最后图个少犯错误而倒向娱乐。

深度报道是一种探究新闻真实性的重要形式,而真实性是哲学乃至一切人文与社会科学探究的本质问题。将解释学与批判学应用在电视新闻深度报道中,不仅是合理的,而且是有效的。

## 练习题

1. 何为解释学与批判学?解释学如何在深度报道中应用?批判学如何在深度报道中应用?

2. 栏目分析训练。选择一个严肃性的深度报道节目,从解释学的角度分析:该节目是如何传达给受众来自媒体的解释意义的?选择一个娱乐性的深度报道节目,从批判学的角度分析:该节目是采用什么手法娱乐受众的?

3. 文案写作训练。设计一个新的深度报道,在解释学或者批判学方法的指导下,合理地选择报道对象、报道体裁、报道内容等。

## 拓展阅读书目

1. 书名:《娱乐至死》
   作者:[美]尼尔·波兹曼
   译者:章艳
   出版社:广西师范大学出版社
   出版时间:2011年6月

2. 书名:《单向度的人——发达工业社会意识形态研究》
   作者:[美]赫伯特·马尔库塞
   译者:刘继
   出版社:上海译文出版社
   出版时间:2006年4月

# 参考文献

**书籍类**

[1] [法]路易·阿尔都塞:《保卫马克思》,顾良译,北京:商务印书馆,1984年版。

[2] [法]保罗·利科尔:《解释学与人文科学》,陶远华等译,石家庄:河北人民出版社,1987年版。

[3] [法]莫里斯·梅洛-庞蒂:《知觉现象学》,姜志辉译,北京:商务印书馆,2001年版。

[4] [美]鲍勃·富兰克林等:《新闻学关键概念》,诸葛蔚东等译,北京:北京大学出版社,2008年版。

[5] [美]丹尼尔·戴扬、伊莱休·卡茨:《历史的现场直播:媒介事件》,麻争旗译,北京:北京广播学院出版社,2000年版。

[6] [美]赫伯特·泽特尔:《图像 声音 运动:实用媒体美学》,赵淼淼译,北京:北京广播学院出版社,2003年版。

[7] [美]保罗·M.莱斯特:《视觉传播:形象载动信息》,霍文利等译,北京:北京广播学院出版社,2003年版。

[8] [美]赫伯特·马尔库塞:《单向度的人——发达工业社会意识形态研究》,张峰等译,重庆:重庆出版社,1988年版。

[9] [美]欧文·M.柯匹、卡尔·科恩:《逻辑学导论》(第11版),张建军等译,北京:中国人民大学出版社,2007年版。

[10] [美]肯·梅茨勒:《创造性的采访》(第三版),李丽颖译,北京:中国人民大学出版社,2010年版。

[11] [美]菲利普·科特勒、凯文·莱恩·凯勒:《营销管理》(第12版),梅清豪译,上海:上海人民出版社,2006年版。

[12] [美]迈克尔·埃默里、埃德温·埃默里、南希·L.罗伯茨:《美国新闻史:大众传播媒介解释史》(第九版),展江译,北京:中国人民大学出版社,2009年版。

[13] [美]尼尔·波兹曼:《娱乐至死》,章艳译,桂林:广西师范大学出版社,2011年版。

[14] [美]S. E. Taylor、L. A. Peplau、D. O. Sears:《社会心理学》(第十版),谢晓非等译,北京:北京大学出版社,2004年版。
[15] [美]丹尼尔·杰·切特罗姆:《传播媒介与美国人的思想:从莫尔斯到麦克卢汉》,曹静生等译,北京:中国广播电视出版社,1991年版。
[16] [美]约翰·布雷迪:《采访技巧》,范东生等译,北京:新华出版社,1986年版。
[17] [德]康德:《纯粹理性批判》,邓晓芒译,北京:人民出版社,2004年版。
[18] [德]马克斯·霍克海默、西奥多·阿道尔诺:《启蒙辩证法:哲学断片》,渠敬东、曹卫东译,上海:上海世纪出版集团,2012年版。
[19] [加]埃里克·麦克卢汉、弗兰克·秦格龙:《麦克卢汉精粹》,何道宽译,南京:南京大学出版社,2000年版。
[20] [古希腊]亚里士多德:《修辞学》,罗念生译,北京:生活·读书·新知三联书店,1991年版。
[21] [南朝宋]范晔:《后汉书》(第二册),北京:中华书局,1965年版。
[22] [清]吴楚材、吴调侯:《古文观止》,北京:中华书局,1959年版。
[23] 陈兵:《媒介品牌论:基于文化与商业契合的核心竞争力培育》,北京:中国传媒大学出版社,2008年版。
[24] 陈力丹:《新闻理论十讲》,上海:复旦大学出版社,2008年版。
[25] 陈作平:《新闻报道新思路——新闻报道认识原理及应用》,北京:中国广播电视出版社,2000年版。
[26] 程世寿:《深度报道与新闻思维》,北京:新华出版社,1991年版。
[27] 杜骏飞:《深度报道写作》,北京:中国广播电视出版社,2000年版。
[28] 甘惜分:《新闻学大辞典》,郑州:河南人民出版社,1993年版。
[29] 方汉奇:《新闻史的奇情壮彩》,北京:华文出版社,2000年版。
[30] 任金州、高晓红:《电视摄影与编辑》,北京:北京广播学院出版社,1997年版。
[31] 胡亚敏:《叙事学》,武汉:华中师范大学出版社,2004年版。
[32] 胡智锋、江逐浪:《"真相"与"造像"——电视真实再现探秘》,北京:中国广播电视出版社,2006年版。
[33] 季宗绍:《电视深度报道教程》,上海:复旦大学出版社,2008年版。
[34] 金岳霖:《形式逻辑》,北京:人民出版社,1979年版。
[35] 刘勇:《媒体中国》,成都:四川人民出版社,2000年版。
[36] 刘海贵:《当代新闻采访》,上海:复旦大学出版社,2003年版。
[37] 李良荣:《西方新闻事业概论》,上海:复旦大学出版社,1997年。
[38] 鲁威人:《体育新闻报道》,北京:中国传媒大学出版社,2005年版。
[39] 默多克、刘长乐:《东西论剑——东西方传媒大亨的对话》,北京:北京出版社,2006年版。
[40] 潘知常、林玮:《大众传媒与大众文化》,上海:上海人民出版社,2002年版。
[41] 芮必峰、姜红:《新闻报道方式论》,合肥:安徽大学出版社,2001年版。
[42] 时统宇:《深度报道范文评析》,北京:新华出版社,2001年版。

[43] 舒咏平:《实用策划学》,北京:中国商业出版社,1996年版。
[44] 屠忠俊:《现代传媒业经营管理》,武汉:华中科技大学出版社,2007年版。
[45] 屠忠俊:《新闻与传播——研究方法探索与文化意义阐释》,武汉:华中科技大学出版社,2011年版。
[46] 屠忠俊:《新闻事业管理》,武汉:武汉大学出版社,2001年版。
[47] 王春泉:《新闻采访技巧:理论与实践》,合肥:安徽人民出版社,2008年版。
[48] 王大中、杜志红、陈鹏:《体育传播——运动、媒介与社会》,北京:中国传媒大学出版社,2006年版。
[49] 吴郁等:《电视节目主持人的综合素质研究》,北京:中国广播电视出版社,2007年版。
[50] 吴郁:《当代广播电视播音主持》,上海:复旦大学出版社,2008年版。
[51] 徐德仁:《世界明星主持人——中外名主持人系列·外国篇》,上海:复旦大学出版社,2005年版。
[52] 徐舫州:《电视解说:安排与处理》,北京:北京师范大学出版社,2009年版。
[53] 徐舫州:《电视解说词写作》,北京:北京师范大学出版社,2001年版。
[54] 杨立新:《侵权行为法案例教程》,北京:中国政法大学出版社,1999年版。
[55] 叶春华、连金禾:《新闻采写编评》,上海:复旦大学出版社,1996年版。
[56] 余家宏等:《新闻学简明词典》,杭州:浙江人民出版社,1984年版。
[57] 曾庆香:《新闻叙事学》,北京:中国广播电视出版社,2005年版。
[58] 张政法:《有声语言大众传播的生命活力》,北京:中国传媒大学出版社,2006年版。
[59] 张政法:《主体的影响力——广播电视有声语言传播主体研究》,北京:中国传媒大学出版社,2014年版。
[60] 张国良:《20世纪传播学经典文本》,上海:复旦大学出版社,2003年版。

**论文类**

[1] 白岩松:《我们能走多远——关于主持人话题的胡思乱想》,载《现代传播》,1996(01)。
[2] 蔡正华、张晓:《电视新闻深度报道中的伦理问题刍议——以〈新闻调查〉为例》,载《福建社会主义学院学报》,2011(03)。
[3] 曹林、刘静、韩燕萍:《论我国电视新闻深度报道的现状与前景》,载《河北经贸大学学报》(综合版),2010(02)。
[4] 陈力丹:《深度报道"深"在哪儿?》,载《新闻与写作》,2004(04)。
[5] 陈先红、孙利昌:《媒介事件对电视广告创意的影响》,载《南京邮电学院学报》(社会科学版),2005(02)。
[6] 董媛媛:《深度报道正义价值观的建构——基于对大众传媒消费主义的批判》,载《新闻大学》,2010(01)。
[7] 董媛媛:《再探深度报道的起源与发展趋向》,载《新闻大学》,2008(01)。

- [8] 杜婕:《奥运传播中的机遇与风险分析》,载《武汉体育学院学报》,2007(02)。
- [9] 樊亚平:《论电视的深度报道优势》,载《当代传播》,2005(06)。
- [10] 郭镇之:《舆论监督与暗访偷拍》,载《新闻与传播评论》,2005(10)。
- [11] 韩振亮:《故事化电视新闻报道的注意事项》,载《新闻传播》,2009(07)。
- [12] 胡立德:《历史与逻辑视角的深度报道研究》,载《深圳大学学报》(人文社会科学版),2011(03)。
- [13] 贾玉全:《谈电视新闻深度报道》,载《新闻窗》,2010(05)。
- [14] 焦富民:《论公序良俗》,载《江海学刊》,2003(04)。
- [15] 阚敬侠:《略论新闻报道程序、方法和语言的合法性》,载《新闻战线》,2001(07)。
- [16] 李平根:《新闻专业主义对媒介消费主义的让位——表现与原由》,载《东南传播》,2007(05)。
- [17] 刘祖斌:《浅谈媒介事件及其意义》,载《湖北大学学报》(哲学社会科学版),2002(04)。
- [18] 刘琼:《从央视测评看主持人品牌价值提升》,载《视听界》,2005(01)。
- [19] 毛芝海、常军:《CCTV北京奥运会电视报道特点探析》,载《体育文化导刊》,2010(02)。
- [20] 时晓静:《电视新闻调查式深度报道——用故事构图的艺术》,载《现代交际》,2013(10)。
- [21] 屠忠俊:《广告文化矛盾运动》,载《华中理工大学学报》(社会科学版),1998(01)。
- [22] 屠忠俊:《必须重视解释学方法在传播学研究中的运用》,载《当代传播》,1999(05)。
- [23] 王醒:《深度报道及其社会作用》,载《新闻战线》,2002(10)。
- [24] 吴春光:《从CBS〈60分钟〉看电视新闻深度报道》,载《新闻传播》,2010(08)。
- [25] 颜梅、李玉洁:《论北京奥运会新闻报道的突破与创新——基于新闻报道向媒介事件回归与跨越的分析》,载《国际新闻界》,2008(11)。
- [26] 杨华:《论法兰克福学派的媒介批判和文化批判》,载《西北民族大学学报》(哲学社会科学版),2005(03)。
- [27] 张志安:《深度报道从业者的职业意识特征研究》,载《现代传播》,2008(05)。
- [28] 张志扬:《解释学分类及其他》,载《现代哲学》,2009(01)。
- [29] 温永至:《我国公共事件电视深度报道现状研究——以〈新闻调查〉〈1/7〉和〈社会能见度〉为视域》,复旦大学硕士论文,2012。
- [30] 张宛丽、李炜、高鸽:《现阶段中国社会新中间阶层的构成特征》,载《江苏社会科学》,2004(06)。
- [31] 陈选文:《论深度报道》,载《科技编辑出版研究文集》(第六集),2001。

# 后　记

　　本教材的编写是一个不断磨合的过程,感谢段汴霞老师对教材编写的宏观指导。本教材的编写试图从两个方面做出创新:一方面,在电视新闻深度报道理论中凸显电视的技术特征;另一方面,在案例的使用上尽量运用最新的中国电视新闻深度报道节目。于是,在理论创新方面,编者结合自身近年来相关电视新闻研究的新成果,以丰富的深度报道概念研究为基础,在图像、口语、主持人等电视技术特征深度的结合方面多费笔墨;在案例使用方面,以近两三年内电视新闻实践为主,整理资料的过程是繁复的。本教材由王振宇担任主编,郑达威、刘阳担任副主编,苗阳、张楠担任编委。具体分工如下:第一、第三、第四、第五章由郑州大学王振宇编写,第八、第九章由郑州大学郑达威编写,第六章由河南工业大学刘阳编写,第七章由许昌学院苗阳编写,第二章由郑州大学张楠编写。

编　者<br>
2014 年 4 月

## 打造学术精品　服务教育事业
## 河南大学出版社
## 读者信息反馈表

尊敬的读者：

　　感谢您购买、阅读和使用河南大学出版社的_____一书,我们希望通过这张小小的反馈表来获得您更多的建议和意见,以改进我们的工作,加强我们双方的沟通和联系。我们期待着能为您和更多的读者提供更多的好书。

　　请您填妥下表后,寄回或发 E-mail 给我们,对您的支持我们不胜感激！

1. 您是从何种途径得知本书的：
   □书店　□网上　□报刊　□图书馆　□朋友推荐
2. 您为什么决定购买本书：
   □工作需要　□学习参考　□对本书感兴趣　□随便翻翻
3. 您对本书内容的评价是：
   □很好　□好　□一般　□差　□很差
4. 您在阅读本书的过程中有没有发现明显的专业及编校错误？如果有,它们是：
   _____
   _____
   _____
5. 您对哪一类的图书信息比较感兴趣：_____
   _____
6. 如果方便,请提供您的个人信息,以便于我们和您联系(您的个人资料我们将严格保密)：
   您供职的单位：_____
   您教授的课程(老师填写)：_____
   您的通信地址：_____
   您的电子邮箱：_____

请联系我们：
电话:0371-86059712　0371-86059713　0371-86059715
传真:0371-86059713
E-mail:hdgdjyfs@163.com
通信地址:河南省郑州市郑东新区 CBD 商务外环路商务西七街中华大厦2412室
河南大学出版社高等教育出版分社